2031 카이스트 미래보고서

2031 카이스트 미래보고서

1판 1쇄 발행 2018. 2. 26.
1판 6쇄 발행 2021. 10. 26.

지은이 카이스트

발행인 고세규
발행처 김영사
등록 1979년 5월 17일(제406-2003-036호)
주소 경기도 파주시 문발로 197(문발동) 우편번호 10881
전화 마케팅부 031)955-3100, 편집부 031)955-3200 | 팩스 031)955-3111

값은 뒤표지에 있습니다. ISBN 978-89-349-8084-1 03370

홈페이지 www.gimmyoung.com   블로그 blog.naver.com/gybook
인스타그램 instagram.com/gimmyoung   이메일 bestbook@gimmyoung.com

좋은 독자가 좋은 책을 만듭니다.
김영사는 독자 여러분의 의견에 항상 귀 기울이고 있습니다.

카이스트가 내다본 미래세계·미래교육

2031 카이스트 미래보고서

카이스트 지음

김영사

두 번째 꿈을 향한
KAIST의 새로운 여정

—

신성철
KAIST 총장

1971년 설립된 KAIST는 국가와 국민의 성원 속에 세계적인 대학으로 발돋움했습니다. 이제 그동안의 관심과 성원에 부응하고자 '비전 2031'과 함께 세계선도대학을 향한 두 번째 꿈을 펼치고자 합니다.

KAIST 설립의 근간이 된 '터만 보고서'에는 역사의 지평선 너머를 보는 꿈과 비전이 담겨 있습니다. 이 보고서의 마지막 장은 '미래의 꿈 The Dream of the Future'이라는 제목하에 다음과 같이 보고서를 마무리하고 있습니다.

"2000년이 되면 KAIS(KAIST의 옛 명칭)는 국제적 명성의 훌륭한 기술대학이 될 것이고, 대한민국 교육의 새로운 시대를 여는 선봉에 설 것이다. 더 중요하게는, KAIS는 국민들의 자신감을 고양할 뿐 아니라 안정되고 자유로운 한국사회를 만드는 초석이 되어 있을 것이다."

(It will by 2000 be a great Institute of Technology with an international reputation. KAIS will have spearheaded a new era in education. Even more important, KAIS will have enhanced the self-confidence of Koreans, and will have become a cornerstone in the establishment of a stable free society in Korea.)

꿈은 대부분 이루어졌습니다. 반세기 만에 이룬 대한민국 발전에 KAIST가 함께 하고 있었습니다. 설립 이래로 1만 2천 6백여 명의 박사를 포함 6만 1천여 명의 졸업생(학사, 석사, 박사)을 배출했습니다. 이들은 대학, 연구소, 기업, 정부기관에서 국가의 과학기술과 산업 발전에 중추적인 역할을 하였습니다. 현재 우리나라 과학기술계 리더급 인력의 23%가 KAIST 졸업생입니다. 또한, KAIST는 창업의 산실이자 벤처사관학교로서 우리나라 창업의 역사를 써왔습니다. 동문창업기업이 1,456개에 이르며 이들 기업의 고용창출이 3만 2천여 명, 연매출은 13조 6천여억 원에 이릅니다. 지난 46년간 정부출연금 지원이 총 2조 9천여억 원임을 감안했을 때, 정부의 투자대비수익은 매우 높습니다. 창업 한 분야만 고려해도 KAIST는 정부의 가장 성공한 프로젝트 중 하나입니다.

국제적으로 KAIST는 명실공히 세계적인 대학으로 성장했습니다. '2017 QS 세계대학평가'에서 종합 41위, '2017 QS 개교 50년 미만 세계대학평가'에서 3위에 각각 선정되었습니다. 특히, 톰슨로이터 선정 '세계에서 가장 혁신적인 대학평가'에서 2016년과 2017년 연속으로 6위에 올랐습니다.

제4차 산업혁명의 파고가 인류사회에 다가오고 있습니다. 우리나라 산업화 태동기에 국가발전에 기여했던 KAIST가 이제 제4차 산업혁명 태동기에 국가발전에 기여할 수 있는 또 다른 기회를 맞이한 것입니다. 국민들에게 희망과 자존감을 심어줄 국민의 대학이자 국가발전의 선봉장으로서 KAIST는 두 번째 꿈을 향한 힘찬 여정을 시작합니다. 대한민국과 인류의 미래를 밝히는 '글로벌 가치창출 세계선도대학Global Value-Creative World-Leading University'의 비전 아래 교육, 연구, 기술사업화, 국제화, 미래전략의 혁신을 주도해 나가고자 합니다.

이 책에는 지난 47년간의 KAIST 역사를 성찰하고, 앞으로 나아가야 할 구체적인 방안들이 담겨 있습니다. 1년여의 기간 동안 KAIST 구성원뿐 아니라 각계 전문가들과 토론하며 수립한 혁신전략들입니다. 교내외 공청회 등 소통의 장을 마련해 구성원과 국민들이 공감할 수 있는 혁신안이 수립되도록 숙의熟議 과정을 거쳤습니다. 이 책은 KAIST의 주인인 국민들께 보고드리고자 출판되었습니다.

2031년 설립 60주년이 되는 해, KAIST는 구성원들의 끊임없는 노력과 국민들의 성원에 힘입어 '글로벌 가치창출 세계선도대학'으로 도약할 것입니다. 우리의 새로운 꿈은 분명 이루어질 것입니다. 우리의 비전에 대한 확신을 아래와 같이 '비전 2031 보고서(일명, 제2 터만 보고서)'에 담고자 합니다.

> "2031년, KAIST는 제4차 산업혁명 시대의 교육, 연구, 기술사업화혁신에서 선봉에 서 있을 것이다. 더 중요하게는, 국민들의 자긍심을 고양하고, 대한민국을 선진국으로 발전시키는 초석이 되어 있을 것이다."
>
> (In 2031, KAIST will have spearheaded the 4th industrial revolution in the innovations of education, research, and technology commercialization. Even more important, KAIST will have enhanced the pride of Koreans, and will have become a cornerstone in the establishment of an advanced country of Korea.)

여러분, KAIST의 새로운 도전을 지켜봐주시고 격려해주시기 바랍니다.

문제해결How 대학에서
문제정의What 대학으로

—

이광형 · 박오옥
KAIST 비전 2031 공동총괄위원장

2031년은 KAIST 창립 60주년이 되는 해입니다. 그동안 KAIST는 설립 목표인 국가산업발전을 위한 기술개발과 인력양성의 임무를 수행해왔다고 자부합니다. 하지만 세계 일류 대학들과 비교해보면 아직 큰 두각을 보이지 못했음을 고백하지 않을 수 없습니다.

KAIST는 세계로 나아가 세계의 선진 대학들과 어깨를 나란히 하는 대학이 되고자 합니다. 지금까지는 다른 사람들이 정의해놓은 문제를 해결하는 연구How에 주로 치중해온 것을 반성합니다. 이제는 우리나라와 인류의 문제를 발굴 정의What하고 해결하는 연구에 중점을 두고자 합니다. 이렇게 하여 글로벌 가치를 창출해서 세계를 선도하는 대학이 되고자 합니다. 이 책에는 '비전 2031 위원회'가 준비한 KAIST의 비전과 전략을 담았습니다. 급변하는 세계정세와 불확실성 속의 한국을 조명하고 기초과학과 기초공학의 균형 속에서 제4차 산업혁명 시대를 대비하고자 합니다.

KAIST '비전 2031 위원회'는 2017년 4월에 출범하였습니다. 새로운 도약을 위한 비전과 전략 수립에 총 143명이 참여했습니다. 내부 교수 100명, 학생대표 3명, 직원 5명, 외부전문가 35명입니다. 위원회에는 교육, 연구, 기술사업화, 국제화, 전문 분과위원회가 있고 총괄위원회가 전체를 조정하며 진행하였습니다. 각 분과위원회별로 거의 격주 간격으로 열띤 토론을 하며 KAIST가 나아갈 방향을 정하고 전략을 만들었습니다.

그 과정에서 전체 구성원들의 참여를 유도하기 위하여 학생, 교수, 동문, 직원들을 대상으로 설문조사를 진행하여 KAIST의 미래에 대하여 의견을 수렴하였습니다. 특히 교육혁신위원회에서는 많은 학생들의 의견을 청취하도록 노력했습니다. 전체 교수 대상의 워크숍, 학생 대상의 공청회, 동문회 대상의 설명회를 개최하여 의견을 경청하였습니다. 이런 과정을 통하여 우리 학생들을 실험실이라는 동굴에 가두지는 않았는지, 연구 논문 개수에 매몰되었던 것은 아닌지, 혁신과 기업가정신을 제대로 발휘하지 못한 한국 안개구리에 머물지 않았는지 등의 반성을 통해서 앞으로 상상 이상의 아름다운 변화를 향한 미래의 KAIST를 새롭게 꿈꾸게 되었습니다.

우리 모두의 비전과 미래전략이기 위하여 내용 못지않게 구성원들의 공유가 매우 중요합니다. 여기에 제시하는 비전이 구성원들의 마음속에 자리 잡아 KAIST의 문화로 정착되도록 노력하겠습니다. 그리고 국민들께 KAIST의 다짐을 보고드리기 위하여 이 책을 출판하며, 영어로도 출판하여 외국 친구들과도 공유하고자 합니다. 국민들의 적극적인 후원에 힘입어 여기까지 달려온 KAIST는 이제 새로운 도약에 나서고자 합니다. 2031년을 넘어서 설립 100주년(2071년)을 향한 새로운 꿈을 꾸고자 합니다. 귀중한 시간을 할애하여 의견을 주시고 도움을 주신 많은 분들께 감사드립니다.

비전 2031 수립 참여자

총장자문위원 명단

자문위원회	위원 명단
자문위원장/ 정근모 초빙석좌교수	김광수 하버드 의과대학 교수, 김명자 과총회장, 김종훈 KISWE Mobile 회장, 지영석 Elsevier 회장, 홍석현 중앙미디어네트워크 회장, Jean-Lou Chameau 전 칼텍 총장, Kazuya Masu 동경공대 총장, Klaus von Klitzing 1985년 노벨물리학상 수상자, Kurt Wuthrich 2002년 노벨화학상 수상자, Morton O. Schapiro 노스웨스턴 대학 총장, Peretz Lavie 이스라엘 테크니온 공대 총장, Subra Suresh 난양공대 총장, TAN Chorh Chuan 전 싱가포르 국립대 총장, Tony F. Chan 홍콩과기대 총장, Ralph Eichler 전 취리히 공대 총장

비전 2031 위원회 위원 명단(총 143인)

분과위원회/위원장	위원 명단
총괄위원회/ 이광형 교수 (바이오및뇌공학과), 박오옥 교학부총장	권동수 교수(기계공학과), 김병윤 KAIST 창업원장, 김보원 기획처장(간사), 김선창 교수(생명과학과), 김수현 대외부총장, 박희경 연구부총장, 배종태 교수(경영공학부), 이태억 KAIST 교육원장, 홍순형 교수(신소재공학과),
전문위원회/ 이광형 교수 (바이오및뇌공학과)	강영호 부장판사(서울고등법원), 고세규 대표(김영사), 고정식 회장(KAIST총동문회), 곽재원 교수(서울대학교), 김보원 기획처장, 김순덕 주필(동아일보), 김원준 교수(기술경영학부), 마이클 박 교수(인문사회과학부), 박성필 교수(문술미래전략대학원), 방진섭 미래전략 실장(간사), 배일한 교수(문술미래전략대학원), 심재율 책임연구원(미래전략연구센터), 안광원 교수(문술미래전략대학원), 양재석 교수(문술미래전략대학원), 오규환 회장(대한변리사회), 유 진 명예교수(KAIST), 유희열 교수(부산대학교), 이상윤 교수(문술미래전략대학원), 이상지 교수(문술미래전략대학원), 이하경 주필(중앙일보), 임기철 원장(KISTEP), 정용훈 교수(원자력및양자공학과), 정재승 교수(바이오및뇌공학과), 송중국 원장(과학기술정책연구원), 신동우 대표((주)나노), 신미남 대표(퓨어셀), 장순흥 총장(한동대학교), 장호남 명예교수(KAIST), 정경원 교수(세종대학교), 한삼희 수석논설위원(조선일보), 한상욱 회장(한국지적재산권변호사협회), 한정화 교수(한양대학교)

교육혁신분과/ 권동수 교수 (기계공학과), 이태억 KAIST 교육원장	김재훈 (전)연구소장(삼성중공업연구소), 김필남 교수(바이오및뇌공학과), 마이클 박 교수(인문사회과학부), 문일철 교수(산업시스템공학과), 박승빈 교수(생명화학공학과), 서민교 교수(물리학과), 송대광 선임행정원(교무팀, 간사), 송익호 교수(전기및전자공학부), 송현준 교수(화학과), 신하용 입학처장, 엄상일 교수(수리과학과), 이덕주 교수(항공우주공학과), 이동만 교수(전산학부), 이민화 이사장(창조경제연구회), 이보미 대학원총학생회부회장, 이상윤 교수(문술미래전략대학원), 이성혜 교수(과학영재교육원, 간사), 이윤정 교수(과학기술정책대학원), 이지윤 교수(항공우주공학과), 임정민 총괄(구글캠퍼스 서울), 정재승 교수(바이오및뇌공학과), 정현철 연구원(과학영재교육연구원), 조영득 학부총학생회장, 조용훈 교무처장, 천세영 교수(충남대학교), 한선화 원장(한국과학기술정보연구원), 한순흥 교수(기계공학과), 홍승범 교수(신소재공학과)
연구혁신분과/ 홍순형 교수 (신소재공학과), 박희경 연구부총장	김국태 교수(전략기획센터, 간사), 김봉태 소장(ETRI 미래전략연구소), 김용운 교수(나노과학기술대학원), 김정호 연구처장, 김희탁 교수(생명화학공학과), 박정영 교수(EEWS대학원), 박찬범 교수(신소재공학과), 박형순 교수(기계공학과), 성영철 교수(전기및전자공학부), 손병호 본부장(KISTEP 정책기획본부), 손보익 사장(실리콘웍스), 신의철 교수(의과학대학원), 양재석 교수(문술미래전략대학원), 양현승 교수(전산학부), 유진녕 CTO(LG화학), 이병태 교수(경영공학부), 이상엽 KAIST 연구원장, 이정률 교수(항공우주공학과), 임미경 교수(수리과학과), 정칠희 (전)원장(삼성전자종합기술원), 정현정 교수(나노과학기술대학원), 최문정 교수(과학기술정책대학원), 최인성 교수(화학과), 한영훈 대학원총학생회장, 홍성철 교수(전기및전자공학부), Yannis K. Semertzidis 교수(물리학과)
국제화혁신분과/ 김선창 교수 (생명과학과) 김수현 대외부총장	김대겸 교수(기계공학과), 김동수 교수(수리과학과), 김세윤 교수(생명과학과), 김수용 교수(물리학과), 김영걸 글로벌리더십센터장, 김호민 교수(의과학대학원), 박기수 교수(항공우주공학과), 안광원 교수(문술미래전략대학원), 유승화 교수(기계공학과), 윤종일 교수(원자력및양자공학과), 이도헌 교수(바이오및뇌공학과), 이재형 국제협력처장, 인영환 교수(경영공학부), 정상철(국제교원및학생지원팀, 간사), 정혜인(국제협력팀, 간사), 조병관 교수(생명과학과), 한상근 교수(수리과학과), Jean-Charles Bazin 교수(문화기술대학원), David Helfman 교수(생명과학과), Grant Fisher 교수(과학기술정책대학원), Martin Ziegler 교수(전산학부)

| 기술사업화
혁신분과/
배종태 교수
(경영공학부)
김병윤
KAIST 창업원장 | 고영하 회장((사)(한국엔젤투자협회), 권세진 교수(항공우주공학과), 김제우 교수(KAIST 창업원), 김철환 이사장(카이트창업가재단), 김필한 교수(나노과학기술대학원), 박성필 교수(문술미래전략대학원), 박진영(KAIST창업원운영팀, 간사), 배현민 교수(전기및전자공학부), 손훈 교수(건설및환경공학과), 신종화 교수(신소재공학과), 신현의 교수(전략경영연구센터, 간사)안성태 교수(K-School), 양태용 교수(기술경영학부), 오준호 교수(기계공학과), 윤여선 교수(경영공학부), 윤태성 교수(기술경영학부), 이병태 교수(경영공학부), 이재우 교수(생명화학공학과), 이희윤 교수(화학과), 정양헌 교수(기술경영학부), 조항정 교수(기술경영학부), 최경철 산학협력단장, 이영 대표((주)테르텐), 이용관 대표(블루포인트파트너스), 정성인 대표(프리미어파트너스), 현재호 대표(테크노베이션파트너스) |

비전 2031위원회 사무국

간사	위원 명단
김보원 기획처장	권용연 경영평가팀, 방진섭 미래전략실장, 이동형 경영평가팀장, 심재율 미래전략연구센터 책임연구원

차례

01 / 미래 세계와 한국: 미래에 어떻게 대응할 것인가?

1. 미래 세계: 급변하는 국제정세와 기술 변화

2. 미래 한국: 불확실성 속의 기회와 도전

3. 미래 과학기술: 기초과학과 공학의 균형

4. 미래 산업: 제4차 산업혁명과 인공지능의 시대

02 / 미래 교육: 새로운 길은 어디에서 열리는가?

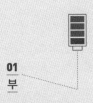

미래 세계와 한국
미래에 어떻게 대응할 것인가?

KAIST GRAND VISION 2031

미래 세계
급변하는 국제정세와
기술 변화

미래는 어디로 가는가

세계적인 시사주간지인 영국 〈이코노미스트〉의 전 편집장인 빌 에모트Bill Emmott는 아시아의 떠오르는 강자인 중국과 인도, 그리고 기존의 강자인 일본을 분석한 《2020 세계경제의 라이벌》에서 "미국을 위협하는 나라 중국, 대혼란 속에서도 희망이 보이는 나라 인도, 위태로운 강국 일본의 변화가 가져올 격변에 주목하라"라고 주장했다.

2017년 1월 스위스 세계경제포럼(일명 다보스 포럼)에 참석한 시진핑 중국 국가주석은 도널드 트럼프 미 대통령 당선자가 추구하는 보호주의를 정면으로 비판하며 중국이 개방국가로서 세계의 리더 역할을 하겠다고 천명했다. 에모트의 예측은 미국과 중국의 다보스 대반전으로 증명되었으며, 인도는 중국보다 빠른 경제성장률을 보이고 있으며, 일본 또한 여전히 세계

경제에 영향력을 미치고 있다.

메가체인지 시대

1990년을 전후로 세계 경제의 흐름은 격변해왔다. 1989년의 중국 톈안
먼 사태, 베를린 장벽 붕괴, 동유럽국가의 민주화 등 냉전 체제의 종식을 시
작으로, 다음해 미국의 이라크 공격, 소련연방 해체 등 세계사에 남을 굵직
한 사건들이 1990년을 전후로 집약적으로 발생했다. 이런 사건들이 큰 물
줄기를 이루며 지구촌을 해체하고 있는 동안 반대로 지구 밖에서는 하나로
감싸고 묶는 새로운 산업이 태동하고 있었다. 정보통신기술IT이 하나의 변
곡점을 향하고 있었던 것이다. 1995년 말 국방과 교육용에 머물던 인터넷
이 상업용으로 개방되며, 실리콘밸리를 중심으로 정보통신과 관련하여 수
많은 창업이 일어났다. 이런 이유로 1996년을 인터넷 빈티지vintage라고 부
른다. 이처럼 1990년대는 정치·경제의 격변과 인터넷 시대의 시작이 맞물
린 시기였다.

10여 년이 흐른 2007년, 애플사의 스마트폰인 '아이폰'이 출시되며 지구
를 손바닥 안에서 연결하는 일이 가능하게 되었다. 구글의 휴대폰 운영체계
안드로이드, 소셜 네트워크 서비스SNS의 상징인 페이스북과 트위터가 본격
등장했다. IBM의 인공지능 왓슨Watson, 빅데이터를 관리하는 하둡Hadoop도
이때 나왔다. 2007년은 인터넷, 모바일, SNS가 한데 모인 융합 빈티지해로
기록될 수 있을 것이다. 두 번째 변곡점이다.

2008년 9월 세계적인 금융위기인 리먼 브러더스 사태 이후 잠잠했던 IT
가 다시 '디지털 빅뱅'으로 전 세계를 뒤흔들었다. 2016년 1월 다보스 포럼
은 지난 45년의 역사 가운데 처음으로 기술 혁신을 화두로 하여 '제4차 산

업혁명의 시대'를 선언했다. 이 혁명은 속도, 범위, 영향력이 엄청나게 강화된 디지털 빅뱅의 결과라고 했다. 페이스북이 인도, 중국에 이어 10억 명의 '대국'이 될 것을 누가 상상했겠는가. 세 번째 IT의 변곡점이다.

향후 20~30년 사이 우리는 어떤 미래를 맞을 것인가. 세계경제포럼의 클라우스 슈밥 회장은 위기와 기회가 공존하는 시대를 예견하고 있다.

좀 더 세계를 들여다보자. 세계 인구가 10억 명이 된 것은 1880년경이었다. 그때까지 호모사피엔스는 20만 년 이상의 세월을 보냈다. 그런데 60억 명에서 2011년 70억 명에 달할 때까지 걸린 시간은 겨우 십 수 년에 불과했다. 이 같은 변화, 즉 놀랄 정도로 빠르게 전개되는 대규모의 변화는 가히 '메가체인지Megachange'라 부를 만하다.

미래 변화의 강력한 4개의 힘

최근 발간된 맥킨지의 〈미래예측보고서〉는 근 미래의 사회가 4개의 강대하고 파괴적인 힘에 의해 지배될 것이라고 내다봤다. 보고서는 경제의 중심 이동, 기술 발전의 가속화(테크놀로지 임팩트), 세계적인 인구 고령화, 무역 · 자본 · 사람 · 정보의 흐름(거세지는 플로) 등으로 4개의 힘을 정리했다. 지금 이야말로 직관력을 리셋해야 할 때라고 보고서는 강조한다.

한편, 〈이코노미스트〉는 《2050년의 세계》에서 4개의 핵심 사항으로 미래를 예측하고 있다. 첫 번째는 미래를 예측하기 위해 먼저 과거를 돌아보는 것이다. 이를 통해 미래에 나타날 변화의 성질과 크기, 그리고 변화의 배경에 대한 큰 흐름을 포착할 수 있다.

두 번째는 단순히 과거를 미래에 맞춰 보는 게 아니라 그와 같은 흐름이 어떻게 끝날 것인지를 전망하는 것이다. 예를 들면 지구의 환경파괴는 틀림

없이 진행되겠지만, 생태계가 스스로 회복하는 반대 흐름도 있다는 예측이다. 또한 신흥 개도국의 급격한 발전과 여성 교육 및 기회의 향상이 몰고 올 비연속적인 사회변화도 예측할 수 있다. 현재 부유국가들에 있어서 불평등은 무자비할 정도로 크게 보이지만, 이 흐름의 역전도 추측 가능하다. 중국의 약진은 해를 넘길 때마다 당연시되고 있지만 2050년까지 중국의 연간 성장률은 2.5% 정도로 진정될 것으로 예상한다.

세 번째는 아시아, 우선 중국의 융성을 중시한다. 현재 지구상에서는 동양으로의 대이동이 진행되고 있다. 2050년의 아시아는 세계경제의 50% 이상을 점유할 것으로 전망된다. 1820년 이전의 수백 년간 아시아가 세계경제에서 보였던 수치와 똑같은 이 수치는 지구환경에서부터 군사력의 밸런스, 세계경제의 중심까지 모든 부문에 막대한 영향을 미칠 것으로 보인다.

네 번째는 어두운 전망을 좋아하는 미래예측산업의 대다수와는 대조적으로 전향적인 진전의 구도를 묘사한다. 인류가 나아가는 길에는 커다란 장벽이 있지만 결국 극복할 것이란 낙관이다. 기후변화 대처, 물을 비롯한 희소자원 관리를 둘러싼 분쟁, 2050년까지 90억 명을 넘어설 것으로 예상되는 세계 인구와 이에 따른 식량 문제, 끊임없는 안전보장상의 위협들이 적어도 올바른 정책을 취하면 거의 해결되어 모든 분야에서의 진보가 가능하다고 내다본다.

한마디로 20~30년 후의 세계는 가능성으로 충만하다. 사람들은 보다 풍요롭고 건강하게 살 것이며, 서로 연대감도 강해질 것이다. 지속가능한 사회가 될 것이고, 생산성의 향상으로 보다 많은 이노베이션이 일어날 것이다. 또한 교육 수준도 향상되어 빈부의 격차는 축소되고 남녀 차별도 해소될 것이며 수십억 명의 사람들이 보다 좋은 기회를 향유할 수 있을 것이다.

미래 사회의 방향

역사를 되돌아보면, 18세기 후반 증기기관의 발명으로 기계화, 19세기 후반 내연기관과 전기모터의 발명으로 대량생산화, 그리고 20세기 후반 정보기기의 발명을 통해 정보화로 전환하는 등 세계는 100년에 한 번 대전환을 맞았다. 이들은 산업구조와 함께 사회구조를 크게 전환시켜 왔다.

19세기 영국에서 발생한 러다이트운동Luddite Movement은 수공업에서 공장제 공업으로 이행하는 과정에서 기계가 사람을 대체하자 일자리의 압박을 받은 노동자들의 불안이 폭발한 것이다. 그러나 그 후 기계화는 생산성 향상과 이익 환원에 의해 중산계급 형성으로 이어졌다. 근래 '네오 러다이트운동'이라는 단어가 나오고 있다. 테크놀로지의 발달이 가져올 고용의 박탈에 대한 우려로 과도한 기술 혁신을 미뤄야 한다는 주장이다.

그러나 지금은 정보통신기술, 유전자공학기술의 발달로 기계가 기계를 조작하고 기술이 인간의 역할에까지 깊이 관여하는 과학혁명의 시대를 앞두고 있다. 21세기 중에는 인공지능AI이 인간의 지능을 넘어서는 싱귤래리티(기술적 임계점)에 이를 것으로 예상된다. 그렇다면 이제 인간은 어떻게 살아가야 할 것인가?

제4차 산업혁명과 인공지능 시대

격차와 빈곤의 문제가 제기된 지 오래이다. 영국의 경제학자 리처드 레이어드Richard Layard는 인간의 행복에 영향을 주는 요소로서 가족관계, 가계의 형편, 고용 사정, 커뮤니티와 친구, 건강, 개인의 자유, 개인의 가치관 등 일곱 가지를 열거하였다.

산업구조의 변혁에 의해 공급이 늘어나도 수요가 발생하지 않으면 경제는 성립하지 않는다. 변혁에는 이노베이션innovation과 디스럽션disruption이 동반한다. 이를 양자택일의 대항 축으로 보지 않고 병존 가능한 것으로 보아야 한다. 그리고 넓은 시야를 갖고 목표로 하는 사회에 대해 국민 합의를 형성시켜 나가는 것이 긴요하다.

이미 시작된 제4차 산업혁명 시대에 대한 올바른 대응은 중장기적인 현실을 직관하여, 전체 최적의 발상으로 국가, 기업, 대학, 개인의 새로운 성장 모델을 창조하는 것이다. 많은 사람들이 안고 있는 미래에 대한 불안을 털어내고, 미래 창조의 기대가 넘치는 사회로 변혁하는 것이 중요하다.

아래와 같이 인공지능AI을 통해본 2030년 미래 사회의 시나리오는 사회 변혁과 미래 창조의 중요성을 함축적으로 보여준다.

2030년 어느 날 아침. 눈을 뜨면 부엌에서 파를 송송 써는 소리가 들린다. 맛있는 냄새에 이끌려 식탁에 앉으면 된장국과 계란말이, 막 밥통에서 푼 쌀밥이 놓여 있다. 요리도 음식 배치도 담당한 것은 로봇이다. "혈압이 조금 높군요. 된장국은 조금 엷게 하여 염분을 줄였습니다."

몸에 걸친 셔츠에는 혈압과 심박동수를 측정하는 센서가 심어져 있다. 심박동수에 이상이 있으면 병원에 자동으로 연락하여 구급차가 달려온다. 병원에서는 혈관 내에 의료 로봇을 집어 넣어 어렵지 않게 치료한다.

일하는 중에는 자택의 정보단말로 세계 각지의 동료 및 상사와 연락을 취한다. 서로 모국어로 말한다. 정보단말은 미묘한 뉘앙스까지도 번역해준다. 더 이상 언어 장벽은 없다.

정보단말은 몸에 붙이는 단계에서 진화하여 인체와 융합한다. 콘택트렌즈 같은 표시 장치를 눈에 넣으면 뉴스 영상이 날아 들어온다.

집에 박혀 있으면 운동 부족이 되기에 일을 마친 뒤 근처에서 축구를 하는 게 일과이다. 경기 중에 상대 선수의 발을 걷어찼다. 엄격한 얼굴을 하며 다가온 심판은 로봇이다. 좀 봐 달라고 사정하지만 판정은 엄격하다. 곧바로 레드 카드를 받고 퇴장당한다.

새로운 시대는 "사람은 어떻게 되는가"라는 물음을 던진다. 레이 커즈와 일Ray Kuzweil의 예측에 의하면 2045년에는 인공지능AI이 인간의 지능을 넘어선다고 한다.

시대는 격심하게 움직이고, 세계는 크게 변한다. 정보통신기술과 생명공학, 에너지 등의 기술은 어디까지 진보하고, 매일매일의 생활과 일하는 방식은 어떻게 될 것인가.

2030년, 인간과 기계가 공존하는 시대

일본경제신문사가 최근 발표한 〈이노베이션 로드맵 2030〉은 2030년까지의 미래를 전한다.

2020년, 암을 AI가 진단하고, 무인 농기계와 수확 로봇이 도입된다. 가전제품이 가족을 지키고, 디스플레이가 오감을 재현한다. 기업은 소셜 미디어로부터 소비자의 구매 행동을 예측한다. 로봇 등의 합성 음성이 미묘한 뉘앙스의 차이를 표현한다. 대규모 집적회로LSI가 고장을 스스로 수리한다.

2021년, 소방수가 시각과 후각 등의 신체 기능을 몸에 걸친 장비로 증강한다. 식생활과 운동 습관을 해석하여 병을 예방한다.

2022년, 드디어 로봇이 사회에 진출한다. 축구 등의 심판에 AI를 활용한다. 귀찮거나 손이 많이 가는 환자의 간병과 음식 조리, 청소에 로봇이 활약한다.

2023년, 혈관 내를 이동하는 나노 의료 로봇이 실용화된다.

2024년, 인간의 뇌와 같은 정도로 정보처리가 가능한 시스템이 등장한다.

2025년, AI가 사람의 대역을 맡는다. 고령자들의 자립을 지원하는 시스템이 가동한다. 민사사건에서 조정안을 AI가 제시한다. 공사 현장에서는 지능 로봇이 작업한다. 감독의 연출 의도를 이해하는 버추얼 배우가 데뷔한다. 보행자와 차가 잘 협력하여 도로 신호가 불필요하게 된다.

마침내 기술로 언어의 장벽이 소멸된다. 언어의 벽을 넘어서 커뮤니케이션이 가능해진다. 동물과 대화할 수 있는 장치가 실현된다. 음성 번역 시스템이 국제상거래장에서 동시통역한다.

2026년, 어학원에서 AI 교사가 수업한다. 컴퓨터가 종업원들의 인간관계를 해석한다.

2027년, 로봇이 20종류 이상의 메뉴를 조리한다. 머릿속 생각만으로 컴퓨터를 조작할 수 있다. 개인의 체험을 기록 · 전달할 수 있는 미디어가 등장한다.

2028년, 로봇이 구매를 대행한다.

2029년, 100km를 넘는 도시 간에 양자암호통신을 이용하기 시작한다.

2030년, 마침내 인간과 기계가 공존 · 협조하는 사회가 된다.

사람과 기계가 같이 살기 위한 법이 정비된다. 뇌과학의 진보로 개인 맞춤형 공부법이 나온다. AI 비서와 AI 교사를 채용한다. 드론을 사용하는 배송망이 확대된다. 자율주행 택시가 늘어난다. 입기만 하면 몸 상태를 알 수 있는 의복이 보급된다.

AI와 IoT사물인터넷가 의식주에 밀착하며 인간과 공존하는 시대가 성큼성큼 다가오고 있다. 2030년 그 뒤엔 AI가 인간의 지능을 넘어서는 전혀 다른 세계가 펼쳐질 것이다.

미래 과학기술의 특징

과학기술의 미래를 예측할 때 우리는 과거, 현재, 공상 작품에 눈을 돌린다. 과거에서 유사 사례를 찾는다. 과학기술의 역사에는 반복해서 등장하는 패턴이 수없이 많다. 현재에선 제한된 사례를 주목한다. 특정 집단과 국가에서만 나타나는 사례들로부터 향후 트렌드를 예측할 수 있다. 공상 작품에선 상상력을 높이 산다. 현실세계의 과학기술에 주는 영향이 매우 크기 때문이다.

향후 20~30년의 미래 과학기술의 발전은 제법 확연하다. 스마트폰은 핵심적인 소통 수단으로 남아 있을 것이다. 자율주행 차량의 등장으로 도시의 차량 수가 대폭 감소할 것으로 보인다. 개도국에서는 수십억 명이 차를 보유하는 단계를 건너뛰어 단숨에 공유경제로 나갈지 모른다. 물론 자동차 사고로 인한 사망자 수는 격감할 것이다.

민간의 우주기술이 진보하여 로켓 발사 비용이 극적으로 내려간다. 우주항공산업과 서비스가 급팽창할 것이다. 또 유전자 편집기술이 발전하여 유전자 치료에서 유전자 조작으로 실현의 무대가 바뀐다. 그 결과 '디자이너 베이비'의 탄생과 유전자 자기조작을 어디까지 인정해야 하는지에 대한 논의도 일어날 것이다.

인공지능 혁명은 계속된다

초기 산업혁명 시대에 현격히 발전한 수학은 10진법의 다양한 활용을 통해 '수학의 경제화'를 이끌었다. 그런가 하면 0과 1로 이뤄진 2진법은 제2차 세계대전 후 본격적으로 등장한 컴퓨터에 쓰이며 정보화 시대를 선도하고 있다. 바이오기술의 발달에 있어서는 A, G, T, C라는 네 가지 염기의 배열로 특징지어지는 DNA 연구가 하이라이트다. 4진법이 바이오기술의 저변에 자리 잡고 있는 것이다.

향후 과학기술의 발전은 10진법, 2진법과 4진법이 융합한 형태로 가속화할 것이다. 스마트 팩토리, 양자 컴퓨터, 유전자 편집 등에서 이미 목격되고 있다.

제4차 산업혁명 시대는 과학기술의 파괴적 혁신과 창조적 융합의 시대로 볼 수 있다. 예를 들면 지금까지 컴퓨터 칩은 무어의 법칙에 따라 맹렬히 진보해왔다. 그러나 칩 미세화의 물리적 한계와 개발 비용에 대한 장점 감소 등으로 무어의 법칙은 종언을 고할 것이다. 대신에 컴퓨터의 고속화가 이어지고, 모든 컴퓨터는 말을 걸어 조작할 수 있게 된다. 컴퓨팅 혁명은 계속된다.

컴퓨팅 기술은 지금까지 여러 파동을 보이며 발전했다. 메인 프레임과 미니컴퓨터를 시작으로 개인용 컴퓨터, 웹 1.0(인터넷), 웹 2.0(클라우드와 모바일 컴퓨팅), 빅데이터(IoT 중심)에서 지금은 AI로 이동해왔다. 이런 파동 속에서 압도적인 기업의 승자는 IBM에서 마이크로소프트와 애플, 구글, 아마존으로 바뀌었고 페이스북이 맹위를 떨치고 있다. 그렇다면 AI의 승자는 누가 될 것인가. 이에 대해 전문가들은 빅데이터와 IoT의 가능성을 어디까지 끌어낼 것인가가 승부 포인트가 될 것으로 분석한다. 더 나아가 블록체인 기술을 이렇게 활용하느냐에 따라서 산업과 금융의 판이 뒤바뀌고, 힘의 구조가 바뀌는 세상도 예상된다.

현재 미 국방부 고등연구계획국DARPA은 디지털 장치를 인간의 대뇌피질에 연결하는 프로젝트에 6천만 달러를 투입하고 있다. 이 신경 인터페이스를 '피질 모뎀'이라 부른다. 질병으로 노후화한 조직은 3D 프린터로 만든 새 조직과 교환할 수 있다. 이처럼 재생의료가 확립되면 인류의 수명은 대폭 연장될 것이다.

바이오 혁명이 꽃피다

유전자 편집은 현재 유전성 질병의 근절에 초점을 맞추고 있으나, 많은 연구자들이 알츠하이머병과 여러 종류의 암, 심장질환의 위험 억제에 뛰어들고 있다. 지금부터 30년 내에 생명을 지탱하는 모든 구성 요소와 시스템의 관계성이 밝혀질 것이란 전망도 나오고 있다.

세계 인구는 100억 명을 향해 꾸준히 증가하고 있지만, 식량 위기는 일어나지 않을 거라는 전망이다. 세포 배양을 통해 많은 식품이 공장에서 제조되기 때문이다. 우유와 계란의 생산에도 동물은 필요 없게 된다.

농장은 기계화와 자동화가 진전되어 공장에 가깝게 된다. 로봇식의 트랙터와 콤바인 수확기, 작물 성장을 모니터링하는 드론과 위성이 등장한다. 또 농약 살포와 잡초 제거는 카메라를 붙인 전용 로봇이 맡는다. 수확에 가장 적합한 시기는 스마트폰 앱이 알려준다. 곡물은 광합성을 대폭 가속시켜 성장을 빠르게 한다. 재밌는 전망 중의 하나는 인조 식품에 반대하는 사람들과 동물을 사용한 축산, 특히 밀집형 축산업에 반대하는 사람들의 대립이다. 최종적으로는 동물 애호파들이 이길 것이라고 보는 전문가들의 전망이 대세이다.

의료계에선 AI에 의한 파괴적 변화가 일어나고 있다. 진단부터 난이도가 높은 수술까지 현재 인간이 행하고 있는 작업은 점차 학습 능력을 가진 기계가 담당할 것이다. 암과 결핵 등을 예방할 수 있는 백신 연구도 실용화된다. CT스캔과 MRI로 촬영한 정밀 화상은 세포와 특정 분자를 촬영하는 '분자 이미징'을 조합하여 일반화된다. 모바일 단말을 의료에 걸맞은 품질의 데이터를 제공하는 장비로 인정하게 된다. 이것이 가능해지면 검사의 분산화와 민주화가 이뤄진다. 한편 과학 가운데서는 생물학이 정점에 서고, 나노사이언스와 정보과학과의 연계를 통하여 많은 성과를 낼 것이다.

약 20년 전, 21세기의 개막을 바로 앞둔 시점에 미국 노스웨스턴 대학의 경제학자 로버트 고든Robert Gordon은 "산업혁명에 비해 오늘날 일어나고 있는 디지털 혁명으로는 생산성, 노동임금, 생활수준이 거의 향상되지 않는다"고 지적했다. 그러나 지금 우리는 그 예측의 맹점이 완전히 드러났음을 목격하고 있다.

환경과 자원

다음 두 개의 사례가 주는 시사점은 무엇인가.

• 사례1. 1900년 당시 미국 뉴욕, 시카고, 보스턴에는 2,370대의 자동차가 달리고 있었다. 놀라운 것은 이 중 1,170대가 증기자동차, 800대가 전기자동차EV로 가솔린자동차는 400대에 불과했다는 사실이다.

증기와 전기는 출력 조절이 용이하여 발진과 속도 변경이 간단했다. 이에 비해 가솔린차는 변속기어가 필요하여 기관이 복잡하고 운전도 어려웠다. 그 가운데서도 전기자동차는 조용하고 고장이 적었다. 그러나 전지의 성능이 너무 나빴다.

그 후의 자동차 기술 개발은 전지와 증기기관의 개량보다 복잡한 가솔린차로 향했다. 기술평론가들은 이에 대해 어려운 일이기 때문에 오히려 기술자들의 도전정신을 자극했다고 분석했다.

얼마 전 영국과 프랑스 양국이 2040년까지 가솔린차 등 화석연료 자동차 판매를 금지한다고 발표했다. 지난 세기로부터의 대반전이다. 대기오염 대책은 전 세기 초만 해도 예상치 못했다. 자율주행자동차와도 상생 관계인 전기자동차로의 이행은 유럽을 필두로 가속될 전망이다. 문제는 전기자동차 업계에서 유럽과 신흥 개도국에 밀리고 있는 한국산 자동차이다. 한국산은 부품이 2만 개가 넘는 복잡한 가솔린차에서 강점을 보여 왔다. 그러나 화석연료차에 비해 구조가 간단한 전기자동차는 부품이 1,000개뿐이라고 한다. 다수의 복잡한 부품을 이용하여 정밀하게 생산해야 하는 가솔린차가 가전제품과 비슷한 전기자동차에 밀려날지도 모른다는 전망이 이어지고 있다.

• 사례2. 이산화탄소CO_2 감축은 선진국인 독일의 소도시 오스나브루크시 (인구 16만 5천 명)가 실천하고 있는 내용이다. 독일의 신재생에너지 발전량은 1990년대 전체 발전의 3%였지만 현재는 33%에 이른다. 2011년 일본 도쿄전력 후쿠시마 제1원전 사고 후에는 특히 가속되고 있다. 이런 분위기를 타고 오스나브루크시가 세계 최초로 시도한 것은 '솔라 매핑' 작업이다.

비행기로 시내 전역을 레이저 스캔하여 모든 건물의 옥상 경사와 방향을 조사하여 연간 만들 수 있는 태양광 발전량과 CO_2 감축량을 제시한다. 옥상의 어디에 솔라 패널을 붙이면 효율적인가도 적색으로 표시된다. 시민은 인터넷으로 검색할 수 있다.

또 에너지절약에 직결되는 단열이 부족한 부분도 알 수 있도록 했다. 이두 개의 매핑 사업비는 총 12만 유로(약 1억 6천만 원)밖에 들지 않았다고 한다. 이 시의 도시공사는 태양열 발전 장치를 시민에게 빌려주고 시민은 자택용 전력을 옥상에서 만든다. 전력요금보다 대여료를 싸게 설정하여 보급을 독려하고 있다. 이와 같은 정보를 기반으로 시민은 단열재를 효과적으로 보강하고, 이는 투자로 이어져 새로운 3천 만 유로(약 345억 원)의 경제 효과를 창출, 지역 업자에게 환류하는 경제 순환을 일으키고 있다.

두 개의 사례는 100년 이상을 지탱해온 내연기관(가솔린차)이 사라질 위기에 처하고 신재생에너지에 대한 공공 정책이 공급자(시) 위주에서 소비자(시민) 중심으로 바뀌는, 즉 에너지 민주화의 모습을 보여준다. 에너지뿐만 아니라 환경, 자원 분야도 이러한 대변화를 겪고 있다.

예를 들면, 태양광 발전은 자택의 창과 커튼 그리고 의복에서도 가능해졌다. 그런 만큼 태양광 발전은 산업으로서도 맹렬한 속도로 확대되고 있다. 발전장치 설치는 2000년부터 지금까지 연평균 44%의 속도로 증가해왔다. 2012년 이후엔 전년까지 세계에 설치된 발전 용량을 상회하는 규모로 발전장치가 추가되었다.

기후변화와 대응

기후변화를 현시점에서 정확히 예상하는 방법은 확립돼 있지 않다. 에너지 포트폴리오가 어떻게 변할 것인가, 경제성장은 어떻게 될 것인가, 더욱이 기후변화에 인간이 어떻게 대처하는가 등 다양한 불확정 요인이 너무 많기 때문이다. 도널드 트럼프 미 대통령이 파리협약(2016년 체결, 2021년부터 발효) 탈퇴를 선언한 것은 그 대표적인 예이다.

현재로서 가장 확실한 것은 온난화 조건이 갖춰지면 되돌리기가 거의 불가능하다는 사실이다. 지구에서 사상 최대의 변화를 예고하고 있는 게 북극해이다. 향후 수십 년 안에 북극해는 태양이 쬐지 않는 겨울에는 변함없이 동결 상태에 있겠지만 여름에는 얼음을 볼 수 없는 바다로 바뀔 것으로 전망된다. 컴퓨터 모델에 따르면 북극의 온난화는 지구 전체에서 일어나는 온난화에 비해 2배 빠른 속도로 진행된다. 이의 가장 현저한 결과는 얼음의 소실이지만 영향은 그뿐만이 아니다. 현재 고위도의 북극권 대부분이 사막화되고 있다. 주된 원인은 바다에서의 수분 증발이 극히 적어 강수량도 아주 적다는 것이다. 그러나 결빙 면적이 줄고 기온이 올라가면 눈비가 많아져 토지 침식과 식생 패턴에 변화가 일어난다. 그리고 삼림이 현재의 타이거와 툰드라까지 확대되어 결과로서 온난화가 더욱 촉진된다는 것이다.

인구 변화 전망

인구동태는 장기적인 경제성장을 좌우하는 요인이며 인구를 통한 장래 예측은 정확도가 비교적 높은 것이 특징이다. UN은 《세계 인구 전망》 2015년 개정판에서 인구가 2030년에 84~86억 명, 2100년에는 100~125억 명으로 늘어날 가능성이 80%라고 예상하였다. 또한 세계적 추세인 고령화가 진행되어 세계의 평균 연령은 2010년부터 2050년까지 9세 늘어나 38세가 될 전망이다. 2050년까지 예상되는 인구 증가분은 23억 명이고, 이 중 절반이 아프리카에서 늘어난다. 중국 인구는 2025년에 14억 명을 정점으로 감소세로 돌아설 전망이다. 출생률은 세계적으로 떨어져 2050년에는 2.1명이 된다. 이 결과 세계 인구의 증가 속도가 줄어 이윽고 인구 증가는 멈추게 될 것으로 예상된다.

인구 변화와 경제를 연관시켜 보자. '인구 보너스기'에는 생산연령인구(15~64세)의 증가가 경제 전체의 노동 공급력을 높인다. 동시에 노년인구 비율이 낮기 때문에 사회보장비 등을 억제하여 그만큼 인프라 등 장래에 대한 투자에 자금을 투입할 수 있다. 즉, 인구동태가 생산성 향상으로 이어져 경제를 성장시키는 방향으로 작용한다.

반대로 생산연령인구 비율이 떨어지는(고령인구 비율이 상승) 시기를 '인구 오너스기'라 부른다. 이 기간은 인구동태가 경제성장에 마이너스로 작용한다.

이러한 이론을 적용하여 인구 보너스기에서 인구 오너스기로 전환될 시기를 기준으로 세계 각국을 구분해보면, 우선 제1그룹(~2000년대)에는 미국, 일본, 유럽이 있다. 제2그룹(2010년대)에는 오세아니아, 아시아 선진 개도국, 중국 등이, 제3그룹(2020년)에는 아세안과 중남미국가들이 들어간다. 제4그룹(2030년~)에는 인도, 필리핀, 남아프리카 등이 있다.

제1그룹은 다시 이미 생산연령인구가 줄고 있는 일본, 독일, 이탈리아와 생산연령인구가 계속 늘고 있는 미국, 영국, 프랑스로 나눠진다. 또 제2그룹에서는 생산연령인구의 감소가 예상되는 한국, 태국, 중국, 싱가포르, 캐나다와 생산연령인구가 계속 늘고 있는 호주, 베트남으로 나눠진다.

IMF가 생산연령인구 신장률과 인구보너스 지수[15~64세 인구/(0~14세

인구+65세 이상 인구)] 등을 기초로 2030년까지의 경제성장률을 추계한 바에 따르면 앞으로 노동력 인구의 감소폭이 줄어들 것으로 예상되는 일본은 1%대의 성장률을 보일 것이다. 한편 중국과 한국의 성장률은 대폭 감소가 예상된다. 이에 비해 노동력 인구가 계속 증가하고 노동 투입 신장률이 2020년대에도 이어질 것으로 보이는 인도, 필리핀은 고성장 지속이 예상된다. 유럽은 2020년대에 성장률이 둔화할 전망이다. 특히 2010년대 이후 노동력 인구 감소가 심각해지는 프랑스, 독일은 성장률이 0%대로 떨어지고, 이탈리아의 경우 2020년대에 성장률이 마이너스로 반전될 것으로 예상된다. 북미와 오세아니아는 이민자 유입으로 생산연령인구가 증가, 성장률도 비교적 높게 유지될 전망이다.

인구와 GDP 변화

세계 전체 국내총생산GDP 규모의 변화를 보면 높은 성장률을 바탕으로 아시아의 GDP 점유율 증가가 돋보인다. 아시아 전체의 GDP가 세계 전체에서 차지하는 점유율은 2015년 시점에서 약 29%였던 것이 2030년에는 약 34%로 확대될 전망이다. 그중에서도 인도는 2015년에 2.9%에서 2030년에 4.5%까지 확대될 것으로 예상된다.

특히 아세안은 가맹국 총인구가 약 6억 3천만 명, 명목 GDP의 합계가 약 2조 5천억 달러나 된다. 세계 GDP에서 점하는 비율은 3% 정도지만 2020년에는 미국, 중국, 일본에 이어 큰 경제권을 이룰 것이라 예측된다. 지금까지의 경제성장을 계속한다면 2030년에는 일본을 상회할 것이며, 금후 5년간은 연 5%의 성장률을 유지할 수 있을 것이다. 일본 제일생명경제연구소는 역동적인 아시아에 대한 전략으로서 인프라 수출, 자유무역권 구축, 해외 인재의 적극적 수용을 꼽고 있다.

한편 선진국의 GDP 규모는 완만하게 확대되지만 전체에서 차지하는 점유율은 감소할 것으로 보인다. 세계 전체에서 차지하는 점유율은 2015년 시점에서 미국, 중국, 일본, 독일 순이었는데 2030년이 되면 미국과 중국이 거의 같은 수준이고 이어서 인도, 일본이 될 공산이 크다. 세계경제 전체의 평균 성장률은 2020~2025년, 2026~2030년에 3%대가 유지될 전망이다.

정치 변화의 방향

최근 들어 국제정치·경제에서 지정학地政學이란 말이 부쩍 많이 쓰인다. 매년 초 세계 10대 리스크를 발표하는 미 컨설팅 그룹 유라시아Eurasia는 2017년 키워드를 '지정학의 쇠퇴The Geopolitical Recession'로 꼽았다. 도널드 트럼프 미 대통령이 내건 미국제일주의는 세계 질서의 요체였던 안전보장, 자유무역, 자유로운 사회의 실현이란 이념으로부터의 이탈을 뜻한다. 이는 곧 지정학을 지키는 리더십의 부재로 해석된다.

미·유럽 선거에서 나타난 글로벌 엘리트와 금융·정치 계급에 대한 반발, 임금 정체와 격차 확대에 대한 분노, 이민과 난민에 대한 적의, 주류파 미디어에 대한 불신 등은 지정학 쇠퇴의 구체적인 현상이다.

중국의 군사적 대두와 러시아의 잇따른 대외 개입을 두고 국제정치학자 로버트 카플란Robert Kaplan은 '지정학의 역습'이라 했고, 일본의 정치평론가 후나바시 요이치船橋洋一는 영국의 EU유럽연합 이탈 결정을 두고 '감정의 지정학 등장'이라고 했다.

강력한 3인 지도자 시대

푸틴의 러시아와 시진핑의 중국에서는 현재의 상황status quo을 힘으로 변경하려는 제국주의 경향이 나타나고 있다. 김정은의 북한은 핵의 힘을 빌린 노골적인 위협 외교 정책을 펴고 있다. 푸틴은 2018년 대통령 선거에서 당선되어 2024년에 임기를 마치더라도 아직 71세이다. 스탈린, 브레즈네프와 체르넨코는 70대 중반까지 권력을 잡았다. 강한 권력주의자인 푸틴 역시 2024년에 은퇴하지 않을 가능성이 있다. 헌법을 개정하여 다시 한 번 대통령이 되면 그는 2030년까지 황제로 있는 셈이다.

시진핑은 공산당 룰에 따르면 2022년 당대회에서 은퇴해야 하지만 최근 그의 인사를 보면 룰은 건너뛰고 다시 한 번 2027년까지 최고 권력자의 지위에 머물 작정인 듯하다. 김정은은 암살이 없는 한 수십 년은 더 군림할 것이다. 즉, 2020년대는 이 3인의 강력한 지도자 시대가 이어질 공산이 크다.

푸틴은 1989년 베를린 장벽 붕괴 이래 미국 주도의 NATO북대서양 조약기구에 짓눌리게 된 러시아를 다시 강력하게 부활시키는 것이 목표이다. 시진핑의 목표 역시 1989년에 일어난 톈안먼 사태 이래 고도성장으로 생겨난 왜곡과 부패를 바로잡고, 나아가 대중화제국을 부활시키는 것이다. 시진핑은 2013년 국가주석 취임 연설에서 '중화민족의 대부흥의 꿈'을 10회 가까이 반복했다. '일대일로—带—路'에 중국이 바라는 유라시아 대륙 제패 전략이 담겨 있다.

한편 민주주의 진영에서 일어난 트럼프 대통령 탄생과 브렉시트(영국의 EU 이탈)는 냉전 구조의 붕괴로 시작된 글로벌라이제이션에 대한 반작용이다. 현저하게 부유해진 사람들과 그렇지 못한 사람들 사이에 큰 격차가 생기고, 밑으로 가라앉은 사람들로부터 맹렬한 반작용이 일어난 것이다.

국제정치학에서 보면 이런 반작용의 기간은 대략 20년 정도라고 한다. 그렇다면 반작용의 시대가 2010년대 초부터 시작됐다고 봤을 때 우리는 최소한 지금부터 십여 년간 지정학적으로 음울한 시대를 살아야 한다.

그러나 과학기술과 문명의 전환에는 세계의 방향성이 뚜렷하게 나타나고 있다. 이것이 가까운 미래에 우리가 희망을 가질 수 있는 근거가 된다.

경제는 어떻게 바뀔까

지금 세계경제에는 두 개의 큰 흐름이 일어나고 있다. 하나는 비관적인 것이고, 다른 하나는 낙관적인 흐름이다. 비관적인 관점에서 보면 세계경제가 성숙하여 투자 기회가 줄고 있기 때문에 세계는 장기적으로 불황이나 정체 국면으로 향하고 있다. 반면 낙관적인 관점에서 보면 AI, IoT, 로봇, 빅데이터 등을 활용한 신기술로 지금까지 없었던 새로운 기회가 생겨나고 있다. 이에 따라 새로운 산업이 등장하고, 새로운 라이프 스타일이 만들어지는 혁명적 변화를 '제4차 산업혁명'이라 부른다.

제4차 산업혁명 시대

1769년 증기기관 발명으로 시작된 제1차 산업혁명은 1879년 전기가 나올 때까지 약 100년간 지속된 기계화 시대였다. 이후 1969년 컴퓨터와 인터넷이 등장하기까지 90여 년은 제2차 산업혁명의 산업화 시대였다. 제3차 산업혁명은 2015년 지능화기술이 본격화될 때까지 약 40년간 정보화 시대를 이끌었다. 2016년 스위스 다보스 포럼에서 처음으로 제4차 산업혁명이란 말이 나오면서 지능화 시대의 시작을 알렸다.

지능화 시대에는 국가 시스템, 산업, 사회, 삶의 질 전반에 혁신적인 변화가 발생한다. 소셜 네트워킹업이 등장하고, 회사에서 경리부가 사라지며, 은행은 핀테크에 밀려나고, 클라우드 펀딩의 새로운 투자 생태계가 생겨날 것이며, 공유 경제(셰어링 이코노미)로 인재를 공유하는 등 다양한 방면에서 사회가 변화할 것이다.

그러나 AI의 일자리 대체 현상이 심화되면서 사람들의 일자리에 대한 우려가 높아지고 있기도 하다. 이에 따라 기술 발전과 일자리 사이의 상호 관계에 대한 논의가 늘고 있다. 실업자가 증가하는 사회문제를 해결하기 위하여 로봇세의 논의도 시작되었다. 유럽의회는 로봇을 법인으로 인정하는 법의 제정을 검토할 것을 촉구하는 결의안을 통과시켰다. 마이크로소프트 설립자인 빌 게이츠도 인간 노동을 대체하는 로봇에 세금을 부과하는 방안을 제안했다. 로봇세의 수입으로 실업자를 구제하자는 의견도 있고, 로봇에 세금을 부과하면 혁신이 저하될 것이라는 주장도 있다.

기술 발전과 일자리

이제는 혁명적인 시대가 왔다는 '시대 인식'을 갖고 대담하게 행동해야 할 때이다. 이에 따라 제4차 산업혁명을 기회로 만들기 위한 여러 가지 방안들이 모색되고 있다. 또한 새로운 기술을 따라잡지 못해 생기는 낙오자와 일자리 상실 그리고 이로 인한 소득 격차 등을 어떻게 극복할 것인가가 모든 나라들의 과제가 되었다. 미국 시티그룹은 이에 대한 처방전으로 교육, 창업, 노동 시장 개혁, 연구개발 확대를 꼽았다.

한편 AI 도입으로 47%의 일이 없어지고 대량 실업이 발생한다는 공포의 보고서도 있지만 그것이 잘못됐음을 지적하는 더 많은 분석이 나오고 있다. 예컨대 자동화기계를 도입한 어떤 공장에서 종업원이 줄어들어 경제 전반에서 실업이 심각해진다는 도식은 경제활동의 상호의존 관계를 무시하거나, 신기술 도입으로 새로운 일(직종)이 생겨나는 것을 고려하지 않은 분석이다. 경제학의 논리로부터 배워야 할 것은 개별 기업에서 일어나고 있는 일과 경제 전체에서 발생하는 현상을 구별하여 단순한 개념 연합을 배척하는 일이다.

플랫폼 비즈니스 아래서의 고용도 새로운 현상이다. 최근 수년 사이 미국을 중심으로 우버와 에어비앤비 같은 플랫폼 비즈니스에 의해 발행하는 다양한 경제 현상을 분석하는 '플랫폼 이코노미'가 출현하고 있다.

고용의 관점에서 봤을 때 중요한 점은 플랫폼 비즈니스의 하층에서 일하는 사람들이 불안정한 고용에 빠져 마침내 AI 보급 이후 기계로 대체된다는 것이다. 미국과 유럽에서는 택시 운전을 주로 이민자들에게 맡기고 있는데, 자율자동차가 보급되어 이민자들이 일을 잃게 되면 구미 사회는 더욱 불안정하게 될 것이다. 구미에서 AI를 고용하여 받게 될 영향의 심각성은 우리와 일본에 비할 바가 아니다.

한편 신기술이 도입되면 그때까지는 노동 시장에 참가할 수 없었던 사람들에게 새로운 시장에 참여할 기회가 생기기도 한다.

예를 들면 개인용 컴퓨터와 스마트폰에 익숙한 젊은이들은 기름투성이 공장에서 일할 수 없을지도 모르지만 하루 종일 컴퓨터 앞에 앉아 앱을 개발할 수는 있다. 이같이 잃어버리는 고용에만 주목하지 말고 반대로 지금까지의 기술 아래서는 일할 수 없었던 사람들이 새로운 기술하에서 노동 시장에 참여하는 현상에도 주목할 필요가 있다. 제4차 산업혁명을 주창한 클라우스 슈밥 세계경제포럼 회장은 이 혁명이 매우 빠르고, 매우 폭넓고, 매우 영향력 있게 진행되고 있다고 말했다. 영국의 주간경제지 〈이코노미스트〉는 제4차 산업혁명의 핵심은 인재혁명이라며 'AI는 심화학습deep learning이고 사람은 평생학습life-long learning의 시대'에 와 있음을 강조했다.

한국의 도전과 기회

그렇다면 이런 시대에 한국의 기회는 어디에 있는가. AI와 IoT, 블록체인이 지면을 장식하지 않는 날이 없을 정도로 세상은 디지털 혁명 일색이다. 여기에 더해 진화의 속도는 지수함수적이라고 불릴 만큼 빠르다. 그러나 제조물atom의 시대가 디지털bit의 시대로 대체되는 것은 아니다. 디지털 혁명을 현실 세계에서 지탱해주는 것은 제조물이다. 제조물이 뒤를 받쳐주지 않으면 디지털 진화도 정체된다. 디지털과 제조물은 상호보완적으로 진화한다.

이를 테면 자동차산업은 금후 10~20년 안에 전기자동차화, AI 탑재, 3D 프린터, 소유에서 공유 등의 큰 구조 변화에 대응해야 한다. 수많은 부품 제조사들 역시 마찬가지로, 이들이 어디까지 대응하여 살아남을 수 있을지 알 수 없다.

한국은 디지털 혁명에서 선두주자로 제조물을 구성하는 소재에 대한 기초 연구에서 톱클래스의 실력을 유지하고 있다. 스마트폰 등의 전자 부품 상당수를 한국 기업이 생산한다. 이러한 소재 수출액은 이제 주력 산업에 육박할 태세이다.

제조업의 세계에서는 범용상품commodity화가 진행되어 가격 경쟁이 치열하다. 언젠가는 신흥국들에게 자리를 내줘야 하는 사례들이 늘어날 것이다. 그래도 소재는 우리나라가 경쟁 우위를 갖고 있다.

지금 각국은 디지털 혁명의 열기를 소재 영역에 불어넣어 실험을 거듭하지 않고도 디지털 기술을 구사한 신수법으로 소재를 개발하고 있다. 한국의 생명선은 오랫동안 축적한 데이터와 노하우에 있다. 여기에 디지털 기술을 추가한다면 아톰과 비트가 융합한 이노베이션이 탄생할 것이다. 이것이 대한민국이 이 시대에 존재감을 높일 수 있는 길이다.

02

미래 한국
불확실성 속의
기회와 도전

한국 사회가 움직이는 방향

한국은 2018년에 1인당 국민소득 '3만 달러 시대'의 원년을 맞을 전망이다. 특히 1인당 국민소득 3만 달러 이상이면서, 인구 5,000만 명 이상의 선진국을 지칭하는 '30-50 클럽'에 일본, 미국, 독일, 영국, 프랑스, 이탈리아에 이어 일곱 번째로 들어갈 것으로 예상된다. 한국의 인구는 2012년에 5,000만 명을 넘어섰고, 1인당 국민소득은 1995년에 1만 달러, 2007년에 2만 달러를 돌파했지만, 그동안 '2만 달러의 늪'에서 고군분투해왔다. 이제 '3만 달러 시대'라는 것은 단순히 경제적인 의미만 갖지 않는다. 3만 달러 시대에 걸맞은 한국 사회의 변화와 삶의 변화에 대한 희망도 담겨 있는 것이다. 미래의 한국 사회를 불신사회가 아니라 신뢰사회로, '피로사회'가 아니라 일과 삶이 조화로운 균형사회로 조성하는 것이 과제가 되고 있다.

소통의 확대를 통한 공정사회 정착

그동안 우리 국민들의 행복지수는 OECD 국가들 중에 최하위권을 벗어나지 못해 왔다. 그 이유 중 하나는 다른 사람들과의 경쟁과 갈등으로 인한 스트레스가 크며, 이에 따라 사회 통합의 수준이 매우 낮기 때문이라고 볼 수 있다. 이러한 갈등의 에너지를 통합의 에너지로 전환시키지 못하면 한국사회의 선진화는 힘들어진다. 따라서 소통의 확대를 통해 갈등이 아니라 공감과 공정의 사회로 이동해 나가야 한다.

무엇보다 '다름'에 대한 이해를 바탕으로 갈등의 주요 진원지인 이념, 계층, 세대, 노사 등의 분야에서 공감적 소통을 이어가야 한다. 이념 갈등은 보수와 진보 간의 적대와 대립으로 표출되어 왔다. 특히 정치사회에 대한 구현 방식을 달리 해석하고 규정하는 수준을 넘어 극단적인 상호비난과 공격으로 이어지는 등 갈등의 깊이와 외연 또한 확장되어 왔다. 하지만 보수와 진보가 공생하는 사회에서야 비로소 역사, 정치, 경제, 문화 등에 대한 자유로운 논의와 상이한 해석이 자연스럽게 허용된다. 나아가 사회적 공론장과 같은 공공 영역에서의 소통 확장을 통해 '다름'에 대한 이해와 사회적 수용성을 높일 필요가 있다.

소득 계층 간 불평등, 즉 사회적 양극화의 심화를 상징했던 흙수저·금수저 논란도 불식되어야 한다. 소득 불평등은 크게 세 가지 부문에서 발생하는데, 첫째는 경제활동과정에서 자본력과 권력 등을 가진 자가 힘없는 자를 약탈함으로써 발생하는 부문이고, 둘째는 부의 대물림에 의해 경제활동에 진입하기 전 출발선에서부터 불평등이 발생하는 부문이며, 셋째는 경제활동 과정에서 공정하게 경쟁하였으나 그 결과 불평등이 발생하는 부문이다. 따라서 정규직 대 비정규직, 대기업 대 중소기업, 원청기업 대 하청기업 간의 임금 격차 해소, 상속세·증여세 인상을 통한 부의 대물림 최소화, 공정 거래 정책의 강화, 갑을 관행과 갑질 퇴출을 위한 '을'의 단결권 보장 등의 정책으로 불평등을 개선하고 공평한 기업 문화를 확산시켜 나가야 한다.

아울러 세대 갈등의 완화도 시급하다. 세대 갈등이 다른 갈등을 촉진하고 매개하는 역할을 하고 있기 때문이다. 세대 간 소통과 공유 문화의 확산, 노인 대 비노인 복지의 균형, 세대별 경제기반을 건강하게 만들어주는 다양한 제도와 정책 마련이 세대 갈등을 해결하는 하나의 방안이 될 것이다.

미래 한국 사회에서 소통을 확대해 나가기 위해서는 미디어 기술의 변화에도 주목해야 한다. 우리는 미디어를 통하여 소통하고 세상을 이해하고 있기 때문이다. 다만 우리가 이용하는 미디어는 기술의 변화와 함께 빠른 속도로 변화하고 있다. 실제로 제4차 산업혁명을 대표하는 기술인 사물인터넷과 인공지능, 그리고 가상·증강현실 등은 다른 산업에서의 기술 융합뿐 아니라 미디어산업 내에서도 새로운 융합 서비스와 융합 미디어를 탄생시킬 것이다. 또한 인공지능 음성인식 기술처럼 새롭고도 편리한 인터페이스는 모든 것을 미디어로 연결, 확장시키며 기존의 미디어 유형 분류로는 구분하기 어려운 경계 혼성적 미디어를 출현시킬 것이다.

그런데 이러한 기술의 변화는 미디어 자체의 변화만 가져오는 것이 아니라 우리의 소통 방식과 라이프스타일, 정체성, 인간관계, 나아가 사회 시스템까지 변화시킨다. 미국의 사회학자 마누엘 카스텔Manuel Castells이 현대 정보사회를 일찌감치 '네트워크 사회'로 불렀던 것처럼, 손 안의 디지털 기기인 스마트폰과 SNS의 연결은 시간과 공간은 물론 모든 것의 연결을 가능하게 만들고 있다. 특히 참여, 공유, 개방을 특징으로 하는 '웹 3.0' 시대는 인간의 연결 욕구와 소통 욕구도 최대한으로 확장시킨다. 이에 따라 수평적 인간관계가 증가하였고 면대면 커뮤니케이션보다는 SNS 커뮤니케이션을 더 원활하게 느끼는 소통 문화가 만들어졌다. 그러나 SNS로 연결되어 무한히 확장된 인간관계는 피로감을 주기도 하고, '좋아요'와 같은 양적 지표를 통해 관계의 질이 아니라 관계의 양만 따지는 형식성의 문제도 낳고 있다. 결국 우리의 시간과 공간을 점유한 모바일 미디어 라이프는 일상의 삶과 분리할 수 없는 단계로 가고 있지만, 역설적이게도 사회적 불안감과 소외감도 낳고 있다.

따라서 미래 한국 사회가 소통을 통해 서로 공감하는 사회로, 나아가 공정한 사회로 정착되기 위해서는 갈등에 매몰되거나 기계에 매몰되지 않도록, 끊임없이 성찰하는 자세가 요구된다.

교육관의 변화와 교육 기관 구조조정

교육 개혁은 미래 사회를 살아갈 학생들이 변화된 사회와 삶의 방식에 적절히 대비하고 변화를 선도할 수 있는 능력을 길러주기 위해 항상 필요하다. 그러나 우리는 여전히 시대 변화를 읽지 못하고 산업화 시대에 최적화됐던 암기 정답 위주 교육의 스펙형 인재를 양성하는 데 몰두하고 있다. 변화에 대응하고 지속적인 성장을 이루기 위해서는 인재상이 바뀌어야 하고, 시대가 요구하는 역량을 갖춘 인재를 길러내기 위해서는 교육 시스템과 교육 내용이 바뀌어야 한다. 기존의 지식 전달 위주의 교육보다는 창의, 도전, 협업 등 미래역량 중심 교육으로의 전환이 필요한 시점이다.

특히 학생 수 감소에 따라 대학의 통합화가 가속될 것으로 보인다. 또 한편으로는 인적, 물적, 지적, 교육 자원이 집중된 대학의 경우 학령기 학생 중심이 아닌 여러 연령층의 복잡한 지적 수요를 충족시키는 학습-고용-복지의 연결과 통합을 강화하는 교육 체제로 변모해야 한다. 이처럼 대학이 평생학습을 제공하는 기관으로서의 기능을 확대해간다면, 성인 학습자들이 지식기반사회의 핵심 인력으로 거듭나는 데 기여할 수 있을 것이다. 또한 이는 저출산의 여파로 학령인구 부족의 위기를 맞게 될 대학의 새로운 대안이 될 수도 있다.

한편 교육관의 변화는 교육 방식의 변화도 자동적으로 요구할 것이다. 가령 제4차 산업혁명 시대에 강조되는 창조와 협력은 팀 프로젝트 교육을 통해 증진될 수 있다. 협력이 전제되어야 하는 팀 프로젝트를 통하여 문제를 찾아내고 풀어가는 과정은 콘텍스트context 중심의 학습이라고 할 수 있다. 일방적인 강의 수업 대신 문제풀이와 토론 중심의 플립 러닝flipped learning, 프로젝트 중심 학습Project based learning도 팀 프로젝트 교육 방식 중 하나이다. 기존 교육의 중심이었던 콘텐츠contents 교육은 대중 공개강좌를 뜻하는 온라인 플랫폼 무크MOOC, Massive Open Online Course로 대체될 것이다.

또한 달라지는 교육관을 반영하기 위해서는 물리적인 공간 중심의 학교를 다양한 주체가 참여하여 협업 가능한 형태로 유연하게 바뀌어야 하며, 맞춤형 학습이 가능한 형태로 재구조화하여야 한다. 이를 위해서는 특히 사물인터넷과 인공지능 등의 기술을 바탕으로 지능형 맞춤학습 체제를 구축할 필요가 있다. 현행 교육과정을 미래 사회에 필요한 역량 중심의 교육으로 개편하기 위해서는 교과 중심으로 분절된 현재의 교육과정을, 미래 사회가 요구하는 변화 대응력 중심의 통합 교육과정으로 개편하여야 한다. 이와 관련하여 제4차 산업혁명 시대의 학교교육에 필요한 혁신적인 방법론으로서 빈번하게 회자되는 것이 창의성 함양 교육 및 융합인재 교육 STEM, Science, Technology, Engineering, and Mathematics 이다.

앞서 논의한 대학의 평생교육 체제로의 진화는 평생교육을 위한 새로운 체계 확립으로 이어질 수 있다. 우리나라는 다른 나라에 비해 성인의 학력 수준이 높고, 현재 학령기 학생들의 대학 진학률이 이미 80%를 넘을 정도로 고등교육이 대중화되어 있다. 따라서 지식기반사회의 도래와 평생교육을 희망하는 중장년층 성인 학습자의 고등교육 요구를 충족시키기 위해서는 과거와 달리 평생학습의 질적 수준을 높여야 할 것이다.

그밖에도 교육 분야에서의 공적 개발 원조ODA, Official Development Assistance 등 고등교육 인력을 활용한 국제 교육 교류 활성화를 통해 국내 지향적 교육을 세계 속에서 함께하는 글로벌 교육으로 끌어올리는 것도 미래 교육의 변화와 함께 더 적극적으로 고려해야 한다.

계속되는 한류 문화

2017년 국제 외교가에서 미국 트럼프와 북한 김정은의 '스트롱 맨' 입담 대결이 연일 화제를 모았다면, 소프트파워로 전 세계 젊은이들을 한데 연결시켰던, 진정한 외교 강자가 있었다. 그 주인공은 바로 한국의 아이돌스타 방탄소년단이다. 세계 젊은이들 사이에서 'BTS'로 불리는 이들은 유튜브 조회 수는 물론 다양한 'BTS 효과'를 낳으며 화제를 모았고, 'BTS 효과'는 여전히 뜨겁게 진행 중이다. 심지어 미국 국무부가 2017년 산하기관이 SNS에 올린 글 중 가장 반응이 뜨거웠던 것Highest Engagement을 조사해보니 방탄소년단 관련 게시물인 것으로 나타나기도 했다. 주한미대사관이 지난해 올렸던 '방탄소년단, 한국 가수 최초로 빌보드 200차트, 톱 10 진입' 축하 관련 글이었다. 미국 언론의 반응은 더 요란한 편이다. 방탄소년단의 미국 진출은 1964년 영국 비틀스의 미국 상륙에 빗대지기도 하고, 방탄소년단의 팬들은 '비틀스 마니아'에 비유하여 'BTS 마니아'로 불리기도 한다.

이처럼 한국의 소프트파워를 여실히 발휘하고 있는 대표적 분야가 '한류 韓流'이다. K-팝, K-드라마, K-무비, K-뷰티 등 한국의 대중문화 콘텐츠가 세계적으로 유통되며 세계 각지에서 이를 즐기는 팬층이 두터워지고 있다. 해외 팬들은 한국어 가사를 함께 따라 부르는 '떼창'은 물론 한국의 문화, 관광, 패션, 뷰티, 게임 등 다양한 분야에도 관심을 보이고 있으며, 한류 문화가 더욱 확산되는 추세이다. 한류를 의미하는 'Korean Wave'는 이미 고유명사가 되어버렸다.

실제로 한류 콘텐츠산업은 우리 경제가 저성장으로 기운을 차리지 못하는 상황 속에서도 호황을 누렸다. 문화체육관광부와 한국콘텐츠진흥원이 발간한 〈2016 콘텐츠산업 통계〉에 따르면 한류의 주요 분야인 영화, 음악, 방송, 캐릭터의 성장률이 두드러졌던 것으로 나타났다.

물론 특정 콘텐츠와 특정 스타 중심으로 치우쳐 있는 문제점도 있다. 특히 콘텐츠 개발 없이는 한류의 지속이 불가능하며 계획성 없는 전략으로는 시장의 논리에 휩쓸리는 결과만을 초래할 수도 있다. 그러므로 외양으로만 화려한 한류에 머물지 않기 위해서는 원천적인 시스템 차원에서 전략을 세우고 실천해가는 노력이 요구된다. 또한 지금까지는 방송, 영화, 음악 등 여가 부문에서 문화산업이 중시되었으나, 미래에는 문화 예술 전반에 걸쳐 문화의 산업화가 가속될 것으로 보인다. 관광 또한 중요한 한류 문화 상품으로서 중국, 태국, 인도네시아, 베트남 등 다양한 동아시아 지역 관광객뿐 아니라 중동 지역 관광객들이 한국을 즐기고 한국 문화를 체험하기 위해 방문할 것으로 전망된다.

우리나라의 정해진 미래: 인구

미래 한국 사회를 바꿔놓을 요인 중 하나는 인구구조 변화에 따른 사회변동이다. 인구 문제는 결혼, 출산, 양육, 교육, 취업, 소득, 주택, 퇴직, 연금 등 수많은 요인들이 상호작용하면서 복잡하게 얽혀 있기 때문이다. 현재 한국 사회의 인구구조 변화를 끌어내는 주요 요인은 크게 세 가지다. 저출산과 고령화에 따라 절대 인구수와 인구분포 비율이 변화하고 있고, 여기에 외국 인구의 유입이 증대되면서 동질적 구성을 특징으로 했던 한국 사회도 점차 종족 다양성을 특징으로 하는 다문화 사회로 이동할 전망이다.

저출산의 지속과 새로운 가족제도의 등장

최근 10여 년간 100여 조 원이 투입된 출산율 정책은 사실상 실패했다. 2017년 12월에 열렸던 문재인 정부의 저출산고령사회위원회 첫 간담회는 향후 저출산 대책을 출산율이나 출생아 수와 같은 국가 주도 정책이 아니라 일과 가정의 양립 등 사람 중심 정책으로 전환하겠다는 방향을 천명했다. 이유는 간단하다. 천문학적 예산이 투입됐음에도 불구하고 우리나라의 합계출산율은 1.3명 이하에서 여전히 횡보하고 있기 때문이다.

통계청에 따르면 2016년 우리나라의 합계출산율은 1.17명이다. 2017년에도 1.2명 미만일 것으로 예측된다. OECD 국가 평균이 2015년 기준으로 1.68명인 것을 고려하면 최저 수준이다. 회복될 기미가 보이지 않는 출산율과 함께 주목해야 할 또 하나의 문제는 인구 감소이다. 저출산 현상의 지속으로 인해 우리나라는 인구 감소도 피할 수 없을 전망이다. 장래의 인구 추계를 현 수준의 출산율로 가정했을 경우, 우리나라의 총인구는 2030년에

5,115만 명까지 증가할 것이나, 이후 감소하여 2050년에 4,564만 명, 2060년에는 4,062만 명 수준까지 감소할 것으로 예측되고 있다.

한편 인구 문제와 관련해서는 결혼에 대한 개념이나 가치관의 변화도 주목할 필요가 있다. 비혼非婚이나 만혼晩婚 현상의 심화도 저출산 정책이 실효를 거두기 어려웠던 근본적인 원인이기 때문이다. 2017년 방송가 연말 시상식에서 수상을 휩쓴 예능 프로그램 가운데 하나는 〈나 혼자 산다〉였다. 〈나 혼자 산다〉는 혼자 사는 남녀와 1인 세대가 늘어나는 현상을 반영해 유명인사들의 일상을 담은 다큐멘터리 형식의 예능 프로그램이다. 이러한 프로그램이 높은 인기를 구가하는 것은 곧 최근의 세태를 그대로 보여준다. 즉 우리나라의 저출산은 기혼자들의 출산 기피뿐 아니라 결혼을 하지 않는 비혼非婚과 결혼을 미루는 만혼 현상이 주요 원인으로 작용하고 있다는 얘기이다. 이러한 1인 싱글가구를 넘어 요즘 TV에서는 새로운 형태의 가구를 많이 볼 수 있다. 전통적인 혈연 중심의 가족 개념을 파괴하는 동거가족이나 계약가족도 새로운 가족 형태 프레임으로 형성되고 있고, 1인 가구가 늘면서 주거 공간만 공유하는 셰어하우스Share House와 같은 주거 형태도 확산되고 있다.

이러한 저출산 현상과 세태의 변화는 부양의 측면에서도 이제 가족부양에서 사회부양으로 옮겨갈 수밖에 없는 현실을 의미한다. 또 저출산 문제 해법은 출산과 보육 지원을 넘어 혼인 여건 개선이나 젊은 세대의 가치관 이해, 가족의 개념에 대한 새로운 정의와 대안적인 가족 형태에 대한 범사회적 고민 등 다각적 차원에서 이뤄져야 할 것임을 시사한다.

고령화 시대의 가속

급격한 출산율 저하는 고령화와 필연적으로 직결된다. 의료기술의 발달 등에 힘입어 기대수명이 높아지면서 고령화 사회로 변화하는 것은 모든 선진국들의 공통 사항이다. 그러나 문제는 변화의 속도가 너무 빠르다는 점이다. 고령화 사회(전체 인구에서 65세 이상 인구의 비율 7%)에서 고령사회(14%)가 되는 데에 프랑스 115년, 미국 73년, 독일 40년, 그리고 대표적 고령국가 일본의 경우에도 24년이 걸렸다. 그런데 우리는 17년 만에 고령사회에 진입했다.

그러나 준비 없는 고령사회는 장밋빛이 될 수 없다는 것이 문제이다. OECD 국가 중 노인빈곤율 1위, 노인자살률 1위라는 우리 사회의 부끄러운 지표는 새로운 패러다임에 미처 대비하지 못한 필연적인 결과이다. 사회적 차원의 조치가 마련되지 않는 한 이러한 현상은 지속될 수밖에 없다. 따라서 고령사회에 걸맞은 사회 시스템의 조정과 변화가 필요하고, 생애주기의 역할과 의미의 조정도 미래 한국을 위한 숙제이다. 개인의 일생에서 노년기가 부차적이거나 주변적인 것이 아니라 보다 중요한 의미를 차지하게 됨에 따라 생애주기 전반의 조정이 불가피하다. 이는 또한 '노인'을 규정하는 기준 연령에 대한 논의도 포함한다. '만 65세'라는 기준은 실제적인 은퇴 시기나 생활 변화를 따라가지 못하고 있다. 고령화 추세를 반영하기 위해서는 건강, 교육, 여가, 일자리, 노후 준비 등 다양한 영역에서 고령사회에 필요한 인프라를 구축하고 제도를 개선하는 변화가 이어져야 한다. 특히 교육에 대한 관점의 변화는 필수적이다. 지금까지의 교육이 진학과 취업 중심의 의미를 가졌다면, 고령사회의 교육은 평생을 두고 배워 나가야 할 삶의 수단으로써 그 의미가 변화될 것이다.

고령화로 인해 노인 인구가 늘어나게 되면 의료비 지출을 비롯한 각종 복지 지출과 사회보험 급여 지출이 늘어나는 반면 근로 인구의 감소로 세입 기반이 위축되어 국가재정 부담이 가중될 것이라는 전망도 나오고 있다. 따라서 고령화를 부담에서 기회로 전환시키기 위해서는 '복지'에서 '시장'으로 무게중심이 이동해야 한다. 인프라와 제도 개선이 정부의 몫이라면, 기업에서는 당장의 양적 성과에 치중하지 말고 함께 공생할 수 있는 고령사회를 맞이하기 위해 고령인력 고용 및 관리, 퇴직 대비 근로자 교육, 여가 등에 대한 장기 계획을 구축할 필요가 있다.

고령화는 단순히 기대수명이 높아지는 것이 아니라 건강한 삶을 살 수 있을 때 진정한 의미가 있다. 현재 65세 이상 인구의 5명 중 1명은 당뇨 환자이며, 절반 이상은 고혈압 환자다. 오랜 기간 병치레하면서 계속 재발하는 만성질환은 의료비 문제를 포함해 생활 전반에 영향을 미치므로 그 예방과 원인 규명 및 치료에 대한 연구와 개발이 더욱 중요하다. 고령화는 또 한편으로는 웰다잉well-dying에 대한 관심을 높이고 있다. 물론 웰빙well-being에 대한 관심만큼 웰다잉에 대한 관심이 아직 큰 것은 아니다. 하지만 2017년 호스피스 완화의료가 시행된 데 이어 2018년 2월부터는 연명의료 결정 관련 절차가 시행에 들어갔다. 아직 관련 서비스 인프라도 부족하고 환자의 부담도 커서 웰다잉 논의는 이제부터 본격화될 것으로 보인다.

다문화 사회

저출산 및 고령화와 더불어 외국 인구의 유입 증가는 한국 사회의 인구구조 변화에 또 하나의 중요한 동인으로 작용할 전망이다. 이는 외국인 근로자 유입이 가장 큰 원인이나, 국제결혼, 외국인 유학생, 해외 국적 동포의 급격한 유입도 주요 원인이다. 법무부의 〈출입국·외국인정책 통계월보〉에 따르면 2001년 50만 명 수준이었던 국내체류외국인은 2007년 100만 명을 돌파한 후 2017년 200만 명을 넘어섰다.

인구 감소와 고령화의 진전 속에서 현재의 경제 상태를 유지하기 위해서는 노동력 감소분을 해외 인력이나 생산성 향상으로 채울 수밖에 없다. 결혼과 출산을 장려하는 정책만으로는 현재의 저출산과 고령화 속도를 완화하는 데에 한계가 있기 때문에 결국 젊고 우수한 외국 인력을 수혈하여 이를 보완해야 한다. 아울러 이종 문화 간의 융합으로 인한 창의력과 시너지 효과도 기대할 수 있으며, 한국 사회가 잃어가고 있는 창조적 역동성의 회복도 기대해볼 수 있을 것이다.

따라서 미래 한국을 위해서는 변화를 수용하는 이민 정책을 수립해야 한다. 다만 사회적 부작용과 과도한 비용을 초래할 수 있으므로 국내 인구구조 변화의 추이, 노동 시장, 기술 혁신, 산업구조 변화 등 중장기적 여건과 환경 변화를 고려해 단계적으로 추진할 필요가 있다. 이와 함께 다문화 사회의 성공적인 안착을 위해서는 이민자 사회 통합을 위한 교육 및 지원 프로그램을 강화해야 하고 범국민적 차원의 협력과 인식의 변화도 추진해야 할 것이다. 동시에 다문화 2세들의 교육과 사회 진출을 돕는 시스템도 마련되어야 한다. 특히 외국인 장학생을 유치하여 고급 인재에게 영주권이나 국적을 부여하는 방법을 통해 한국인으로 육성하는 방법도 미래 한국 사회의 동력이 될 것이다.

정치 발전 방향의 단서

정치는 미래의 삶을 보여주는 지표이기도 하다. 앞으로 다가올 미래 세상의 모습이 정치 비전에 담기기 때문이다. 특히 제4차 산업혁명의 파고를 통해 지금 이 순간 진행되고 있는 기술의 변화는 정치·사회적 차원에서도 변화의 가능성을 높이고 있다. 트위터나 메신저를 통해 가상세계에서 서로 연결된 사람들이 특정한 정치적, 사회적 국면에서 다양한 형태의 집단행동을 실제세계와 가상세계에서 일으키는 것이 가능해지면서, 미래 한국 사회에서는 바야흐로 디지털 민주주의가 활성화될 전망이다. 또한 기술이 촉발하는 환경의 변화는 외교와 안보 환경, 나아가 미래 전장의 모습에도 패러다임 전환을 예고하고 있다.

디지털 민주주의 활성화

소셜 미디어 및 모바일 디바이스를 기반으로 한 개인 간 연결성의 확대는 지식과 정보의 연결 및 매개로 확장되고, 사회 활동을 위한 조정 비용을 줄이는 효과를 가져 온다. 또 연결성의 확대는 대규모 집합 행동에 수반되는 거래 비용의 감소를 가져오기 때문에 정치·사회적 차원에서도 변화가 예측된다.

우선 혁신을 모색해온 행정의 차원에서 바라본다면, 디지털 거버넌스가 확대될 전망이다. 디지털 거버넌스란, '디지털 기술 융합에 기반을 두고 시장과 사회를 운영하는 새로운 메커니즘'으로서, ICT를 통해 국민과 정부가 새로운 관계를 형성해 공동체의 운명을 결정하고 관리하는 운영 메커니즘으로 정의할 수 있다. 이는 단지 ICT를 이용한 권위적인 정부의 행정에 국한되는 개념이 아니다. 이때 주목할 수 있는 기술이 블록체인이다. 비트코인 같은 암호 화폐에 활용되는 기술로 알려진 블록체인은 관련된 모든 서버에 정보를 저장하여 위조를 방지하면서도 공유할 수 있게 해주는 기술로, 운용비용을 획기적으로 줄일 수 있는 장점을 갖고 있다.

이러한 행정의 미래가 행정부의 혁신이라면, 블록체인에 기반한 디지털 민주주의를 통해 입법부의 혁신도 가능하다. 현재의 정치 구도는 대의 민주주의의 한계를 여실히 드러내고 있다. 정책과 법률안에 국민 전체의 의견이 반영되었다기보다는 이해 관계자의 특수한 이익을 반영하여, 국민과 대리인 사이의 신뢰가 추락하고 있는 실정이다. 그러나 블록체인 의사 결정 시스템으로 일종의 '온라인 하원'을 구성한다면, 현재의 대의 민주주의가 가진 한계를 극복하면서도 시간과 비용의 문제까지 해결할 수 있을 것이다. 블록체인 기술이 본인인증이나 정보보안과 같은 기존 모바일 투표의 문제점을 개선하여, 비밀·직접 투표까지 스마트폰에서 가능하도록 만들기 때문에, 블록체인에 기반한 융합 민주주의의 구현이 가능해질 수 있다. 특히 현재의 여론조사는 비실시간, 고비용, 오류와 왜곡의 문제가 있으나, 디지털 블록체인 여론조사는 실시간, 저비용, 투명성을 담보한다.

동북아 국제 관계

한국 외교의 가장 중요한 축은 한미 동맹 관리이다. 북한의 군사적 위협으로부터 한국의 안보를 지켜주는 가장 확실한 기제이기 때문이다. 그러나 동맹의 성격 변화 가능성에 대비한 다층적 외교 전략도 강구되어야 한다. 미국 트럼프 정부의 동아시아정책은 더 복잡해지고 있어, 동맹 관계의 질적 변화와 대응책이 요구되는 실정이다.

일본을 '전략적 자산'이라는 미래지향적 관점에서 관리하는 외교 관점도 고민해야 한다. 일본은 한국과 과거사 문제를 놓고 여전히 불편한 국가이다. 그러나 일본이 동아시아 지역 내 자유 민주주의와 시장경제라는 가치를 한국과 공유하는 몇 안 되는 국가라는 사실을 기억할 필요가 있다. 일본은 한국의 대미 동맹이나 대중국 관계에 있어 활용할 수 있는 전략적 자산이라는 판단 아래 대일본 관계를 미래 지향적 차원에서 관리해야 한다.

한국의 대중국 정책은 양국 간 관계의 차원을 넘어선다. 한국 정부는 국제 질서를 주도하는 미국과 중국 두 강대국 사이에서 운신의 폭이 넓지 않다는 데 고민이 있다. 경제 관계에서 중국은 한국의 최대 교역국일 뿐 아니라 한반도의 장래, 즉 남북한 관계에도 적지 않은 영향을 미치기 때문이다. 따라서 이러한 상황은 미래 한국 사회가 계속해서 풀어가야 할 고민이며, 다자간 틀 속에서 한중 관계를 모색해야 한다.

나아가 안보를 미국에 일방적으로 의존하는 한국은 북한의 위협 해소와 동북아시아의 안정 및 평화를 위해 지역 내 '다자간 안보 체제' 구상 논의에도 적극 나서야 한다. 문재인 정부의 '신남방-신북방' 정책이 경제 협력에 방점이 찍혀 있다면, 안보 차원에서는 유럽의 OSCE(유럽안보협력기구)와 유사한 형태의 안보 체제를 추진함으로써 미국에 대한 안보 의존도를 낮추어야 할 것이다. 더불어 미국과 중국의 경쟁구도 속에서 한국의 외교적 자율성 위축의 위험성도 줄여 나가야 할 것이다.

경제적 차원에서 동북아 지식재산 블록 구성에 대한 논의도 더 심화되어야 한다. 미래에는 지식재산이 국부의 원천이 될 것이다. 이미 세계적인 기업의 자산 가치를 따져볼 때, 무형 자산의 비중이 80%를 넘어섰다. 특히 제4차 산업혁명은 새로운 기술뿐 아니라 지식재산의 유형 변화 등 다양한 변화를 가져올 전망이다. 따라서 새로운 산업 환경에 대처하기 위한 지식재산 전략이 더 절실하다. 한국은 미국, EU, 일본, 중국과 함께 특허를 비롯한 지식재산 제도의 운영을 주도하고 있는 지식재산IP 5대 국가이다. 지식재산의 특성상 국제적인 요소가 많이 있기 때문에 국제적인 공조와 예측 가능한 제도를 보유하고 있어야 한다. 그래야 향후 아시아 특허청, 아시아 특허법원 설치와 유치에도 유리한 고지를 점할 수 있다.

미래 전쟁

국방력 증대는 북한의 위협이 상존하는 한 포기할 수 없다. 하지만 실질적 핵 보유 국가인 북한과의 '군사적 비대칭 관계' 속에서 안보를 지키기 위해서는 특단의 조치가 필요하다. 국방 체계 역시 제4차 산업혁명의 핵심 기술인 인공지능AI을 접목하여 다양한 첨단기술을 통해 능동적으로 대처해야 한다. 이에 따라 미래의 전쟁과 전투 양상은 무인화, 로봇화, 정보화 추세가 강화되고 군사와 비군사, 정부와 민간, 전투와 치안의 구분과 경계가 줄어드는 방향으로 변할 것이다. 대테러전과 비살상 무기의 중요성이 강조되고 정보통신기술 등으로 스마트하게 변화된 미래 군의 재편이 뒤따를 것으로 전망된다.

무엇보다 미래 전장 환경은 과학기술을 최대로 응용한 육·해·공 및 우주 등 4차원 공간에 IT 환경을 추가한 5차원 환경으로 구축될 것이다. 미래 초연결사회에서는 전력 증강 방향도 군 전체를 하나로 묶는 초연결이 필요하다. 이를 가능하게 하는 것이 새로운 개념의 NCWNetwork centric warfare라 할 수 있다. 지금까지의 NCW 개념은 지휘통신에 한정된 것이었지만, 새로운 개념의 NCW는 정보, 통신 및 작전을 하나의 시스템 안에 묶어 하나의 생명체와 같이 운영될 수 있게 하는 전쟁 지휘 시스템이다.

군대 구조도 미래 전쟁의 특성과 무관할 수 없다. 해상과 육지만이 전쟁 영역이었던 때에는 육군과 해군만으로 군의 구조를 편성하였다. 이후 공중이 전쟁 영역 안에 편입되면서 공군이 창설되었다. 그러나 지금은 우주 공간과 사이버 공간이 전쟁 영역으로 추가되었다. 또 기계화되고 자동화되는 스마트 전장 시스템에서는 기존의 운용 방식으로는 효율적인 대처가 불가능하다. 이러한 변화 속에서 기존의 사고방식으로는 새로운 도전에 대응할 수가 없다. 따라서 군의 구조도 새로운 변화를 수용해야 하며, 정보군 information, 작전군 actuator, 그리고 군수지원군 logistic과 같은 기능적 개편은 미래의 전장 환경에 부합하는 하나의 대안 전략이 될 것이다.

우리나라 경제 전망의 특징

우리나라 경제에서 제4차 산업혁명은 그 실체를 논하기도 전에 이미 화두가 되었고, 실제로 거대한 변화의 파고가 여기저기에서 나타나고 있다. 이 과정에서 제4차 산업혁명이라는 용어를 둘러싼 이견도 꼬리를 물었다. 제3차 산업혁명의 연장선에서 지능정보사회를 강조하는가 하면, 아예 새로운 변곡점에서 바라보아야 한다는 관점도 있다. 또한 제조업 혁신을 중심으로 일어나는 산업적 방법론으로 접근하는 경우도 있고, 지난 산업혁명의 역사가 방증하듯이 특정 부문의 혁명이 아니라 우리 사회 전체의 패러다임 전환으로 접근하는 경우도 있다. 다양한 시각이 존재하는 가운데 한 가지 분명한 것은 엄청난 속도의 기술 혁신을 토대로 이전의 관점으로 파악하기 어려운 새로운 변화가 생겨나고 있다는 점이다.

한국의 제4차 산업혁명은 ICBM

제4차 산업혁명 담론의 진원지는 세계경제포럼이다. 이 포럼의 창립자이자 회장인 클라우스 슈밥은 제4차 산업혁명에 대해 "변화의 속도, 범위, 영향력으로 미루어볼 때 과거 인류가 겪었던 그 어떤 변화보다 거대한 변화가 될 것"이라고 예견한 바 있다.

제4차 산업혁명의 근간 기술은 바로 인공지능AI과 ICBM IoT, Cloud, Big data, Mobile으로 요약할 수 있다. IT 혁명으로 시작된 디지털 세상은 이제 모든 사물들의 연결을 뜻하는 사물인터넷Internet of Things 시대로 옮겨가고 있다. 이는 오프라인의 현실세계와 온라인의 가상세계가 결합하는 것으로, 인터넷을 통한 두 세계의 결합은 세상의 모든 것이 데이터가 된다는 것을 의미한다. 이 과정에서 인공지능이 제4차 산업혁명의 맏형 위치를 차지하고 있다. 알파고의 등장으로 인공지능 시대가 본격적으로 시작되었지만, 인공지능에 대한 연구와 시도는 오랜 역사를 가지고 있다. 그러면 이전에는 가능하지 않았던 인공지능이 어떻게 지금은 가능하게 되었을까? 그것은 바로 빅데이터와 고도화된 알고리즘, 그리고 클라우드 등 이를 뒷받침하는 컴퓨팅 파워의 발전 때문이다. 심층신경망기술과 같은 진전된 알고리즘이 빅데이터와 만나면서 이전에는 보지 못했던 패턴들이 빅데이터의 심연에서 드러나게 되었고, 제4차 산업혁명 시대의 새로운 자산이 된 것이다.

주력 산업 고도화와 신산업 발굴

과거의 성공 방식으로 미래를 바라보면 핵심을 놓치게 된다. 산업의 미래도 마찬가지이다. 오늘의 시대정신은 기존의 산업을 융합하여 스마트, 플랫폼, 그리고 생태계의 관점에서 재창조하여 재도약의 기회로 삼는 것이다. 과거 전통적 가내수공업이 엔진 및 모터와 접목되어 근대적 공장으로 변모하면서 산업혁명으로 발전했던 것처럼, 기존의 산업은 다른 산업에서 발달된 새로운 기술에 의해 새로운 지평으로 확장해나갈 수 있다.

1960년대부터 본격화된 우리나라의 산업화는 경공업으로 출발하여 1970년대 후반 중화학 공업 투자가 결실을 맺으면서 전자, 기계, 조선, 화학 등의 분야로 진출했다. 또한 1990년대 후반부터 본격화된 정보화 혁명을 기회로 삼아 스마트폰과 반도체산업 부문에서 '글로벌 리더'로 올라섰다. 하지만 중국 등 후발 국가의 추격 속에 우리의 주력 산업이 경쟁력을 점차 잃어가고 있다. 이러한 상황에서 한국의 산업은 투트랙 전략이 필요하다. 첫째는 기존 주력 산업을 제4차 산업혁명에 접목시켜 첨단화하는 것이다. 이는 개척자First mover 전략으로 후발국의 추격을 따돌리는 것을 의미한다. 둘째는 신산업을 발굴하는 것이다. 선진국에서는 이미 발전을 이루었지만 우리는 아직 개발 육성이 안 된 산업 분야가 많이 있다. 예를 들어서 의료바이오, 환경에너지, 안전산업 등은 우리가 얼마든지 발전을 이룰 수 있는 분야이다. 추격자Fast follower 전략으로 빠르게 성장을 보일 수 있다.

일자리 및 노동의 변화

제4차 산업혁명과 관련하여 뜨거운 이슈 중 하나는 기술 진보가 일자리에 미치는 영향에 관한 것이다. 기술 진보로 인해 일자리에 무슨 일이 일어나는지를 이해하기 위해서는 기술 진보가 직무(업무·일), 직업, 고용(일자리)에 미치는 영향을 구분해서 들여다보아야 한다.

많은 우려가 쏟아지는 것처럼 자동화와 지능화에 의한 노동 대체는 어떤 '직무'의 대량 소멸을 의미할 수 있다. 직무보다는 훨씬 적은 수이겠지만 일부의 '직업'을 파괴할 수도 있다. 하지만 전반적으로 '고용' 파괴를 의미하지는 않는다. 하나의 직업이나 한 사람의 일자리는 여러 가지 직무로 이루어져 있기 때문이다. 그러나 일자리가 없어지고 줄어드느냐, 즉 고용이 파괴되느냐는 자동화 기술뿐 아니라 사람과 제도가 변화에 어떻게 적응하느냐에 달려 있기도 하다.

기술 진보의 영향은 작업 조직 변화로도 이어질 것이다. 테일러리즘이나 포디즘은 장인匠人을 저숙련 공장 노동자로 대체하는 기술 변화가 일어나는 과정에서 과학적 관리 시스템으로 정착된 바 있다. 이처럼 인공지능기술 시대의 작업 방식은 인간-네트워크, 인간-기계 사이의 역동적 협력 형태를 포함하는 작업 방식일 것이다.

또 노동의 변화는 다양한 고용 형태와 근로 형태를 만들 것이다. 예를 들어 주문형on-demand 거래의 확산으로 임시직, 파견·재택 근무, 파트타임 등 비전통적 고용계약 형태가 늘어나고 있다. 또 온라인 근로, 재택 근로, 원격 근로 등이 확산되어 근로시간과 여가시간의 구분이 모호해지고 근로 공간과 비근로 공간의 구분이 모호해지는 것도 변화의 일부이다.

이러한 현상으로 인해 제기되는 가장 큰 도전은 기존 노동 규범의 존립 근거가 송두리째 흔들리고 있다는 점이다. 따라서 새로운 현상에 대한 대안적 규범을 더 적극적으로 모색해야 한다. 아울러 사회복지 시스템의 대폭적인 수정도 필요하다. 지능정보기술의 혜택이 소수에게만 귀착되면 극소수의 자본가와 기술 엘리트들만이 슈퍼리치가 될 것이고, 변변한 일자리조차 얻지 못한 대부분의 사람들은 빈곤의 나락으로 떨어지는 양극화가 이어질 것이기 때문이다.

물론, 고용 디스토피아에 관한 전망이 극단적인 비관론이라는 비판도 가능하다. 그러나 정부는 다양한 예측 시나리오를 검토하면서 제4차 산업혁명이 야기할 고용이나 복지 분야에서의 사회문제를 완화하는 일, 제4차 산업에 의한 새로운 성장이 고용과 복지로 이어지게 하는 일에서 역할을 찾아야 한다. 그렇다면 기존에 익숙했던 고용 유지와 사회보험 제도가 제4차 산업혁명 시대에서는 더 이상 효과가 없게 된다면 어떤 복지 전략이 대안이 될 수 있을까. 일자리가 없더라도 생계를 유지할 수 있도록 '기본소득basic income'을 제공하거나, 세수 마련 차원에서 로봇세와 인공지능세의 도입을 검토해볼 수 있다.

격차 사회 해소

그동안 지속적으로 한국의 노동 시장에서 비정규직 비율이 높다는 것이 양극화와 고용 불안정성의 주요 원인으로 지적되어 왔다. 문재인 정부의 비정규직 해소 정책에 따라 변화가 나타나고 있기는 하지만, 지난 10년간 고용 형태별 고용 비율의 추이를 살펴보면 비정규직의 비중은 여전히 높다. 고용 측면에서 가장 두드러지는 특징이 불안정성이라면, 임금 측면에서는 정규직 근로자와 비정규직 근로자 간 임금 격차이다. 대기업과 중소기업 간 임금 격차도 큰 것으로 드러났다.

따라서 양극화 문제의 해결은 노동 시장에서 상대적으로 불리한 처우를 받고 있는 집단에 대한 구조적인 차별 장치를 제거하는 것에서부터 시작해야 한다. 정규직과 비정규직 사이의 가칭 '중간직'의 신설, 연공 중심의 속인적 임금 체계 대신 직무급 체계로의 전환, 저소득층 보호를 통해 양극화를 개선할 수 있는 사회 안전망의 확대 등이 구체적 실행 방안이 될 수 있다. 그러나 시장경제의 한 부분인 노동 시장의 경우 제도에 의한 규율 외에도 자율적인 노사 관계하에서의 건강한 체질 개선이 필요하다. 대기업과 중소기업 간 격차를 줄이고 상생을 도모하기 위한 노력은 대기업의 효율과 중소기업의 혁신이 결합하는 순환 구조를 이루어 공정한 산업 생태계를 조성할 것이다.

현행 사회보장 제도의 연장선상에서 시도하는 양극화와 불평등 개선 노력들은 미래 사회에서는 한계가 있을 수 있다. 제4차 산업혁명 환경에서는 인공지능이 대체할 수 없을 만큼 고도의 지적 능력을 갖춘 지식 자본가, 그리고 인공지능과 로봇을 소유한 물적 자본가를 중심으로 부의 편중이 일어날 것이기 때문이다. 따라서 실업자 부양을 위한 제도 도입과 같은 격차 해소 방안을 심도 있게 논의하고, 또 다른 한편으로는 정부와 기업과 노조가 새로운 시장에 맞는 새로운 규범을 모색해야 한다.

무역과 신경제 세력

최근 글로벌 통상 환경은 과거에 비해 더 복잡해졌고 불확실성도 커졌다. 전자상거래와 제4차 산업혁명 등으로 글로벌 경제 관계가 심화되고 있는 한편, 브렉시트Brexit와 미국 트럼프 정부의 출범으로 대변되는 신보호무역주의가 경제 통합의 흐름을 저해하고 있다. 경기 침체가 지속되면서 선진국에서는 소득 불평등 심화와 제조업 일자리 감소 등이 자유 무역으로부터 기인한다는 인식이 확산되기 시작했고, 이러한 인식이 브렉시트와 트럼프 당선으로 이어졌던 것이다.

그럼에도 일본-EU 간 경제동반자협정 기본합의가 발표되었고, 일본, 호주, 뉴질랜드를 중심으로 환태평양경제동반자협정TPP 발효를 위한 노력이 지속되고 있다. 이처럼 전자상거래와 제4차 산업혁명 등 교역 패러다임에서의 변화에 대해서도 국제적 공조를 통해 대응할 필요가 있다.

따라서 반세계화 정서를 고려하면서도 제4차 산업혁명 시대에 걸맞은 통상 정책을 수립해야 한다. 특히 교역 국가의 다변화가 필요하다. 새로운 FTA 정책의 방향은 제4차 산업혁명이 가져올 기회를 이용하여 성장을 지속하면서도 소비와 분배에 대한 고려가 반영된 지속 가능한 포용적 통상 정책이 되어야 한다. 이를 위해 대외적으로는 FTA별로 특화된 협상 목표 수립, 일자리 관점의 협상 전략 수립, 제4차 산업혁명에 대응하는 적극적인 국제 규범 논의가 요구될 것이며, 대내적으로는 FTA 효과의 극대화를 위한 경제 시스템 구축 등이 추진되어야 할 것이다.

03

미래 과학기술
기초과학과
공학의 균형

기초과학은 영원하다

다시 떠오르는 기초과학의 중요성

인류의 역사는 과학적 발견과 창조의 역사이다. 과학은 항상 새로운 것을 보여주면서 인류에게 기쁨과 놀라움, 보람을 선사했으며, 앞으로도 그럴 것이다. 더 이상 발견할 것이 없을 것 같아 보이는 시절에도 어김없이 과학은 신세계의 문고리를 인간의 손에 쥐어주었다. 그 덕분에 인류는 발전했으며 시야는 넓어졌고 생각의 깊이와 넓이가 확대되었다. 과학은 기술을 낳았으며 기술은 새로운 도구를 만들어서 과학적 탐구와 창조를 도와줬다. 문명은 사회 · 정치 · 문화 · 경제의 영향으로 발전했다가 쇠퇴하기도 하지만, 과학은 끊임없이 발전하는 길을 걷는다. 기초과학은 그것 자체가 존재 이유이다.

기초과학은 서로 다른 과학 분야들과 함께 신세계를 여는 데 매우 유용하다. 물리학·화학·생물학·수학은 전자공학·재료공학·컴퓨터공학과 손을 잡고 꿈도 꾸지 못한 세계를 순식간에 펼친다. 과학은 인문학으로 영역을 넓혀 인간의 수명을 늘리고, 더 행복한 삶의 방식을 일러준다. 과학의 발전은 기술의 발전을 이끌고 기술은 새로운 도구와 방법론을 개발해서 과학의 발전을 뒷받침한다. 새로운 기술은 과학의 성격을 바꿀 것이며, 과학을 연구하는 방법도 크게 바꿀 것이다. 이렇듯 다양하게 발전하는 수많은 과학기술의 분야를 엮는 단어가 바로 '융합'이다. 전혀 상관이 없어 보이던 과학과 공학과 기술 분야가 유기적으로 연결되면서 새로운 분야가 나타날 것이다.

결국 과학기술이 발전할수록 기초과학은 더욱 중요한 역할을 할 것이다. 인공지능의 숨은 바탕에는 수학적 알고리즘이 필요하다. 빅데이터를 수집하려면 값싼 센서가 대량으로 보급되어야 한다. 센서를 통해 모여진 엄청난 빅데이터를 신속하게 처리하려면, 더욱 높은 지능을 가진 처리 장치가 있어야 한다. 그러므로 미래 과학기술과 산업은 긴밀하게 연결되어 있다. 첨단산업일수록 더욱 근본적인 과학의 기초지식을 필요로 한다. 그 기초지식을 실현할 공학적인 설계가 뒷받침되어야 실제적인 모습으로 과학기술이 나타날 수 있다.

꿈꾸는 과학기술이 신세계를 연다

과학기술이 가까운 미래에 인류의 생활과 산업지도를 크게 바꿀 것이라는 데 많은 사람들이 공감하면서도, 갑작스런 발전에 어떻게 대응해야 할지 갈피를 잡기가 쉽지 않다. 복잡하고 다양하게 전개되는 수많은 잔가지에서 중심을 잡으려면, 새로운 변화가 어떤 방향으로 나아가는지 핵심을 파악해야 한다. 만약 미래 과학기술의 방향을 두 가지로 좁힌다면 첫 번째는 인공지능이요, 두 번째는 바이오이다. 미래의 모습은 '인공지능'이라는 단어 하나에 수십 가지 분야를 불러 모아 정돈할 수 있다. 전통적인 제조업의 바탕을 이루는 기계공학에 인공지능이 적용되면 사물인터넷과 빅데이터가 결합해서 더 좋은 제품을 더 값싸게 만드는 융합이 일어날 것이다. 여기에 기초과학의 힘으로 새로운 물성을 갖게 된 재료들이 결합하면 더욱더 다양하고 질적인 변화가 나타난다.

ICT를 넘어서 인공지능으로

인터넷 영토의 확장은 현재 진행형이다

정보통신은 미래 사회에서도 여전히 중요한 산업으로 꼽힐 것이다. 인터넷이 나온 지 30여 년이 지났지만, "인터넷 영토는 이제 겨우 시작도 안했다"는 주장에 귀를 기울여야 한다. 빅데이터와 사물인터넷이 가세한 데다, 통신속도와 비디오 처리속도는 더욱 빨라지고 가상현실VR에 증강현실AR은 물론이거니와 웨어러블 기기의 도입으로 빨아들인 많은 데이터를 인공지능으로 처리하면 전혀 새로운 세계가 나타나기 때문이다. 특히 정보통신의 발전을 통해 더 많은 데이터를 처리할 수 있게 되었다. 보안이 확실하게 보장되는 블록체인 기술은 제2의 인터넷으로 발전할 가능성을 보이고 있다.

뇌과학은 반도체 설계와 인공지능 알고리즘 개발에 절대적인 영향을 미쳤다. 인공지능은 로보틱스와 결합해서 더욱 안전하고 살기 좋은 사회를 만들어줄 전망이다. 특히 자율자동차는 자동차 사망사고를 크게 줄어줄 것이다. 로보틱스는 사람이 일하는 방식과 생활하는 방식을 개선해서 새로운 지평을 열어준다. 인공지능은 인간 행동과 심리를 더욱 잘 파악해서 어떤 부부가 이혼의 위험이 높은지 어떤 젊은이가 맺어지기 쉬운지 예측하는 것을 도와줄 수 있다.

인간은 사회적인 존재이므로 사람들과 어울려서 살아야 하지만, 기계가 점점 똑똑해지고 사용자의 행동이나 사고방식에 잘 적응하기 때문에 직접 만나기보다 기계를 중간에 두고 접촉하는 것을 선호할 수도 있다. 인간의 수명이 길어지면서 노인 연령이 늘어나기 때문에 가정용 로봇이 늘어날 것이다. 이들은 노인들이 약을 먹거나 요리를 준비하거나 침구를 정리하는 일을 도와줄 수 있다.

인공지능의 발전과 사회 변화

인공지능은 개인맞춤형 치료를 현실로 만들어줄 것이다. 바이오 사이언스의 도움으로 모든 사람의 유전체를 분석하고 의료기록을 세부적으로 파악한다면, 의사는 수백만 건의 의학연구 결과를 인공지능의 도움을 받아 처리해서 아주 정밀하고 조심스럽게 그 한 사람에게만 꼭 맞는 맞춤형 처방을 내릴 수 있다.

한편 인공지능의 발달은 사람으로 하여금 점점 더 '인간은 무엇인가'를 고민하게 하는 거울 역할을 하기 시작했다. 한때는 근육이 강해서 농사지을 힘이 넘치는 사람이 좋은 남자였으며, 남자라면 그래야 한다는 사회적 압박이 있었다. 그러나 어느 순간 이 같은 사회적 압박은 머리 좋은 남자, 계산을 잘하고 지식이 많은 사람으로 변했다. 이제 인공지능이 지식의 영역을 잠식하면서 더 이상은 그런 능력이 예전처럼 중요하지 않은 시대가 오고 있다. 직업을 빼앗길지 모르는 두려움에 사로잡힌 대다수의 보통 사람들은 '인간은 무엇이며, 나는 어떻게 살아야 하는지' 가장 원초적인 질문을 더욱 진지하게 던질 수밖에 없다.

인공지능은 로봇, 빅데이터, 초연결, 생물학, 유전공학, 뇌과학, 정보통신, 제조업 등 모든 분야를 생각하지 못할 만큼 바꿔놓을 것이다. 인류는 과학기술 문명의 발전으로 지금까지 역사에서 한 번도 경험하지 못한 번영을 누리고 있지만, 반대로 한 번도 경험하지 못한 엄청난 위험에도 직면하고 있다. 테슬라 전기자동차를 개발한 엘론 머스크는 "인공지능이 북한 핵무기보다 더 큰 재앙을 가져올 것"이라고 주장한다. 영국의 물리학자인 스티븐 호킹 역시 "인공지능이 인류 문명사의 최악의 사건이 될 수 있다"고 경고했다. 인간을 뛰어넘는 인공지능의 개발은 우리 문명에서 가장 큰 사건이 될 수도, 최악의 사건이 될 수도 있다.

인공지능이 노동환경과 교육의 모습을 근본적으로 바꾸고 있는 이 시점에서 많은 사람들이 머리 한구석에서 찜찜하게 생각하는 부분은 과연 인공지능 혹은 기계 초지능super intelligence이 인간을 훨씬 뛰어넘는 '특이점 singularity'의 시대나 '지능 대확산intelligence explosion'을 불러올 것인지, 온다면 언제 올 것인지에 대한 것이다. 인공지능이 가져올 파괴적인 영향력을 경고한 대표적인 사람 중에는 《슈퍼 인텔리전스Superintelligence》를 쓴 닉 보스트롬Nick Bostrom이 있다. 닉 보스트롬은 경제적으로, 철학적으로, 과학적으로 매우 위험한 상상을 해보았다. 만약 미래의 고용주가 초지능을 이용해서 노동자를 마음대로 조종하거나 폐기할 수 있다면 어떻게 될까? 인간의 삶의 목적이 무엇인지 잊지 않고, 끊임없이 기술과 인간성의 관계에 대하여 질문을 해야 한다.

생활의 큰 변화를 몰고 올 자율자동차

자율자동차의 확산은 자동차 사고로 인한 사망자 수를 획기적으로 줄여줄 것이다. 세계보건기구WHO가 2015년 발표한 2013년의 세계 자동차 사고 사망자 숫자는 무려 125만 명으로, 2010년 124만 명과 큰 차이가 없다. 자동차 회사가 아닌 구글이 자율자동차를 개발한 근본 이유는 '기계가 운전해야 차 사고를 획기적으로 줄여 인명피해를 예방한다'는 사명감에서 출발했다. 자율자동차의 보급은 자동차 사고 사망자 숫자를 급진적으로 줄일 것이다. 사고의 감소는 보험회사의 영업 방식에 영향을 미칠 것이며, 자율자동차가 사고를 낼 경우 누가 책임질 것인지를 새로 가려야 하는 등 법률·사회·경제 등에 연쇄적인 변화를 불어올 것이다. 이렇듯 자율자동차의 확산은 개인 생활의 커다란 변화를 의미한다. 자동차 운전이라는 중노동에서 해방된 사람들은 그 시간을 개인의 행복과 자기계발, 여가, 교육, 휴식 등에 이용할 수 있다.

또한 교통 및 수송 분야에서 드론의 이용 범위가 더욱 넓어지고 다양해질 전망이다. 공공목적으로 드론을 이용하여 오염을 탐지하거나 안전 및 보안을 위한 장치에 드론이 대거 사용될 것이며, 과학공상 영화에 나오는 공중 드론 스테이션도 역시 머지않은 장래에 선보이게 될 것이다. 우리나라에서는 서해 지역에서 공해를 넘어와 조업하는 중국어선 감시에 투입될 수 있다. 또한 공중을 날기만 하는 드론이 진화하여 공중을 날다가 땅에 착지해서 바퀴로 이동하며 사람과 대화를 나누는 다목적 소형 드론에서부터 무거운 짐을 나르는 대형 드론까지 다양한 규모와 기능을 가진 드론과 만나게 될 것이다.

인간과 점점 가까워지는 로봇

미래는 로보틱스의 혁명 시대라고 할 수 있다. 로봇이라고 모두 사람처럼 생겨서 걷고 달리고 구르고 말하는 것은 아니다. 산업혁명과 기술혁명은 기본적으로 기계공학과 전자공학의 결합으로 이뤄진다. 로보틱스 혁명은 여기에서 한발 더 나아가 기계 시스템과 전자 시스템 그리고 향상된 컴퓨팅 기능과 인공지능의 결합이다. 지금까지 나온 최고의 기술과 앞으로 나올 새로운 기술이 결합한 것이라고 할 수 있다. 로봇이라는 것 자체가 매우 복합적이고 다양한 기능을 수행한다.

구글에서 로봇을 검색하면 터미네이터 같은 로봇군사가 많이 나오겠지만, 한국에서는 KAIST 오준호 교수의 로봇 이미지가 먼저 나온다. 로봇의 경계가 모호한 것은 로봇 자체가 신소재, 인공지능, 생물학, 전자 및 기계 등이 두루뭉술하게 합쳐져서 나오기 때문이다. 로봇의 종류는 대규모 지구 환경문제를 모니터링하는 로봇부터 인체 혈관 속을 다니면서 암세포를 제거하거나 혹은 혼자 사는 노인들을 돌보는 건강지킴이 로봇 등 매우 다양하다. 물론 산업현장에서 고된 일을 대신하거나 단순 작업을 무한 반복하는 산업용 로봇 등 인류의 짐을 덜어줄 로봇도 있다.

미래의 로봇이 가진 가장 큰 특징은 유기체를 닮았다는 점이다. 지금까지의 로봇을 분해하면 기계, 전자, 계산 기능으로 나눌 수 있지만, 미래의 로봇은 사람처럼 두뇌, 근육, 위장을 가진 동물에 비유할 수 있다. 피부처럼 부드러운 신소재는 촉감이 좋아 사람을 돌보는 로봇에 적용될 수 있다. 또한 로봇은 인체 안에 이식하는 의료장비에 이용되고, 분해되는 물질로 제작하면 용도가 끝난 후 자연 상태로 분해돼 폐기물을 남기지 않는다.

뇌과학이 가져올 신세계의 모습

인공지능의 등장은 뇌과학의 발달과 밀접한 관계를 맺고 있다. 인공지능은 사람의 뇌에서 벌어지는 일을 모방한 것이다. 앞으로도 뇌과학에서 커다란 진보가 이뤄지면, 다른 분야에도 큰 영향을 미치게 된다. 만약 사람이 무슨 생각을 하는지 완벽하게 확인해주는 기술이 나온다면, 범죄를 모의하는 사람을 찾아낼 수도 있지만, 가장 가까운 곳에 있는 사람이 품고 있는 불유쾌한 생각도 드러날 것이다.

뇌신경세포끼리 연결해서 정보를 주고받는 방식은 통신회로 구성에 영감을 주었고, 사람이 뇌에서 사물을 보고 판단하는 과정은 세기의 바둑 대결에서 알파고가 이세돌 9단을 꺾는 알고리즘 개발에 직접적인 영향을 미쳤다. 사람이라는 생체전자기기를 촘촘하게 가로지르는 신경 시스템의 중앙처리장치인 뇌는 지구상에서 가장 복잡한 기관으로 꼽힌다. 해부하면 1.5kg짜리 두부같이 생긴 이 허여멀건 물질 안에서 무슨 일이 벌어지는지 사람들의 호기심과 탐구심은 끝을 모르고 이어질 것이다.

사람은 뇌를 통해서 사물을 인지하고, 언어를 사용하고, 판단하고, 분석하고, 생각하면서 결정을 내리기 때문에 인간 행동의 출발점이 뇌라고 할 수 있다. 뇌에서 벌어지는 일이 인간을 규정하는 중요한 단서가 될 수 있다. 인지장애 질병을 정복하는 데 있어서 뇌과학은 매우 중요한 위치를 차지한다. 사람의 수명이 늘어나면서 자연스럽게 많아지는 뇌전증, 파킨슨 질병, 알츠하이머 질병, 치매 등은 인간의 건강한 노후 생활을 방해할 뿐 아니라, 후손에게 많은 경제적인 부담을 지운다. 인지 관련 질병을 예방하고 치료하는 것은 뇌과학 앞에 놓인 중요한 도전이다.

미래 학문은 뇌과학과 공학으로 수렴될 것으로 예상된다. 왜냐하면 대부분의 분야는 기본 원리가 이미 알려져 있지만 뇌에 관해서는 알고 있는 것이 별로 없기 때문이다. 이러한 미지의 뇌가 인간의 모든 것을 결정한다. 앞으로 인문사회 분야에서 이루어지는 거의 모든 의사결정은 뇌를 이해하기 전에는 알 수 없을 것이다. 세상의 거의 모든 사물도 결국 인간이 이용하고, 이것의 인터페이스도 뇌가 결정한다. 자연과학 분야도 역시 뇌과학과 연계하여 발전을 이루게 될 것이다.

바이오 사이언스

'유전자가위'와 배아복제

인간 생명의 정보는 유전자에 담겨 있다. 유전자에 돌연변이 정보가 들어 있으면, 질병을 일으킬 수 있다. 이 유전자 정보를 고칠 수 있는 획기적인 수단이 바로 '유전자가위'이다. 유전자에 들어 있는 정보 중 제거하거나 바꾸고 싶은 정보가 있으면, 마치 가위로 잘라버리듯 '편집'할 수 있기 때문에 '유전자가위'라는 이름이 붙었다. 이 중 3세대 유전자가위인 '크리스퍼 CRISPR'는 유전자 치료에 획기적인 진전을 이루었다. 유전자가위를 사용하면 살아 있는 세포나 장기에서 불량 유전자를 없애거나 좋은 유전자를 끼워 넣을 수 있다. 유전자를 변형하거나 유전정보를 복원하는 것도 가능하다. 이 꿈의 기술은 질병을 치료 및 예방하거나, 치료제를 개발하는 데 매우 효과적이다. 세계 각국은 항암치료제를 비롯해서 대사 및 신경질환 치료제를 개발하고 있다.

최근에는 유전자가위로 인간 배아의 유전자 돌연변이를 교정하는 데까지 발전했다. 2015년 중국 중산대 준지우황 교수는 유전자가위로 인간 배아에서 빈혈에 관여하는 유전자를 제거하는 실험에 성공했다. 이 실험은 86개의 배아를 대상으로 실시하여 28개가 정상적으로 살아 있음을 확인하였다. 유전자 편집은 유전자 서열에서 우리가 원하는 위치를 찾아가고, 서열의 연결 부위를 잘라내고, 이를 다시 붙이는 작업이 필요하다. 이렇게 만들어진 배아를 자궁에 착상시키면 아기로 태어날 수 있다. 유전자가위 기술은 이미 동물에 대해서는 여러 차례 실험해보았으나 인간의 경우 윤리성 논쟁 때문에 선진국에서는 허용되지 않았었다. 하지만 중국이 이렇게 치고 나가자, 그 다음 해에 영국이 유전자가위 실험을 허용하게 되었고, 지금은 한국을 제외한 많은 국가들이 앞다투어 유전자가위를 이용한 유전병 치료를 연구하고 있다.

2017년 한국과 미국 연구진은 '크리스퍼 카스9'를 이용해서 인간 배아에서 유전자 돌연변이를 교정하는 데 성공했다. 한미 연구팀은 심장 좌심실 벽이 두꺼워져 심하게 운동할 때 돌연사를 일으킬 수 있는 유전 질환인 '비후성 심근증'의 요인인 돌연변이 유전자 MYBPC3을 유전자가위를 써서 정상으로 돌려놓았다. 연구팀은 규제 때문에 한국이 아닌 미국에서 실험을 진행했다.

미국과 영국도 다양한 임상연구에 착수했다. 미국에서는 질병이 있는 환자에게서 모세포를 추출해 유전자를 교정한 다음 다시 환자에게 넣는 임상 시험이 한창이다. 아직까지 인체 내 모든 세포에 유전자가위를 전달해 유전자를 정밀하게 교정하는 것은 불가능하다. 하지만 몇몇 질병은 정상적으로 역할을 하는 세포가 일부만 있어도 증상을 크게 호전시킬 수 있다. 이런 시도는 에이즈 환자나 혈액 및 면역, 근육 등에서 발견되는 다양한 유전적인 질환에 효과적일 것으로 보인다. 유전자 교정은 면역치료 등의 방법과 결합해 복합적인 치료법으로 임상시험이 이뤄지고 있어 앞으로 질병과의 싸움에서 큰 발전을 이룰 것으로 전망된다.

줄기세포를 이용한 치료도 확대되고 있다. 나이가 들면 윤활유 역할을 하는 연골이 닳아져서 무릎이나 어깨에 퇴행성관절염이 나타날 수 있다. 이렇게 노화로 연골 재생이 힘들어질 때 연골을 만들어주는 새로운 줄기세포를 환자에게 넣어준다. 환자는 자기 자신의 줄기세포를 이용하기 때문에 면역 거부 반응이 적고 성공률도 높다. 수술시간도 짧을 뿐더러 절개 부위도 작아서 인기를 끈다. 줄기세포를 이용한 치료법은 심장병, 당뇨 등에도 활용될 전망이다. 또한 식물 분야에서도 활용이 증대된다. 식물 유전자를 교정하면 식물 자체의 자연적 형질 전환 과정을 촉진시켜, 새로운 작물 개발에 들어가는 시간 및 비용을 획기적으로 단축시킬 수 있다.

신경연결과 생체컴퓨터

2017년 1월 과학저널 〈셀Cell〉에는 박테리아가 전자신호를 주고받으며 서로 통신한다는 내용이 발표됐다. 박테리아는 '박테리아 공동체'가 건전하게 유지되도록 주변 박테리아와 원활한 의사소통을 하는데 이때 전자신호를 주고받으면서 소통한다는 것이다. 이는 사람의 신경세포가 전자신호로 소통하는 것과 유사하다. 더욱 놀라운 것은 박테리아는 이 같은 소통능력을 바탕으로 '조직화'에 능하다는 점이다. KAIST 바이오뇌공학과에서는 쥐의 뇌세포를 전자회로 위에서 배양하여 뇌세포회로-전자회로가 결합된 칩을 만들고 있다. 전자회로에 전기신호를 주면 뇌세포가 반응을 보인다. 반대로 빛이나 약물로 뇌세포를 자극하면 전자회로에 신호가 잡힌다. 아직 그 신호의 뜻을 해독하지는 못하고 있지만, 생체회로와 전자회로가 직접 교신을 시작했음을 알 수 있다.

미국 캘리포니아 대학교 샌디에이고 캠퍼스 시스템생물학 센터의 구롤 수엘Gürol Süel 분자생물학 교수는 생물막 biofilm 안에 사는 박테리아 공동체가 전자신호를 통해 다양한 박테리아와 교신하는 것을 발견했다. 생물막 안에 거주하는 박테리아는 사람들이 친구들에게 전자메시지를 보내는 것과 비슷하게 교신한다. 연구팀은 고초균 생물막에서 나온 전자신호가 먼 거리에 있는 세포를 유인할 수 있음을 발견했다. 고초균에서 나온 전기신호는 녹농균도 유인했다. 서로 다른 종의 박테리아로 이뤄진 혼합 공동체, 예를 들어 인간의 장내 미생물군이 전자신호로 소통한다는 뜻이다.

과학자들이 생물막에 주목하는 이유는 인체에 영향을 미치는 세균 감염의 80% 이상이 생물막과 연관이 있기 때문이다. 박테리아가 생물막을 어떻게 만드는지를 알 수 있으면, 생물막을 파괴하는 방법을 발견해서 더 잘 듣는 의약품 생산에 큰 도움이 될 것이다.

미생물에서 모래를 만들기도 한다. 모래알에 듬뿍 들어 있는 규소silicon는 지구상에서 두 번째로 흔한 원소이다. 사람들은 공장에서 탄소와 규소를 화학적으로 결합시켜 다양한 재료를 생산한다. 의약품, 텔레비전 스크린, 농업용 화학품, 페인트, 반도체, 컴퓨터 등 안 쓰이는 곳이 없을 만큼 두루 사용된다. 지금까지 이 제품들은 모두 비싼 촉매를 사용하는 화학적 반응을 일으켜서 만들어 왔다. 그런데 만약 생물학적으로 규소와 탄소의 결합을 이끌어낼 수 있다면, 훨씬 저렴하고 친환경적인 생산이 가능할 것이다.

최근 박테리아에서 '생체컴퓨터'를 구현하는 연구도 활발하다. 미국 애리조나 주립대학 알렉스 그린Alex Green 교수는 살아 있는 세포가 아주 작은 로봇이나 소형 컴퓨터처럼 연산을 수행할 수 있음을 보여주고 이 연구 내용을 〈네이처〉에 게재했다. 그린 교수팀은 박테리아의 리보핵산RNA으로 연산을 수행할 수 있는 논리회로를 구성했다. 이렇게 박테리아 세포 안에 만든 RNA 논리 게이트는 박테리아가 마치 소형 컴퓨터처럼 작용하게 한다. 이는 지능형 신약 개발이나 신약 전달, 청정에너지 생산, 저렴한 진단 기술 개발에 유용하게 이용될 전망이다. 연구팀은 암세포 박멸이나 나쁜 유전자 소멸 등을 가능하게 할 미래의 나노 기계(나노머신) 개발에도 매우 중요하게 응용될 것으로 전망했다. 이는 세포 안에 작은 컴퓨터를 구현한 것과 같다. DNA와 RNA를 컴퓨터와 유사한 연산에 사용할 수 있는 가능성은 1994년 USC 대학 레오나드 아들만Leonard Adleman에 의해 처음 제시됐다. 그 이후 이 분야에서 괄목할 만한 진전이 이뤄졌으며, 최근에는 분자컴퓨팅이 살아 있는 세포 안에서도 가능함이 밝혀졌다.

지속가능한 발전을 위한 연구

지구온난화 대응과 신재생에너지

바람과 물과 태양, 이러한 자연의 힘을 전기로 바꿔 사람에게 필요한 에너지를 공급하는 신재생에너지는 인류가 꿈꾸는 신세계의 또 다른 무대이다. 신재생에너지가 지향하는 신세계로 들어가려는 염원은 이 아름다운 지구에서 공해를 없애면서 동시에 지구온난화를 막아야 한다는 일종의 책임감이 깔려 있다.

전 세계적으로 화석연료에서 벗어나려는 노력은 다양한 방법으로 결실을 맺을 것이다. 태양 에너지 활용 기술은 에너지 포트폴리오의 핵심을 차지한다. 물로 가는 자동차인 수소자동차 역시 태양의 혜택을 많이 받지 못하는 지역으로 영역을 확대할 전망이다. 독일은 프랑크푸르트, 슈투트가르트, 쾰른 등에서 수십 대의 수소버스를 상용화했고, 뮌헨에는 수소차 공유 서비스도 나타나고 있다.

결국 세계 여러 나라가 신재생에너지로 전환하려는 것은 지구환경을 보호하면서, 대기오염으로 수백만 명이 고통받는 상황에서 탈피하고 안전한 에너지를 공급하기 위해서이다. 여러 나라가 적극적으로 동참하면 눈에 띌 만한 성과를 낼 수 있다. 2017년 〈줄Joule〉저널에는 세계 139개국이 2030년까지 에너지의 80%를, 2050년까지 전 세계의 모든 에너지를 100% 전기로 바꿀 수 있다는 야심찬 로드맵이 제시됐다. 이는 파리기후협약에서 요구하는 화석연료 감축안보다 더 급진적이다. 과학자들은 풍력, 수력, 태양 에너지 등을 전기로 바꿔 사용하면 지구온난화를 1.5°C 정도 방지하면서 수백만 명이 대기오염으로 고통받는 것을 막을 수 있으며 20~30만 개의 일자리를 만들면서 에너지 비용을 줄일 수 있다고 예상했다.

태양광 에너지

미국 정부는 2011년 '선샷 이니셔티브Sunshot Initiative'를 발표하고 태양 에너지 활용 및 개발에 적극 나선 뒤 비약적인 발전을 이룩했다. 태양 에너지 발전은 2011년 초 미국 전기 공급의 0.1%를 차지했으나 2017년엔 미국 전기 수요의 1%인 47기가와트를 차지하고 있다. 무려 10배로 늘어났다. 미국 정부는 태양 에너지 발전 단가를 2020년까지 보조금 없이도 기존 발전소 단가와 경쟁력을 갖는 수준으로 낮추는 목표를 정했다. 이 계획 덕분에

태양 에너지 산업은 엄청난 가격 인하의 성과를 이룩했다. 2017년 미국 태양 에너지 업계는 선샷 계획이 2020년에 달성하려던 목표를 3년 앞서 달성했다. 시간당 킬로와트(kWh) 단가를 약 0.28달러에서 0.06달러로 낮춘 것이다. 주거용 및 상업용 태양 에너지 단가 목표는 각각 0.52달러에서 0.16달러로, 0.40달러에서 0.11달러로 떨어졌다.

미국 에너지부는 복잡한 에너지 생산비용을 정확하게 비교하기 위해 '균등화발전비용-LCOE, Levelized Cost of Electricity'으로 계산한다. 균등화발전비용은 건설비, 연료비, 운영비만을 계산하는 기존 추산 방식에 더해 환경과 사회, 기술적 측면까지 고려해서 비용을 산출한다. 지금까지 발전비용 계산 방식은 환경오염, 사회적 갈등, 원전 안전성, 사용 후 핵연료 관리 등에 들어가는 외부비용과 기술 발전에 따른 가격 변화를 제대로 반영하지 않았다는 점을 감안하는 것이다. 미국 에너지부는 LCOE 단가를 2030년까지 절반으로 떨어뜨리는 동시에 전력 그리드 통합 솔루션을 개선하고, 통신 및 제어 기술도 향상시키기로 했다.

태양발전산업이 균형을 이루려면, 태양광 발전과 태양열 발전이 조화를 이루면서 기술적으로 통합 운영되어야 한다. 태양열 발전은 태양열을 물에 저장했다가 필요할 경우 전기로 전환하는 '태양열 저장장치'를 가지고 있어서 해가 떨어진 다음 전기를 공급하는 역할을 한다. 미국 에너지부는 최소한 12시간 동안 저장할 수 있는 태양열 발전의 기본 단가의 목표를 0.05달러로 잡았다. 현재 미국 태양 전기 발전비용은 천연가스보다는 약간 높고 화력발전보다는 매우 낮은 수준이다. 태양광 발전은 '실리콘태양광전지crystalline silicon PV'가 대세를 이루지만, 차세대 태양전지로 꼽히는 페로브스카이트perovskite 태양전지는 효율이 2009년 3.8%에서 2017년 22.7%까지 치솟았다. 미국 MIT 대학이 2017년 발표한 보고서는 페로브스카이트 태양전지의 안정성을 고려하면, 아마도 페로브스카이트 태양전지가 현재의 실리콘태양전지에 목발타기를 하는 방식이 유망하다고 전망했다. MIT와 스탠포드 대학 등은 적외선에 최적화된 실리콘태양전지 위에, 가시광선을 흡수하는 페로브스카이트 전지를 올려놓는 동반 기술을 선보이고 있다.

수평적 및 수직적 융합: 과학−철학−인문학의 결합

지식의 전문성에 따라 과학, 공학, 기술의 융합만 일어나는 것이 아니다. 생물, 물리, 수학, 통신, 화학 등 세부 전공 사이에서도 융합이 이루어지고 있다. 이 모든 것의 공통 사항으로 인공지능을 꼽는 것은 이렇게 다양한 융합이 이루어졌을 때 거기에서 나타나는 데이터의 양이 엄청나게 늘어 결국 효과적인 협력을 위해서는 인공지능의 역할이 감초처럼 필요하기 때문이다. 예를 들어 뇌과학자는 사람의 뇌에서 수집한 수많은 데이터를 수학자의 도움으로 처리해야 해석이 가능하다. 천문학자 역시 우주 신호를 해석하려면 수학자의 도움을 받아야 한다.

과학의 발전은 인문학과 과학기술의 융복합 연구를 촉진한다. 의식과 인간의 주관성 및 자유의지와 이에 따른 인간의 책임에 대한 과학적 탐구는 더욱 깊어질 것이기 때문이다. 인간의 의식이 무엇인지에 대해서 아직 과학자들은 단서를 잡지 못하고 있다. 그렇기 때문에 과학과 인문학의 융복합에 따라 뇌과학과 형사사건 사이의 갈등이 표면화될 수 있다. 살인을 저지르거나 아동성추행을 한 혐의로 재판받는 피의자에 대해서 '뇌 회로가 잘못된 것이지 사람이 잘못됐느냐'고 변호할 때 과연 뇌회로에 책임을 돌릴 수 있느냐 등 미묘한 갈등이 생길 수 있다.

진화하는 미래 연구의 중요성

더욱 발전하는 과학기술에서 새로운 도전과 창조를 이루려면 지금까지 나온 것을 바탕으로 삼아 진보로 나아가야 한다. 과학기술은 항상 기존의 것을 뛰어넘는 발전과 도약의 역사를 멈추지 않았으며, 향후 미래에도 그럴 것이다. 과학기술이 어느 정도까지 인류를 이끌어 갈 것인지, 그 불확실성에 의해 때때로 두렵기도 하지만, 그것이 인류에게 희망을 주는 원천인 것도 사실이다.

대한민국은 과학기술의 미래를 분야별로 예측하는 연구가 필요하다. 다시 말해 과학기술의 미래에 대한 과학적인 연구를 해야 한다. 과학기술에 대한 과학적인 연구는 미래 사회의 과학적 트렌드를 분석하고 예상하는 것이다. 대한민국은 과학기술에서 새로운 영역을 개척하려는 노력에 더욱더 힘을 기울여야 한다.

지금까지는 우리가 알지 못하는 것을 탐구하는 것에 집중했다면, 앞으로는 우리가 알지 못하는 것을 넘어서 지금까지 존재하지 않았던 것에 대해 깊은 관심을 기울여야 한다. 이는 미지未知를 넘어 미존未存을 추구하는 것이며, 이를 위해서는 '생각하지 않는 것을 생각한다Thinking the Unthinking'는 자세가 필요하다. 우리는 지금까지 남들이 정의한 문제를 해결하기 위해서 노력해왔다. 즉 문제 해결 중심이었다. 이제는 문제를 정의하여 제시하는 연구를 해야 할 것이다. 그렇지 않고서는 세계를 선도하는 연구자가 될 수 없다.

04

미래 산업
제4차 산업혁명과
인공지능의 시대

미래를 이끄는 제4차 산업혁명

인간의 지적 활동을 대신해줄 인공지능은 미래 산업을 바꾸는 중요한 요소로 자리 잡고 있다. 인공지능은 단순히 서비스를 제공하는 차원을 벗어나 의사 결정 과정에서도 실력을 발휘할 수 있다. 인공지능은 아주 빠른 시간 안에 앞선 사례들을 추적하고 스스로 학습해서, 인간과는 다른 차원의 통찰력을 발휘할 수 있다. 영국의 컨설팅회사인 PwC의 예측에 따르면 2030년 세계경제에 인공지능이 기여하는 가치는 15.7조 달러(약 1경 6,800조 원)에 이를 것이라고 한다. 이는 2017년 중국과 인도의 GDP를 합친 것보다 많다.

인공지능 중심에 서다

인공지능이 점차 확대되면서 사람들이 하는 작업 중 일부는 인공지능으로 대체될 것이다. 맥킨지 글로벌 연구소에 의하면 지금 사람이 돈 받고 하는 업무의 45%는 현재 기술을 사용해도 자동화될 수 있다. 이는 미국에서 연간 지급하는 임금 중 2조 달러에 해당한다. 그렇지만 인공지능이 사람의 일자리를 완전히 빼앗아가지는 않을 것으로 보인다. 의사들은 인공지능의 도움으로 환자들의 질병을 진단하는 데 도움을 받을 수 있지만, 결국 최종 판단은 의사의 몫이고, 이보다 더 중요한 것은 의사는 인공지능이 할 수 없는 정서적 도움을 줄 수 있다는 점이다.

리서치&마켓Research and Markets이 2016년 12월에 발표한 보고서에 따르면 인공지능이 가장 크게 기여하는 부문은 교통 및 자동차이며, 헬스케어와 소비자산업 역시 2022년까지 급성장할 전망이다. 다음으로 인공지능은 농업, 미디어, 광고산업에서 중요한 역할을 할 것이다. 그중 자연언어처리와 로보틱스는 전체적인 인공지능 시장에서 가장 크게 기여할 것으로 보고서는 전망했다. 미국 스탠포드 대학은 인공지능에 대한 100년 연구One Hundred Year Study on Artificial Intelligence를 출범시켰다. AI100으로 줄여서 부르는 이 연구의 첫 번째 보고서가 2016년 나왔는데 제목이 〈인공지능과 2030년의 삶Artificial Intelligence and Life in 2030〉이다. 이 보고서는 인공지능이 도시 생활에 깊이 영향을 미칠 8대 핵심 분야를 꼽았다. 첫 번째는 교통 분야이다. 자율자동차가 2030년에 매우 보편적으로 이용될 것으로 예상했다. 또한 가사도움 로봇의 활용도 크게 늘어날 것으로 보았다. 이 외에 헬스케어, 교육, 빈곤 지역, 연예, 공공안전 및 보안, 고용, 일터 등을 제시하였다.

인공지능은 두려워할 필요도 무시할 필요도 없다. 인공지능을 잘 활용하고, 예상되는 위험 요소는 조심스럽게 줄여 나가면 된다. 기계라고 막 다루지 말고 반려기계로서 우호적인 마음을 가지고 상대하면 인간에게 아주 큰 도움을 줄 수 있다. 인공지능이 인간의 자리를 빼앗을 것이라는 막연한 두려움은 인공지능을 정확히 이해하면 저절로 사라질 것이며, 인공지능은 기계를 더 쓸모 있게 만들어줄 것이다. 사람의 근육은 물론이고, 지식의 근육도 대신해줄 똑똑한 기계 친구는 무럭무럭 잘 자라고 있다.

ICT 혁명, 제조업을 바꾸다

미래 산업을 이끌어갈 제4차 산업혁명은 제조업의 혁명을 기본으로 하고 있다. 국가별로 명칭은 조금씩 다르지만, 제4차 산업혁명은 '인더스트리 4.0', '산업용 사물인터넷' 등과 마찬가지로 산업의 뿌리인 제조업을 크게 변화시킬 전망이다. 경제협력개발기구OECD 역시 '차세대 생산혁명NPR, Next Production Revolution'이라는 이름으로 제조업의 미래를 조망하고 있다.

흔히 제4차 산업혁명은 사이버 시스템과 물리 시스템의 결합으로 정의된다. 이를 또 다른 측면에서 보면 물리와 생물학의 융합이라는 해석도 가능하다. 인공지능, 머신러닝, 로보틱스, 컴퓨팅, 모바일기술 등이 모두 정보통신기술로만 이뤄진 것이 아니다. 제4차 산업혁명을 이루는 요소는 다양한 디지털기술(빅데이터, 인공지능, 사물인터넷, 로보틱스, 3D 프린팅 등)부터 새로운 물질(바이오, 나노), 새로운 프로세스(데이터 드리븐 생산, 인공지능, 합성생물학) 등이다. 이 기술은 이미 적용되기 시작했으며 가까운 미래에 주류 기술로 성숙할 것이다.

제조업의 혁명은 생산과 분배에 영향을 미치므로 생산성, 수익금 배분, 웰빙과 환경에도 아주 중요한 영향을 끼칠 것이다. 특히 데이터는 새로운 생산의 중심에 있으므로 21세기 생산의 새로운 인프라로 취급할 필요가 있다. 따라서 데이터에 대한 투자를 늘려 사업 전반에 효과가 나도록 해야 한다. 미국에서 생산성을 조사한 기업 중 데이터기반 결정방식을 채택한 분야의 생산성은 다른 ICT에 투자한 것에 비해서 5~6% 높았다. 데이터는 21세기 생산의 새로운 인프라이다. 정부는 데이터에 대한 투자를 장려하고 지적재산권, 라이선스와 데이터 인용이나 데이터 공여 등 데이터 이용의 대안 메커니즘을 고민해야 한다.

한국의 투트랙 산업 전략

우리나라 산업의 미래를 보려면 현재의 위치와 좌표를 알아야 한다. 우리나라는 일본, 독일, 핀란드, 중국 등과 마찬가지로 제조업 중심 국가이다. 우리나라 산업은 1960년대에 경공업에서 시작해서 1970년대 중화학공업, 1980년대 중공업 그리고 1990년대에는 정보통신 중심으로 발전해왔다. 지금 우리나라 기업 중 글로벌 기업으로 규모가 커진 곳들을 보면, 모두 1970년대 이후에 국가적으로 역량을 집중한 중화학·중공업·정보통신 기업 등이다. 이는 정부가 중심이 돼서 올바른 방향으로 투자가 이뤄졌으며, 그 결과로 열매가 잘 맺힌 것이라 할 수 있다.

이들 분야는 추격자 전략으로 시작해서 큰 성공을 거둬, 그중 일부는 세계를 선도하는 개척자 전략으로 이행하는 단계에 들어섰다. 2017년 우리나라 수출의 세계시장 점유율은 사상 최고치를 기록했다. 수출액에서 2014년 이후 3년 만에 세계 6위로 올라섰다. '한국무역협회 국제무역연구원'이 2017년 11월에 발표한 〈수출(상품)의 특징과 기여〉를 보면 우리나라 수출의 세계 시장 점유율은 2017년 상반기에 3.33%를 기록, 사상 최고였던 2015년

3.19%보다 높다. 반도체 · 석유화학 · 철강 등 '13개 주력품목'의 대부분이 좋은 성과를 거두었다. 주력품목에 이어 신산업 및 벤처기업의 수출액 증가가 효자 역할을 했다. 가까운 미래에 우리나라의 수출을 주도할 '8대 신산업'은 전기차, 로봇, 바이오 헬스, 항공우주, 에너지 신산업(태양광 · 전기차 · ESS용 축전지 · 스마트미터), 첨단 신소재, 차세대 디스플레이, 차세대 반도체 등이라고 할 수 있다. 이들 품목의 1~8월 수출은 27.5% 늘어났다. 수출 비중도 2014년 8.4%에서 3년 만에 11.6%로 높아졌다.

추격자 전략이 유효한 신산업 분야

우리나라가 추격자 전략을 사용해서 발전시켜야 할 분야는 아직도 많다. 선진국이 주도하는 5대 전략 산업인 의료 · 바이오, 에너지, 안전(사회안전 · 소방방재 · 교통 · 국방), 지적재산(지식 · 소프트웨어 · 금융 · 교육 · 문화), 항공우주 산업을 추격자 전략으로 따라잡아야 한다. 이 5대 전략 산업을 메시아 MESIA, Meidcal-Bio, Energy-Environment, Safety, Intellectual Service, Aerospace 라고 부른다. 그중 의료바이오산업 Medical-Bio 은 병원에서 사용하는 장비나 시약試藥, 약품들을 말하는데 매우 값이 비싼 제품들이다. 에너지환경산업 Energy-Environment 은 인류가 피할 수 없는 화석에너지 고갈과 환경문제를 해결해주며 갈수록 중요시될 산업이다. 안전산업 Safety 은 사회안전을 위한 시설과 재난 대비 장비에서 국방과 사이버 보안까지 포함하는 고부가가치 산업이다. 지식서비스 Intellectual Service 는 특허 등 지식재산의 가치를 발굴하고 확산 · 보호하며 분쟁을 조정하는 고급화된 서비스산업이다. 항공우주산업 Aerospace 은 중소형 항공기와 무인기, 우주정보산업 등으로 한국이 얼마든지 잘할 수 있는 분야다.

'메시아'는 모두가 고부가가치 산업으로 미국 등 선진국이 잘하고 있고 우리가 그동안 그다지 고려하지 않고 있던 산업들이다. 그리고 다품종 소량생산 제품이 많다. 우리가 이 산업에 뛰어든다면 미국 등 선진국과 경쟁해야 한다. 이때 우리는 그들이 쌓아놓은 것을 따라가는 '추격자 전략Fast Follower'을 쓰면 된다.

우리나라는 그동안 성공해왔던 추격자 전략을 소홀히 하면 안 된다. 우리가 잘하던 추격자 전략이 유효한 분야를 찾아서 그 전략을 적용하면 승산이 있다. 결국 대한민국의 산업 전략은 '투트랙Two track' 전략으로 가야 할 것이다. 기존의 주력 산업은 개척자 전략을 써서 계속 앞서가고, 신산업은 추격자 전략으로 선진국과 경쟁해야 한다.

개척자 전략으로 주력 산업 고도화

우리나라의 주력 산업은 중국과 경쟁하고 있고, 메시아산업은 앞선 국가들과 경쟁하는 상황이다. 그동안 우리나라 산업은 중국과 경쟁하는 것보다 선진국과 경쟁하는 것이 더 유리했고, 중국과의 경쟁은 대체로 제조원가 절감의 새로운 혁신이 요구되는 싸움이었다. 이제 아무도 해보지 않은 기술혁신을 이루어내야 하는 '개척자First Mover 전략'이 필요하다. 다행히 우리가 정보통신기술ICT에 강점이 있기 때문에 이를 주력 산업에 접목시켜 돌파구를 찾는 전략을 적용하면 된다.

개척자 전략을 적용하는 여러 가지 방법 중 하나는 벤처기업이 마음껏 실력을 발휘할 수 있도록 환경을 만들어주는 일이다. 새로운 분야를 개척하는 경우 대기업이 장점을 가지기도 하지만, 벤처기업의 유연성과 빠른 적응력이 유리한 편이다. 그러므로 개척자 전략을 빨리 스며들게 하려면 벤처기업의 발전을 장려하는 제도적 장치를 마련하는 것이 매우 중요하다. 구체적으로 벤처기업이 힘들여 개발한 기술을 편법과 불법적인 방법으로 대기업들이 빼앗아가는 잘못된 관행을 뿌리 뽑아야 한다. 특히 침해를 했을 경우 배상액을 대폭 늘리고, 스톡옵션의 행사에 대한 제한도 완화하는 것이 필요하다. 개인 연대보증과 같이 벤처 육성을 가로막고 있는 후진적인 제도는 폐지해야 한다. 앤젤투자를 활성화하고 좋은 기술을 가진 벤처기업의 인수합병을 활성화할 필요도 있다.

ICT 융합: 새롭게 탈바꿈하는 주력 산업

맞춤형 소형 공장, 3D 프린팅

3D 프린팅 기술은 이미 헬스케어 산업에서 이용이 증가하는 추세이다. 바이오 공학을 3D 프린터와 결합하는 바이오 프린팅은 인공장기 개발에 활용될 것이다. 이는 개인 맞춤형 치료에 다양하게 이용될 수 있으며, 그 결과 3D 프린팅 기술은 의학을 크게 변화시킬 것이다. 곧 3D 프린팅 세계시장은 2020년에 1,200억 달러, 2025년에 3,000억 달러에 이를 것으로 전망된다. 주요 수요처는 연구 및 제품 개발과 창의적인 설계 등이다.

3D 프링팅 기술은 다양한 분야의 생산 과정을 용이하게 바꾸면서 산업에 새로운 도약을 가능하게 할 것이다. 현재에도 3D 프린팅 기술은 건설, 제조업, 부품 개발, 설계 등에 두루 이용되고 있는데, 앞으로는 건설 과정에서 발생하는 폐기물을 최고 60%까지 줄여줄 것으로 보인다. 자동차 같은 제조업체에서도 3D 프린팅은 부품 개발을 신속하고 저렴하게 바꿔주

며, 중요하지 않은 부품을 서비스센터에서 생산하고, 자동차 전체를 만드는 일에 사용될 것이다. 일반적으로 3D 프린팅이라고 하는 적층제조additive manufacturing는 제품 디자인 및 개발에 쓰는 시간과 비용을 줄여줄 수 있다. 소프트웨어를 잘 장착하면 부품 개발 시간을 전통적 방식에 대비해서 크게 단축시킬 수 있다. 개발 비용도 소재 낭비를 최소화하는 동시에 적은 노동력을 투입해서 대폭 줄이는 게 가능하다.

가정용 3D 프린터의 활용이 급증하는 것도 주목된다. 2014년 3D 프린터는 세계적으로 13만 대가 판매됐는데 이는 한 해 전에 비해서 68%가 늘어난 수치이다. 앞으로 3D 프린터의 가격이 계속 내려가고 사용이 쉬워지면 소비자들도 자연스럽게 이용할 것이다. 가정에서 주문형으로 물건을 제작하는 일이 늘어난다. 소비 제품의 5%가 이렇게 생산될 것이다.

드론의 급격한 활용과 변화

미국의 미래학자 토마스 프레이Thomas Frey는 2030년 전 세계에 약 10억 개의 드론이 날아다니면서 사람들이 전혀 꿈꾸지 못한 일을 할 것으로 전망했다. 실제로 지금도 드론은 상품을 배송하고 기후변화 대응 방안으로 활용되며, 암초를 감시하고 구호물품을 운송한다. 그러나 프레이는 미래 도시 생활에서 드론이 할 역할은 훨씬 늘어날 것으로 예견한다. 예를 들어 드론은 지상에서는 차량처럼 다니다가 빌딩 벽에 붙어서 사람이 할 수 없는 일을 하고, 강에 떠다니거나 심지어 물속으로 들어가고 나무에 오르며 비행기 날개에 붙어 있을 수 있다. 프레이는 지방자치단체에서 자체적으로 드론 함대를 보유하면서 헬스, 교육, 사업, 여행, 레저, 치안 등에 다양하게 이용할 것으로 전망했다.

드론은 크게 소비자용 드론, 사업용 드론, 정부용 드론 등으로 나뉜다. 소비자용 드론은 개인이 비상업적, 비전문적으로 사용하는 드론이다. BI 인텔리전스는 2021년에 2,900만 대가 판매될 것으로 전망했다. 사업용 드론은 2021년에 80만 대가 판매될 것으로 예상했다. 정부용 드론은 크게 국방용과 공공안전용으로 나뉜다. 미국 군은 2001년부터 전투용 드론을 사용해왔다.

시장 예측 전문기관인 가트너Gartner는 2017년 드론 산업의 전 세계 시장 규모를 약 60억 달러로 추정했다. 1년 사이에 39%나 성장한 것이다. 우리나라도 드론산업을 선진국 수준으로 끌어올리기 위해 각종 규제들을 완화하고 있다.

우주개발산업의 대중화

미국은 2017년 말 '어게인 1969'를 외치며, 달 탐사에 21조를 투입하기로 했다. 도널드 트럼프 미국 대통령은 미국항공우주국NASA에 "2011년 이후 중단됐던 달 유인 탐사 계획을 재추진하라"고 지시했다. 이번 지시로 1972년 미국 우주인이 마지막으로 달에 발을 디딘 이후 중지됐던 유인 우주개발 계획이 중대한 전환점을 맞게 될 전망이다. 미국의 새로운 달 탐사 계획은 로봇을 이용한 탐사부터 시작할 것이다. 45년 만에 재추진하는 계획이므로, 우선 무인 우주선을 달에 보내 탐사하고, 2023년부터 유인 우주선을 달 궤도로 보냈다 돌아오는 계획을 시행한 뒤, 2030년에서 2035년 사이 달에 사람이 착륙할 것으로 보인다. 그간 발전한 로봇 기술을 이용해 월면 표본 채취 및 분석 등 다양한 연구를 벌일 예정이다.

확실히 우주산업은 새로운 차원으로 접어들고 있다. 그동안 우주여행의 큰 장애물은 높은 발사 비용이었으나, 엘론 머스크와 아마존의 제프 베조스 등이 재활용할 수 있는 로켓을 개발하면서 발사 비용을 대폭 낮췄다. 로켓으로 추진하는 여행자용 운송 수단을 이용해서 별 사이를 오가는 우주여행의 바탕이 마련된 것이다.

그러나 우주산업이 우주공간에서만 이뤄지는 것은 아니다. 우주에 쏘아 올린 위성은 지구의 통신 관련 서비스에 이용되어 더 많은 부가가치를 생산한다. 지구의 모든 곳에서 브로드밴드 통신이 가능해지면서 수십 억 명의 사람들이 글로벌 경제활동에 참여할 것이다. 뿐만 아니라 우주 기반의 정밀 내비게이션은 드론을 이용한 교통수단을 가능하게 하면서, 도시 사이의 사람 및 물품 운송을 근본적으로 바꿔줄 전망이다. 모건 스탠리는 2017년 10월 우주산업의 성장으로 이익을 볼 수 있는 20개 주식 목록을 작성했다. 우주산업이라고 해서 하늘 위에 있는 것만 관계된 것은 아니다. 이런 점을 감안하여 2017년 현재 모건스탠리는 우주산업을 3,500억 달러 규모로 추정하였고, 2040년에는 1.1조 달러로 성장할 것이라 분석했다.

블록체인 기술로 금융산업과 사회서비스 혁신

2016년 세계경제포럼은 10대 혁신 기술로 블록체인을 꼽았다. 블록체인 기술이 금융, 보안, 행정 등에 이용될 경우 산업구조 자체를 바꿀 만한 파급효과를 가져올 것이라는 평가를 받으면서, 각 분야에서 기술 개발과 활용에 나서고 있다. 세계경제포럼은 2027년까지 전 세계 국내총생산GDP의 10%인 8조 달러가 블록체인 플랫폼에서 나올 것으로 예측했다. 시장조사기관인 가트너는 블록체인의 사업적 부가가치가 2030년에 3조 달러를 넘어설 것으로 내다봤다.

블록체인의 도입 움직임은 금융 분야에서 가장 활발하다. 해외 송금 비용 절감 등 금융서비스를 개선할 수 있기 때문이다. IT 시장조사기관인 IDC 는 블록체인 기술을 도입하면 2022년 금융산업비를 약 200억 달러 가까이 절감할 수 있을 것으로 예상했다. 블록체인 기술을 활용한 가상화폐공개ICO 규모는 2017년 2분기 7억 5,000만 달러에 달할 만큼 커졌다.

미국 연방정부는 블록체인이 금융산업과 사회서비스 등에 가져올 파급효과에 주목하고 기관 간 협력을 시작했으며, 주정부 차원에서도 블록체인 도입 움직임이 활발하다. 영국은 노동연금부가 인프라 보호 및 자산 등록에 블록체인을 활용하는 방안을 연구하고 있다. 두바이는 세계적인 블록체인 허브를 만든다는 구상 아래 블록체인 기술 도입 로드맵을 만들어 2020 년에 최초로 블록체인으로 움직이는 정부를 만든다는 구상을 밝혔다. 블록체인이 매우 파괴적인 시스템이므로 미래를 준비하는 데 도움을 줄 것으로 두바이 정부는 기대하고 있다. 미래 도시를 건설한다는 두바이의 구상은 아주 과감하다. 2030년까지 두바이 도로교통시스템의 25%는 인공지능을 이용하는 무인시스템으로 바뀐다. 2030년까지 모든 지붕은 태양광으로 설치하는 것이 의무화되고, 2020년까지 정부서비스와 송금을 100% 블록체인으로 할 계획이다. 궁극적으로 블록체인은 현재의 인터넷을 대체하는 제2의 네트워크로 발전할 가능성이 매우 크다고 할 수 있다.

산업용 사물인터넷의 보급 및 확산

액센츄어Accenture는 2015년 다보스 포럼에서 산업용 사물인터넷IIoT, Industrial Internet of Things이 2030년까지 세계경제에 14조 달러(약 1경 4,800조원)를 기여할 것이라고 발표했다. 산업용 사물인터넷과 빅데이터 기술이 기존에 성숙한 산업과 결합하여 엄청나게 새로운 변화를 불러올 것이다. 특히 산업용 사물인터넷은 기존의 기계와 장비를 지능형 인터넷에 연결해서 서비스의 질을 높이고 생산성을 높이면서 가격을 낮추는 역할을 할 것으로 기대된다.

2030년까지 산업용 인터넷에 대한 자본투자와 그에 따른 생산성 향상은 미국의 누적 GDP에 6조 달러를 보탤 것으로 액센츄어는 전망했다. 만약 미국이 산업용 인터넷기술에 50%를 더 투자해서 기술 향상과 네트워크 등을 개선하면 누적 GDP 증가분은 2030년까지 7조 달러에 이르며, 미국 GDP를 2.3% 향상시킬 것이라는 전망도 내놓았다. 독일은 2030년까지의 누적 GDP 향상이 7,000억 달러, 영국은 5,310억 달러일 것으로 추정된다. 중국은 2030년까지 1.8조 달러로 예상했다. 산업용 사물인터넷은 노동자들을 지식노동자로 바꿔 기계를 운영하는 동시에 데이터도 사용하게끔 해서 더 많은 성과를 내도록 지원할 수 있다. 액센츄어의 폴 도허티Paul Daugherty는 "단순한 생산성 향상에 대한 것이 아니라 새로운 방식의 노동과 가치를 가져올 것"이라고 전망했다.

팽창하는 바이오산업

바이오산업과 헬스케어로 인한 삶의 변화

제4차 산업혁명 시대에 바이오산업이 가져올 변화의 바람은 헬스케어는 물론이고, 농업, 에너지, 정밀기계산업 등 모든 분야에 영향을 미쳐 앞으로 수십 년 동안 사람들의 생산 방식과 소비생활을 크게 바꿀 것이 분명하다. 치료가 어렵다고 생각했던 고질병 치료제가 잇따라 나오고, 수명 연장과 건강한 삶을 위한 고품질의 값싼 제품과 서비스가 생활을 윤택하게 향상시킬 것이다.

UN은 현재 74억 명인 세계인구가 2100년이 되면 100~125억 명으로 증가할 것이라고 전망했다. 인구 폭발이 일어날 경우 식량이 부족하지 않겠느냐는 우려가 제기되고 있지만 바이오산업의 발전 추세를 보면 이는 기우에 지나지 않을 것으로 보인다. 새로운 바이오산업 기술은 작물에서 플라스틱을 생산하고, 식물에서 단백질을 생산하며, 화학공장을 대체하는 미생물 공정같이 산업의 근본을 뿌리부터 바꾸는 완전한 신세계를 지향하고 있다.

OECD는 현재 세계경제가 디지털 기술로 발전한 것과 같이 미래는 생물학에 기반을 둔 바이오산업이 주축을 이룰 것으로 전망했다. 바이오산업의 앞날은 기술적인 발전보다 어떤 분야의 수요가 많으냐에 따라 달라진다. 예를 들어 유전자 검사는 의학에서 가장 빨리 큰 수요가 나타나는 분야이다. 유전자 검사는 매년 400만 명에서 600만 명의 산모가 받는 것으로 추정된다. 병원 이외의 장소에서도 간단한 휴대용 유전자 측정기가 보급될 것이다. 이에 따라 휴대용 DNA 분석기를 들고 다니면서 대기·수질·음식 등의 오염을 측정하고, 암이나 치매, 뇌질환 등 치명적인 질병 예방을 비롯해서 간단한 휴대용 센서로 고혈압이나 심전도 및 호흡을 자기 스스로 체크할 수 있다. 미국의 시장조사기관인 CMR은 유전자 분석 세계시장 규모가 2025년에 260억 달러로 확대될 것이라 전망했다.

신약 개발은 더욱 저렴하게 이뤄지고 더욱 빠르게 추진되고 있다. 미국 식품의약국FAO에 따르면 신약 하나를 개발하는 데 평균 26억 달러(약 2조 8,000억 원)가 들어가고, 14년이 걸리지만, 인공지능과 빅데이터 기술이 접목되면 비용과 시간을 4분의 1로 줄일 것으로 기대된다. 바이오기술 및 산업의 발전으로 인간의 수명은 크게 늘어날 것이다.

지능형 농업으로의 변화

세계식량농업기구FAO의 예측에 따르면 세계 인구는 2025년에 80억 명, 2050년에 96억 명이 될 전망이다. 지구온난화와 환경 재해를 염려하는 사람들은 여러 가지 위험신호를 보내고, 저개발국가의 농업은 아직도 노동 집약적이다. 그러나 농업 전문가들은 지능형 농업으로 수십 억 명을 먹여 살리는 데 어려움이 없다고 낙관한다. 세계식량농업기구는 2010년에 헤이그 회의에서부터 '기후스마트' 농업을 주창해왔다.

미래에는 식량 생산에 정밀농업기술이 적용될 것이다. '정밀농업기술'은 정보통신 기술을 이용해서 작물과 토양이 최적의 상태를 유지하기 위한 조건을 만들어 친환경적으로 생산성을 높여 재배하는 것이다. 원격조종, 데이터관리 및 자동유도 솔루션을 이용해서 풍성한 수확을 거두는 농업 재배를 지향한다. 사물인터넷은 이러한 지능형 농업에서 매우 중요한 기술이다. 예를 들어 농장에 있는 농부는 태블릿 PC를 들고 다니면서 농장의 정확한 상태와 기온, 토양 산도 등을 측정한다. 실내 원예를 비롯해서, 양식 어업도 역시 정밀기술의 도움으로 비용을 줄이고 수율을 높이며 소비자 가격을 낮출 수 있다. 농사를 좌우하는 변수로는 날씨, 토양 수분, 토양 성분, 작물과 잡초와의 경쟁, 질병 등 다양하다. 정보통신기술을 이용한 정밀농업은 이러한 변수를 해결하여 비용을 절감하면서도 생산량을 늘리는 데 공학적으로 기여하고 있다. 미생물을 농업에 이용하는 스마트생물농업도 중요한 발전을 이루고 있으며, 현재 정밀농업과 유전체과학의 도움으로 또 다른 변화가 일어나고 있다.

합성생물학으로 인한 혁신

과거에는 사람의 인생이 한 번에 끝났지만, 이제는 두 번으로 나눠서 설계해야 하고, 어떤 사람은 심지어 인생을 세 번으로 나눠 설계해야 한다. 이에 대한 중요성을 감안해서 G20 위원회는 'G20 인사이츠 플랫폼G20 Insights Platform'을 구성하고, 2017년에 G20 회원국가에게 제시할 정책 제안을 만들었다. 모두 12개로 구성된 정책 제안 중 하나는 '2030 아젠다'인데, 이 중 중요한 것이 바로 합성생물학이다.

합성생물학은 미래 산업을 핵심적으로 끌어가는 중요한 동력이 될 것이다. 합성생물학은 다른 응용 사례보다 석유 화학 기반의 생산을 미생물에서 가능하도록 함으로써 생명과학을 공학으로 가져가고 있다.

지속가능한 사회 발전을 위한 산업

신재생에너지의 확대와 혁신

에너지 분야에서 지난 10년간 겪은 변화는 그전 50년 동안 일어난 변화보다 더욱 컸다고 할 수 있다. 원유 가격은 미국에서 셰일가스 채굴 신기술이 나오는 바람에 모든 예상을 깨고 안정적인 수준으로 떨어졌다. 기술이 시장의 판도를 바꾸는 전형적인 사례이다. 태양광 에너지의 급부상도 역시 에너지 변화를 주도한 중요한 요인이다. 일본 후쿠시마 원전 사고 이후 많은 국가들이 원자력발전소의 건설을 주저하는 태도를 보였지만, 후쿠시마 쇼크가 가라앉은 다음 원전의 경제성과 안전성 및 발전 용량이 가져다주는 장점이 다시 부각되면서 원자력발전은 앞으로도 수십 년 동안 계속 인류에게 에너지를 공급하는 주요 기술로 남을 것으로 보인다.

국제에너지기구 IEA는 〈2017년 에너지 전망〉에서 2010년 이후 태양광 PV 가격은 70% 떨어졌으며, 풍력 발전은 25%, 배터리 가격은 40% 떨어진 것을 지적하면서 2040년까지 재생에너지가 세계 전기의 40%를 공급할 것으로 전망했다. 재생에너지에 대한 투자는 석탄에 대한 투자가 위축되면서 4배 이상으로 늘어날 것이다. 2013년 미국은 석탄에 대한 새로운 해외 프로젝트 투자를 중지했다. 아마도 2030년까지 재생에너지에 대한 글로벌 투자는 매년 1조 2천 억 달러가 넘을 것으로 예상되는데, 이는 화석연료의 5배 되는 투자액이다.

재생에너지 생산 및 공급 방식의 변화도 예상된다. 재생에너지 공급을 확대하려는 국가에서는 지역사회의 재생에너지 소유권에 대한 규제 장벽을 줄이는 에너지 믹스 정책을 확대할 것이다. 2030년 일부 국가에서는 개인 및 지역공동체 에너지 발전이 차지하는 비율이 50% 이상을 넘을 것으로 보인다. 시민들이 지역사회 에너지 소유권에 참여하는 정책이 확산되고, 지역사회가 차세대 재생에너지의 생산 중심지가 될 것이다. 재생에너지 분야에서 새로운 형태의 직업이 생겨 제품 설계 및 폐기물 관리와 재활용 분야의 일을 맡을 것으로 보인다.

또 하나의 유력한 재생에너지는 핵융합 발전이 꼽힌다. 우리나라를 비롯한 35개 국가는 태양에서 에너지를 만드는 원리를 응용한 국제핵융합실험로 ITER, International Thermonuclear Experimental Reactor를 중심으로 프랑스에 대규모 실험 발전소를 짓고 있다. 핵융합 발전은 이산화탄소를 거의 배출하지 않는 청정에너지이므로 앞으로 대도시에 공급하는 전기를 대체할 것으로 전망된다. 아직 핵융합 반응 시간을 늘리는 기술적인 문제가 해결되지 않았으나, 핵융합 발전은 에너지 밀도, 에너지 효율EPR, 탄소 배출량에 있어 현재 인류가 사용할 수 있는 지속가능한 에너지원 중 매우 유망한 선택이다. 2030년에는 핵융합 시범 발전을 보게 될 전망이다.

KAIST의 설립 타당성을 조사하기 위해 한국을 방문한 프레드릭 터만 박사와 조사단 일행. 왼쪽부터 이재철 과기처 차관, 정근모 박사, 프랭클린 롱(Franklin A. Long) 박사, 터만 박사. '터만 보고서'를 바탕으로 한국과 미국 정부의 긴밀한 협조하에 KAIST가 설립되었다.

KAIST 설립의 타당성을 조사한 터만 보고서 표지.

SURVEY REPORT ON THE ESTABLISHMENT OF THE KOREA ADVANCED INSTITUTE OF SCIENCE by Donald L. Benedict, KunMo Chung, Franklin A. Long, Thomas L. Martin, Frederick E. Terman·Chairman, Prepared for US Agency for International Development December 1970

1975년 홍릉캠퍼스에서 열린 제1회 석사학위 수여식. 1973년 첫 학생을 선발하여 1975년 8월 20일 92명의 석사를 배출했다.

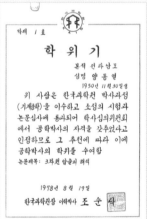

왼쪽 _ 정근모 박사가 쓴 '한국과학원의 설립에 관한 연구' 표지.
오른쪽 _ KAIST의 첫 번째 박사학위 졸업생인 양동열 박사의 학위기.

홍릉 캠퍼스를 대전으로 옮기기 위해 공사 중인 본교 캠퍼스. 가운데 다리에 연못을 조성하고 숲 너머 뾰족한 지붕이 중앙도서관 건물이다. 왼쪽 숲 너머 붉은 건물은 과기대(KIT)로, 카이스트에 학부 과정으로 통합됐다.

본교가 자리 잡은 대전 캠퍼스 전경을 촬영한 항공 사진.

1981년 홍릉의 한국과학원이 한국과학기술연구소와 통합되어 한국과학기술원이 되었다. 이정오 과학기술처 장관(오른쪽) 등이 현판식에 참석하였다.

테크노경영대학원 등이 있는 현재의 서울 홍릉캠퍼스. KAIST 경영대학원은 21세기를 이끌어갈 글로벌리더를 양성하며 일반 경영교육과는 차별화된 경영교육의 모델을 제시하고 있다.

KAIST 대전캠퍼스 교문. 직사각형 모양의 타워 2개가 마주 서 있는데, 타워 가운데는 한자 철(凸)자와 흡사하다. 하나는 과학을, 다른 하나는 기술을 상징한다.

KAIST 신학생회관. 국내 대학 최초로 학생들의 손과 머리로 지어진 건물로, 정식명칭은 기부자의 이름을 딴 'KAIST 장영신 학생회관'이다.

강의내용은 온라인으로 미리 공부하고 토론식으로 진행하는 에듀케이션 4.0 방식의 수업시간.

KAIST의 창업 열기를 되살리기 위해 개설한 K스쿨 과정이 진행되는 창업원.

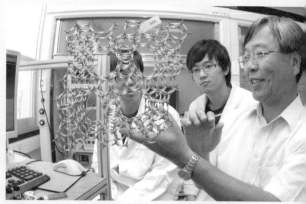

유룡 교수. 2014년 톰슨로이터가 노벨화학상 수상 후보로 발표할 만큼 국제적인 명성을 얻고 있다. 제올라이트 연구는 2011년 〈사이언스 저널〉 10대 연구성과로 선정되었다.

이상엽 교수(사진 오른쪽). 2017년 4월 미국 국립과학원 외국회원으로 선임되었으며, 2010년에는 미국 공학한림원 외국회원으로도 선임되었다.

의과학대학원 설립을 주도한 유욱준 교수. 1999년 흑염소 젖에서 백혈구 증식인자를 추출하는 연구 성과를 발표하고 있다.

대전 본교와 문지캠퍼스를 순환하고 있는 무선충전방식의 올레
브 전기버스.

오준호 교수 등 휴보(Hubo)로봇 개발팀은 2015년 6월 세계재난로봇대회인 'DARPA 로보틱스 챌린
지(DRC)'에서 우승했다.

1992년 발사된 우리나라 최초의 인공위성 우리별 1호를 점검하는 연구팀.

2014년 기계과와 전산학과 학생들이 개발한 3D프린터. 이 제품은 외부생산업체와의 공동기업설립으로 이어져 주목을 끌었다.

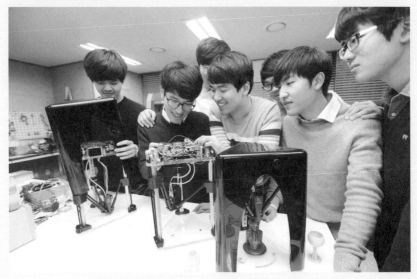

세계경제포럼WEF 클라우스 슈밥 회장은 2015년 9월 7일 KAIST 명예박사 학위를 받았다. 슈밥 회장은 수락 연설에서 제4차 산업혁명의 개념을 최초로 제시하였고, 2016년 초 다보스포럼에서 공식화했다.

교수 모임에 참가한 외국인 교수들. KAIST가 경쟁력 있는 대학이 되기 위해서는 외국인 교수의 비율이 2031년까지 25% 이상이 되어야 한다.

세계 3대 게임회사인 넥슨(NEXON)을 창업한
김정주 대표가 '자랑스러운 동문상' 수상자로
선정돼 2015년 KAIST에서 강연하고 있다.

2018년 2월 KAIST 체육관에서 열린 학위수여식.

이명박 대통령이 참석한 가운데 KAIST 대강당에서 열린 개교 40주년 비전선포식.(2011.05.17)

비전 2031 교내공청회. 120여명이 참석하였으며, '제4차 산업혁명 시대, KAIST의 도전과 혁신'이라는 주제로 비전 2031을 소개했다.(2017.11.09.)

2031 카이스트 미래보고서

KAIST 최초 동문 총장인 신성철 총장은 취임식(2017.3.15)에서 비전 2031 작업의 필요성을 역설했다.

2017년 12월에 가졌던 역대 총장 및 부총장단 초청 간담회. 신성철 총장은 KAIST 비전 2031과 KAIST가 '글로벌 가치창출 세계선도대학'으로 도약하기 위한 5대 혁신방안에 대해 설명하고 고견을 청취했다.

N4 건물 앞에 모인 인문사회 분야 교수진. 인문사회와 과학분야의 융복합은 점점 더 활발해질 전망이다.

비전 2031을 논의하기 위해 2017년 9월 15일 열린 전체교수 워크숍에서 참석자들이 초청강연에 귀를 기울이고 있다.

KAIST 3기 졸업생들이 서울 KAIST 경영대학에서 개최한 졸업 40주년 기념 홈커밍데이(2017.05.20.).

2017년 12월 5일 열린 외국인 초청 연말파티. 국제화는 KAIST가 빨리 가야 할 방향이다.

02
부

미래 교육
새로운 길은 어디에서 열리는가?

KAIST GRAND VISION 2031

01

미래 KAIST
상상 이상의
아름다운 변화를 꿈꾸다

다가오는 미래가 요구하는 새로운 대학의 역할은 무엇인가? 새로운 사회 및 기술혁신의 패러다임하에서 요구되는 대학의 새로운 역할은 무엇인가? 미래 변화에 대응한 새로운 비전을 세워 국가의 지속가능한 발전에 기여하면서, 세계 문명의 발전을 도모하고 인류의 복지와 행복을 증진하는 것이다.

이를 위해 추격자에서 선도자로From Follower to Frontier 나서, 주어진 이슈들의 해결을 넘어 세계 과학기술 변화를 선도할 새로운 이슈들을 발굴 제시하며, 2031년 미래의 모습을 염두에 둔 비전과 전략을 수립해야 한다.

KAIST는 '창의와 도전'이라는 핵심가치를 중심으로 과학기술 연구와 교육을 통해 우리나라 발전에 기여했다. 이제 KAIST는 우리나라에 그치지 않고 세계 인류사회의 발전을 도모하는 글로벌 가치창출 세계선도대학Global Value-Creative World-leading University으로 나아가야 한다.

'글로벌 가치창출 선도대학'은 과학기술 연구와 교육은 물론, 국제화와 기술사업화를 통해 인류사회의 발전을 도모하려는 KAIST의 의지를 담은 새로운 중장기 발전 비전이다. 이를 구체화한 '비전 2031 보고서'는 제2의 터만 보고서 역할을 수행할 것으로 기대된다.

KAIST 미래 비전 2031

KAIST 비전 2031은 국민들이 기대하는 것처럼 KAIST가 세계적인 대학으로 도약하는데 필요한 전략을 세우기 위해 태어났다.

비전 2031은 KAIST가 지난 반세기 동안 노력하여 달성한 성과를 인정하고 계승하는 것을 원칙으로 삼고 있다. 이를 위하여, 지금까지 수립된 KAIST의 전략 보고서를 재조명하며 그 핵심 결과를 비전 2031에 반영하고자 노력했다. 비전 2031은 다음과 같은 여러 보고서의 연장선에 있음을 다시 한 번 강조한다.

• 터만 보고서(1970. 12.)

이 역사적인 보고서는 우리나라에 KAIST를 설립해야 할 배경과 이유를 기록한 보고서이다. 보고서는 실리콘밸리를 탄생시키는 데 핵심 역할을 한 스탠포드 대학 프레드릭 터만Frederick E. Terman 교수가 작성 위원장을 맡았으며 한국과 미국의 전문가들이 참여했다. 보고서는 한국정부와 미국 국제개발처USAID에 제출, 실행됐으며 오랫동안 KAIST 교육과 연구의 정신적인 지주역할을 담당했다.

- KAIST 장기발전 전략 1994-2005(1994. 10.)

- KAIST VISION 2010(2004. 7.)

- KAIST VISION 2005(2005. 4.)

- KAIST 발전 5개년 계획(2007. 2.)

- KAIST VISION 2025(2011. 6.)

- KAIST 중장기 발전계획(2013. 10.)

- KAIST 핵심가치 제정보고서(2014. 4.)

KAIST의 새로운 비전은 '글로벌 가치창출 선도대학'이다. 이 비전을 달성하기 위하여 'KAIST 비전위원회 2031'은 아래와 같이 5개 분야의 혁신전략을 제시했다.

- 교육: 과학기술의 사회적 가치를 높이는 창의 리더 양성
- 연구: 인류와 국가의 난제해결 연구
- 기술사업화: 가치창출 기업가형 대학
- 국제화: World Bridge KAIST by 2031
- 미래전략: How보다 What을 찾는 대학

그리고 정량적인 목표는 '2031년, 세계 10위권 대학 진입'이다. 세계적 대학평가 기관의 종합평가에서 10~20위 이내 진입을 설정했다. 교육과 연구를 과연 정량적으로 평가할 수 있느냐에 관한 의견은 매우 분분하다. 많은 사람들이 정량평가의 부정확함을 우려하고 있지만, 그래도 이것은 일부 상징적인 기호의 역할을 하고 있음을 부인하기도 어렵다.

교육의 역사를 새로 쓴 KAIST

과학 인재 양성의 산실

KAIST의 2018년 2월 및 8월 졸업식에서 박사 644명, 석사 1,352명, 학사 790명 등 총 2,736명이 학위를 받는다. 그동안 배출한 졸업생은 모두 61,932명(학사 17,399명, 석사 31,913명, 박사 12,620명)이며, 이들은 우리나라 산·학·연·관의 리더로 성장했다.

국내 산·학·연의 리더급 인력 중 무려 23%가 KAIST 출신이다. 산업체에 진출한 45%의 졸업생 중 절반이 대기업에, 나머지 절반이 벤처와 중소기업에 진출했다(2017.4.1.). KAIST는 벤처사관학교라는 말을 들을 정도로 벤처기업의 CEO를 많이 배출하였다.

정부가 1971년 이후 KAIST에 투자한 정부출연금은 2.9조 원, 정부 연구개발비 수탁은 3조 원인데, KAIST 졸업생들이 창업한 기업의 매출은 13.6조 원으로 높은 투자자본수익률ROI를 나타낸다. 현재 재학생은 모두 11,587명(학사 4,540명, 석사 2,873명, 석·박사 통합 1,269명, 박사 2,905명)이다 (2017.4.1.). 졸업생들이 기업과 연구소 및 대학에 들어가서 기여한 공로는 측정의 한계를 넘어선다.

세계 속의 KAIST

로이터가 선정한 '2017 세계 혁신대학'에 KAIST는 2016년에 이어 2년 연속 6위를 기록했으며, 동시에 아시아 혁신대학에 2년 연속 1위를 차지했다. 영국의 대학평가기관인 타임즈고등교육THE, Times Higher Education이 발표한 '2017 THE 세계대학 순위'에서 KAIST는 세계 59위를 차지했다. 개교

50년 미만 세계 주요대학을 대상으로 영국의 대학평가기관 QS Quacquarelli Symonds가 실시한 세계대학 종합 평가에서 KAIST는 세계 3위에 올랐다.

KAIST를 벤치마킹하는 세계의 대학들

KAIST가 비약적으로 발전하자, 일본 JAIST, 홍콩 HKUST, 싱가포르 난양 공대, 우루과이 국립대학, 아제르바이잔 공과대학 등이 KAIST를 벤치마킹했으며, 앞으로 더 많은 사례가 나타날 것이다.

1990년 중반, 홍콩과기대 설립준비단이 KAIST를 방문하여 연구중심 대학의 운영 노하우, 연구원 인센티브제도 등을 벤치마킹했다. 국가 주도의 과학기술 연구대학 설립을 추진하는 이들에게 KAIST가 최적의 롤 모델이었다. JAIST Japan Advanced Institute of Science and Technology (호쿠리쿠첨단과학기술대학원대학)는 KAIST를 모델 삼아 1990에 설립된 일본 최초의 학부를 운영하지 않는 국립대학원으로, 다양한 과학기술 연구개발 과정을 운영한다. 케냐 Kenya 과학원도 설립 추진되고 있다. 1971년 미국의 도움으로 KAIST를 설립한 것과 같이, 한국 정부의 지원으로 아프리카에 KAIST의 교육과 연구 모델을 전파하는 것은 중요한 상징성을 갖는다.

한국적인 문제의 해결

"미국 박사 논문 계속하지 말고, 한국적 문제 풀어라."

KAIST는 설립 초기부터 우리나라의 현실에 맞는 문제를 해결하는데 초점을 두었다. 터만 교수는 KAIST가 한국 현실은 돌보지 않고, 미국 연구만 따라하지 않도록 세심하게 배려했다. 초창기 전자공학과 교수로 부임한 나정웅 교수는 터만 교수의 가르침을 이렇게 회고한다.

나는 브루클린의 폴리테크닉 인스티튜트(뉴욕대학 공과대학 전신) 롱 아일랜드 캠퍼스의 유일한 한국 학생이었다. 박사 과정을 거의 마칠 때 '실험실을 만들 수 있는 외화도 마련됐다'는 말에 끌려, 30세인 1971년 9월 1일자로 KAIST 교수 발령을 받아 돌아왔다.

터만 교수는 겨우 30세 안팎인 젊은 교수들에게 이렇게 말했다.

"여러분들은 미국에서 한 박사 논문 연구를 계속하기 위해서 여기 온 것이 아니고, 한국 산업계에서 리더가 될 수 있는 고급 엔지니어를 교육하고, 한국적인 문제를 연구할 수 있도록 교육하는 사람으로 한국에 왔다."

그때부터 나는 '아, 그렇지 한국의 문제를 해야 한다'고 마음먹었다. 뒤돌아보면 지난 40년의 KAIST는 터만 교수가 제시한 그 이념을 살리려 노력한 것이다. 한국적인 문제를 풀고 기업이 필요로 하는 인재를 키우는 것이 초창기 우리의 꿈이었다.

나는 이런 마음가짐으로 석사 과정 초기 학생들과 함께 산업체의 수탁연구를 수행했다. 연구비 구하기가 굉장히 힘들었지만, 우리나라에서 처음으로 마이크로웨이브 오븐(전자레인지) 개발 연구과제를 만들어, 학생 3인의 석사학위 논문으로 해결할 수 있었다.

우리 현실에 맞는 우리 것을 개발한다는 정신이 레이더 개발, 군사용 제품 개발, 무선통신 부품 개발, 그리고 과학위성 개발로 이어졌다. 가장 한국적이며 애국적인 것은 북한의 땅굴(양구 제4땅굴)을 우리 실험실에서 만든 장비로 1989년 찾아낸 것이다. 한국적인 문제를 넘어 세계적인 문제에 도전하고 최신 기술로 풀려는 그 정신은 초창기와 같아야 한다.

세계를 선도하는 미래 KAIST를 꿈꾸다

변화를 두려워 말고 도전하라

KAIST는 반세기 동안 지속적으로 성장 발전하여 세계 혁신대학 6위가 되었다. 그러나 국민들의 기대에 부응하지 못한 면이 많이 있다. 국가과학 기술 발전에 기여해야 한다는 KAIST 교수들의 사명감은 타 기관/대학에 비해 전통적으로 매우 높은 수준을 유지해왔다. 그러나 최근 이러한 사명감이 희석되어가는 경향을 보이는 것은 안타까운 일이다. 국가를 위한 헌신보다 현실에 안주하는 기득권 세력으로 변하는 것을 경계해야 한다. 이를 방지할 새로운 비전과 동기부여가 필요하다.

논문의 수 등 양적인 연구 성과는 괄목할 만큼 성장했으나, 질적인 평가는 아직도 부족하다. 현실에 안주하며 도전적인 연구를 기피하고, '추격형 follower 연구'에 집중하지 않았는지 반성이 필요하다. SCI라는 논문 성과에 안주하다 보니 세계 과학기술의 방향을 바꾸는 연구보다, 남들이 정의해놓은 문제를 해결하는 HOW 연구를 해왔다. 앞으로는 미래사회와 기술변화의 방향과 문제를 정의하는 WHAT 연구에 보다 중점을 두어야 한다. 그러므로 교수, 학생 평가지표에 논문 수에 지나친 가중치weight를 두는 것은 재고돼야 할 것이다. KAIST의 미래를 결정하는 중요한 과제가 바로 이것이다.

학생들의 사회적 인식, 봉사정신의 고양

KAIST 학생에 대해 '능력은 뛰어나지만 개인적 성향이 강하다'는 사회적인 편견이 일정 부분 존재하는 것 같다. 이를 극복하기 위해서는 KAIST 교육/연구 문화의 변화를 일으켜야 한다. 학생들이 보다 사회에 실질적인 공헌을 할 수 있는 능력과 소양을 기르도록 노력해야 한다. 인문 사회 소양 교육을 강화하고, 학교의 울타리와 한계를 넘는 적극적인 자세를 길러줘야 한다. 그동안의 창의Creativity, 도전Challenge 외에 배려Caring를 추가하여, 3C 교육이 필요하다.

국제화 수준을 높이자

국제화를 위한 많은 노력이 있었으나, 각종 세계대학평가 지표에서 경쟁 대학 대비 저조한 실적을 나타내고 있다. 실질적인 국제화를 이룩하는데 필요한 조치가 뒤따라야 할 것이다. 단순히 영어강의(현재 70~80%) 확대에 국한되어서는 안 되고, 캠퍼스 전체가 이중언어 사용이 가능한 캠퍼스bilingual campus로 바뀌어야 한다. 특히 외국인 교수, 외국인 학생 수를 늘리기 위한 특단의 대책이 빨리 마련되어야 한다. 그 동안 국제화를 위한 노력이 있었지만, 결국 '한국 내의 개구리였다'는 현실을 받아들일 때가 됐다. 2017년 QS 순위표를 보면 국제화 현실이 너무나 잘 보인다.

표 | 주요대학 외국인 교원 및 학생 현황(QS 자료, 2017)

QS 랭킹	대학	외국인 교원			외국인 학생		
		비율	점수	순위	비율	점수	순위
1	MIT(미국)	56%	100	33	33%	96.6	65
2	Havard(미국)	52%	100	47	23%	70.4	184
3	U of Cambridge(영국)	41%	97.6	89	35%	97.8	55
8	Imperial College London(영국)	51%	100	39	51%	100	12
13	NTU(싱가포르)	67%	100	19	32%	93.9	86
14	EPFL(스위스)	75%	100	13	54%	100	11
36	HKUST(홍콩)	68%	100	14	35%	98.7	41
43	KAIST(한국)	8%	23.5	428	5%	0	0

홍콩과기대가 KAIST를 앞서는 이유

KAIST를 모델로 만들어진 홍콩과기대는 20년 늦은 1991년에 문을 열었으나, 연구역량과 글로벌 대학 순위에서 앞서고 있다. 홍콩과기대의 성공 요인은 거꾸로 KAIST가 참조할 필요가 있다. 우선, 전 세계에서 모인 교수진의 열성과 도전을 꼽을 수 있다. 총장의 재임 기간이 10년 가까이 되는 행정의 안정성이 두 번째 이유이다. 교수진을 외국 수준으로 대우하여 유치하는 점도 한 원인이다. 한국은 외국에서 오는 교수를 한국 수준에 맞추어 대우하지만, 홍콩과기대는 해외 유수 대학과 동일한 급여와 연구 환경을 제공한다. 홍콩이 영어를 공용어로 사용하고, 글로벌 비즈니스 허브(거점) 도시라는 환경도 긍정적으로 영향을 미쳤다. KAIST는 세계를 향하여 더욱더 적극적으로 도전해야 한다. 국제화는 한국인에게 친숙한 주제는 아니지만, KAIST는 창의력을 발휘해서 나아가야 한다.

이와 같은 KAIST의 역사, 성과, 성찰의 과정을 종합하여 KAIST의 장단점과 기회 및 위협 요인을 분석하면 다음과 같다.

KAIST SWOT 분석

강점(S)

- 특별법에 설립된 과학기술 특성화대학
- 교육 연구의 기본 정신으로 '창의'와 '도전'을 강조하는 분위기
- 글로벌 가치창출 선도대학을 향한 비전 전략 수립에 높은 참여와 공감
- 글로벌 대학순위(국제적 인지도) 지속적 상승
- 신규 연구 분야 개척을 위한 선택과 집중이 가능한 유연성과 전문성 보유
- 우수연구인력 및 연구 수월성: (교수 개인 수준) 세계적 연구경쟁력 보유

- 무학과 시스템 정착을 통한 창의융합 교육 기반 마련
- 선도적 교수학습 모델 구축(Education 4.0, KOOC 등)
- 사회 각계각층의 졸업생 네트워크

약점(W)

- 한국을 대표하여 세계 일류대학이 되어야 한다는 사명감 부족
- 도전 연구보다 안정된 연구로 현실에 안주하는 분위기 존재
- 인류에게 필요한 문제를 정의What하는 것보다, 남이 정해놓은 문제를 해결How하는 연구에 치중
- 연구결과를 논문 숫자로 평가하는 한국적 현실 속에 갇혀 있음
- 글로벌 이슈를 해결하는 국제연구 기반 취약
- 글로벌 경쟁대학 대비 낮은 투자로 상대적 열세
- 모든 교수(외국인 교수 포함)를 동일 잣대로 평가하고 처우하는 획일주의

기회(O)

- 미래사회변화 및 글로벌 이슈 대응을 위한 과학기술의 중요성 강조
- 제4차 산업혁명의 선도적 추진을 위한 대학의 역할 강조
- 연구의 질적 우수성 강조, 융합 교육 연구로 패러다임 변화
- 글로벌 창의융합형 인재 양성에 대한 사회적 요구 확대
- KAIST의 국제적 인지도 증가에 따른 글로벌 연구협력 및 교류 기회 확대

위협(T)

- 글로벌 경쟁대학들의 연구투자 확대에 따른 연구경쟁력 강화

- 형평성 논리에 따른 선두 연구중심 대학에 대한 정부지원 감소 추세
- 우수인력 확보를 위한 글로벌 경쟁 심화
- 저출산으로 인한 학생 수 감소, 이공계 기피현상 등 사회문화적 변화
- 국제화를 위한 대학 내외부의 사회적 인식과 인프라 부족
- 비영어권 대학으로 해외 우수학생 확보 어려움

〈KAIST 비전과 미래전략 개념도〉

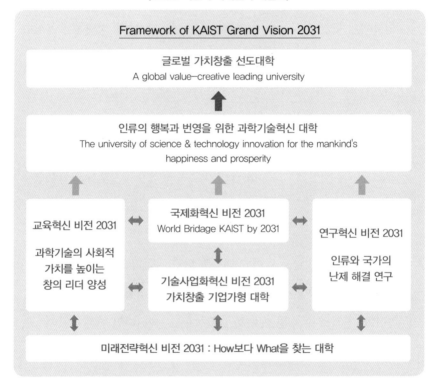

상상 이상으로 아름다운 변화를 꿈꾸다

비전 2031 위원회는 '글로벌 가치창출 선도대학'이라는 새 목표를 달성하는 데 필요한 5개의 혁신전략을 제시한다. 혁신전략이 지향하는 슬로건은 '상상 이상의 아름다운 변화를 꿈꾸자 Making beautiful difference beyond imagination'이다. 상상은 창의적인 아이디어를 도전적으로 시뮬레이션하는 과학기술의 유전자이다. 남들이 하는 것을 추종하는 것을 배격한다. 인류와 국가에 번영과 행복에 도움이 되는 문제를 찾아 정의하고 해결하여, 아름다운 세상을 만드는 것이다.

- 교육: 과학기술의 사회적 가치를 높이는 창의 리더 양성
- 연구: 인류와 국가의 난제 해결 연구
- 기술사업화: 가치창출 기업가형 대학
- 국제화: World Bridge KAIST by 2031
- 미래전략: How보다 What을 찾는 대학

교육혁신 | 과학기술의 사회적 가치를 높이는 창의 리더 양성

새로운 사회적 문제를 발견하고 이를 해결하기 위해 다양한 분야와의 협업, 새로운 가치를 창출할 수 있는 역량은 갈수록 중요해지고 있다. 창의적 인재 선발을 위해 인지적 탁월성과 함께 도전정신, 역경을 극복하는 힘, 자기주도성 등 정서적 특성도 고려해야 한다. 이를 위해서는 도전과 창의를 바탕으로 문제해결력, 협업능력을 배양할 수 있는 교육과정 혁신 및 창의융합교육과정을 도입해야 한다. 첨단 과학기술과 혁신적 교수법을 통해 교수

자 강의 중심 수업에서 학습자 참여 중심 수업으로 강의 패러다임의 전환이 필요하다.

연구혁신 | 인류와 국가의 난제 해결 연구

KAIST는 제4차 산업혁명을 대비하는 초학제 융합연구분야를 개척하고, 원천 과학기술을 개발해서 미래사회 및 산업의 변화를 선도해야 한다. 이러한 연구혁신의 핵심은 양적/단기성과 위주의 추격형 연구에서 탈피하고 창의적·도전적·변혁적·융합적 연구 활성화에 의한 선도형 연구로 패러다임을 바꾸는 것에서 출발해야 한다. 이러한 연구분야 혁신을 통해 글로벌 이슈기반 창의/도전/융합연구 확대를 추진하며, 궁극적으로는 '인류와 국가의 난제 해결 연구' 수행이라는 비전을 달성하고자 한다.

기술사업화혁신 | 가치창출 기업起業가형 대학

KAIST가 추구하는 '가치창출'은 인재 가치, 지식 가치, 경제 가치, 사회 가치의 창출을 모두 포함한다. 한마디로 바꾸면 '세상을 바꾸고, 세상에 영향을 미치는 변화 창출을 선도'하는 것이다. KAIST가 추구하는 '기업가형 대학起業家型 大學, Entrepreneurial University'이란 '기업企業'을 창업하는 것을 포함해서 새로운 '업業'을 일으키자는 의미이다. 물론 '연구중심대학의 기반 위에서' 기업가형 대학을 추구할 것이다. 국가/사회가 요구하는 다양한 가치를 창출하는 대학을 지향한다. 지금까지의 교육/연구 활동에 기반을 두고, 기술사업화 활동을 강화한다. 사회적 영향Social Impact을 강조한다. 바로 이것들이 KAIST가 생각하는 '기업가형 대학 = 가치창출 대학' 방정식이다.

국제화혁신 | World Bridge KAIST by 2031

2031년까지 KAIST가 교육과 연구의 글로벌화를 위해 세계로 뻗어나가고, 아울러 전 세계 교육 및 연구 기관이 한국으로 들어올 수 있는 교량 역할을 수행할 수 있는 기반을 구축하고자 한다. 국제적으로 우수한 교수/학생/연구원을 확보하고, KAIST 연구 성과의 국제적 위상을 높여야 한다. 우수연구의 국제 컨소시엄 및 글로벌 사업화를 유도하는 노력이 뒤따라야 할 것이다. 뿐만 아니라 KAIST 구성원의 국제적 자긍심 및 가치를 높여서 국가 및 세계 성장 동력 창출의 요람으로 바꿀 것이다. KAIST가 당면한 가장 큰 과제가 무엇이냐 물으면, 단연 국제화를 꼽을 수 있다. 교육, 연구 등의 분야에서 시대적인 요구에 맞는 국제화가 이뤄져야 한다.

미래전략혁신 | How보다 What을 찾는 대학

4대 혁신전략을 통합하기 위한 미래전략의 원리 혹은 관점 및 접근법으로 KAIST는 'How보다 What을 찾는 대학'을 제시한다. 이 같은 기본 원칙을 바탕으로 삼아 '선도를 위한 미래 비전 및 전략'을 수립할 것이다. KAIST는 다른 사람이 정의해놓은 문제를 해결하는 How 연구보다, 문제를 정의하는 What 연구를 발전시켜서 글로벌 가치를 창출할 것이다. 이와 함께 비전 2031의 실행을 장기적으로 모니터링하는 기능을 강화하기 위해 싱크탱크 그룹을 가동할 것이다.

신성철 총장은 2017년 3월 15일 발표한 취임사에서 5대 혁신을 해야 하는 이유를 이렇게 설명했다.

KAIST는 과학기술 인력양성과 연구에서 선도적 역할을 해야 할 국가적 책임을 제대로 수행할 때 그 존재가치가 있습니다.

이제 KAIST는 제4차 산업혁명 시대가 요구하는 새로운 책무 앞에 놓여 있습니다. 이 시기는 우리에게 새로운 도전이자 존재가치를 또 한 번 드러낼 수 있는 절호의 기회라고 생각합니다.

이런 상황을 직시하여 KAIST는 이제 새로운 국가적 사명을 감당하기 위한 5대 비전과 혁신전략을 마련하여 열정적으로 추진해야 할 중요한 시기를 맞았습니다. 미래의 비전을 세우고 혁신하지 않는 조직과 국가는 변화의 속도를 따라잡지 못하고 역사 속으로 사라질 수밖에 없습니다.

새로운 KAIST 문화

글로벌 가치창출 대학으로 도약을 위해서는 지향점이 분명해야 하고, 학생과 교수의 인재상이 정립되어야 한다. KAIST가 설립된 정신을 폭넓게 이해하면서 새 시대에 걸맞은, 국가적 사명의식을 새롭게 해야 할 시점에 왔다. 지금까지 KAIST를 지탱해온 핵심가치(창의와 도전)를 이어받아, 그 위에 새로운 비전(글로벌 가치창출)을 더하고, 이것이 새로운 'KAIST 문화'로 정착되어야 한다.

글로벌 마인드를 지닌 '창의' 리더

KAIST가 길러야 할 학부/대학원의 인재상은 무엇인가? 지금까지 별로 논의되지 않았던 '학생상'은 계속 고민하고, 논의되고, 다듬어져야 할 주제이다. 비전위원회는 우선 다음과 같이 제시한다. 바람직한 학생상은 "과학기술의 사회적 가치를 높이는 글로벌 마인드를 지닌 '창의' 리더"이다. 과학기술 문제와 사회적 문제를 발견하고, 이를 해결하기 위해 다양한 분야와 협업, 새로운 가치를 창출할 수 있는 역량을 기르도록 노력해야 할 것이다. 창의Creativity, 도전Challenge, 배려Caring의 세 가지 품성을 가져 존경받는 리더가 되도록 가르치고 배우고 실천하는 공동의 노력이 필요하다. 이런 품성을 가지고 글로벌 가치를 창출하려면 무조건 남을 따르기보다는 스스로 새로운 문제를 정의하여 해결하는 인재여야 한다.

창의 도전정신을 지닌 융합적 스승

그렇다면 교수들은 어때야 할까. KAIST 비전을 이해하고 받아들이며 이를 실천하고자 하는 사명감의 소유자여야 한다. 학생들을 사랑으로 지도하고 모범이 되며, 동료 교수와 학문적인 교류를 조화롭게 하는 인격체여야 한다. 인류와 국가가 당면한 문제를 발굴 정의하고 해결하고자 하는 창의 도전정신을 지닌 창조자가 되어야 한다. 아울러 인문적인 상상력으로 과학기술의 사회적인 가치를 실현하는 융합적인 스승이 되어야 한다.

전문적이며 능동적인 구성원

학생과 교수들의 교육과 연구를 지원하는 직원들은 어때야 하는가? 직원들도 KAIST의 미래 비전을 달성하는 데 있어 중요한 구성원임에 분명하다. 직원들은 단순히 학생과 교수를 지원하는 역할에 머무르지 않고, 각 분야에서 전문성을 가지고 비전 달성에 능동적으로 참여해야 한다. 특히 글로벌 경쟁력을 갖추기 위한 적극적인 노력과 KAIST 발전을 위한 헌신적인 자세가 요구된다.

미래전략연구소의 설립과 통일 준비

1970년에 만들어진 터만 보고서는 "KAIST는 2000년까지 국제적인 명성을 갖는 대단한 과학기술원이 될 것이다"고 정확히 예측했다. 터만 보고서는 이어 "더 중요한 것은 이 학교를 통해서 한국인의 자신감이 고양될 것이다"라고 '미래완료시제'로 표현했다. KAIST는 터만 보고서가 천명한 그 목적은 어느 정도 달성하였다.

KAIST는 이제 새로운 비전을 향해 떠난다. 여기 제시하는 비전 2031이 또 다른 50년의 갈 길을 제시하는 '제2의 터만 보고서' 역할을 할 수 있기를 기대한다. 제2의 터만 보고서가 될 것인지 여부는 오직 우리 KAIST인들의 노력에 달려 있을 것이다.

글로벌 가치창출 대학이 되기 위해서는 연구와 산업의 방향을 먼저 제시하고 해결에 앞장서야 한다. 그러기 위해서는 끊임없이 세계 기술과 시장의 변화를 탐색하고 새로운 틈새를 찾아내야 하다. 따라서 카이스트와 우리나라의 미래를 준비하기 위하여 '미래전략연구소'의 설립이 필요하다.

미래전략연구소는 우선적으로 한국과 인류가 필요로 할 연구주제를 찾는 일에 주력한다. 그리고 이러한 문제를 발굴하여 정의하고 해결할 수 있는 시스템을 구축하는 역할을 한다. 아울러 통일을 대비한 남북한 과학기술 협력 방안에 대하여 연구한다.

또한 실패연구센터를 설립하여 실패와 성공사례들을 분석 연구하는 일이 필요하다. 연구의 실패와 성공, 창업의 실패와 성공은 귀중한 자산이기 때문이다. 간접경험을 통한 실패는 성공 가능성을 높여줄 것이다.

02

교육혁신
실험실이라는 동굴에
가두지는 않았는가

"훌륭한 학생들이 있어서 좋은 연구 성과를 낼 수 있었다"고 말하는 KAIST 교수들이 적지 않다. "힘들었던 순간에도 제자들이 있어서 견뎠다"는 말도 종종 들을 수 있다. KAIST 비전 2031 분과위원회 중 토론의 열기나 회의 참석률로 보면 교육위원회가 단연 돋보였다. 그만큼 교육혁신을 둘러싼 고민도 많고, 서로 다른 의견도 팽팽하여 조율하기가 쉽지 않은 사안이었기 때문이다. 변화에 대응하고 지속적인 성장을 이루기 위해서는 교육이 그 근본 역할을 해주어야 하는데, 이를 위해서는 시대적 요구 역량에 맞추어 교육관이나 인재상, 그리고 교육방식의 변화가 뒤따라야 한다. 전반적으로 학생들에게 정해진 틀 속에서 '주어진 문제를 해결하게 하는 교육'을 해온 것이 아닌가 반성하면서, 앞으로는 '무엇을 연구할 것인가 생각하게 하는 교육'을 할 필요성이 제기되었다.

제4차 산업혁명 시대의 미래 인재

비전20131 교육위원회는 KAIST가 어떤 인재를 육성할 것인지에 대한 논의를 발전시키기 위해 지금까지 나왔던 보고서에서 어떤 인재상을 목표로 했는지 돌아보았다. 이를 정리하면 다음과 같다.

고급 과학기술인재 양성

- 국가관과 지도력을 갖춘 창의적 고급 인재(1994 심상철 원장, 2001 최덕인 원장)
- 국제적 경쟁력을 갖춘 창의적 고급 인재(2004 홍창선 총장)
- 세계를 선도하는 연구 중심 대학(2005 러플린 총장)
- 미래를 여는 전인적 융합형 교육(2011 서남표 총장)
- 학문적 수월성과 창의성을 갖춘 융합형 글로벌 인재(2013 강성모 총장)
- 창의와 도전(현재)

1971년 KAIST가 설립된 이후, 약 20년 동안은 '인재상'을 별도로 거론하지 않았다. 설립 목적이 너무 뚜렷했기 때문에 군이 부연하여 설명할 필요도 없이 추구하는 인재의 모습이 명확했던 것이다. 설립 목적이 제시된 과학기술원법을 살펴보면, 어떠한 인재 양성을 목표로 하고 있는지를 쉽게 짐작할 수 있다.

산업발전에 필요한 과학기술분야에 관하여 깊이 있는 이론과 실제적인 응용력을 갖춘 고급 과학기술인재를 양성하고 국가 정책적으로 수행하는 중·

장기 연구개발과 국가과학기술 저력 배양을 위한 기초·응용연구를 하며, 다른 연구기관이나 산업계 등에 대한 연구지원을 하기 위하여 한국과학기술원을 설립함.

이미 설립의 목적을 명시한 법안에 '이론과 실제적인 응용력을 갖춘 고급 과학기술인재'를 양성한다고 규정하고 있는 것이다. 박승빈 교수는 "KAIST 졸업생들은 '이론과 실제적인 응용력'을 갖추게 되었고, 교수들은 새로운 과학기술 지식을 창출하고 이를 산업화할 수 있는 인재를 양성하기 위해 노력했다"고 평가한다. 다만, 1990년 출범한 학사과정 교육 프로그램과 대학원 교육 프로그램의 통합 시점에서 인재상에 대한 수정이 불가피했다. 또한 KAIST가 2000년을 전후하여 세계적인 명성을 얻기 시작하면서 글로벌 인재 양성에 대한 기대와 필요도 더 커졌다.

사회적 가치를 높이는 '창의 리더'

이에 비전 2031 교육위원회는 교육혁신의 목표를 아래와 같이 정했다. KAIST 역사에서 볼 때 '사회적 가치'를 표방한 것은 이번이 처음이다.

'과학기술의 사회적 가치를 창출하는 창의 리더 양성'

사회적 가치는 다양하고 포괄적인 의미를 갖는다. 사람들은 사회적 가치를 실현하기 위해서 사회활동에 참여하거나, 사회운동에 자기 의견을 표시하는 방법을 주로 생각할 것이다. 좀 더 적극적으로는 시위나 언론 홍보를 통해서 의사를 표시하고 동조자들을 모은다. 모두 사회적 가치를 추구하는 활동들이다.

그러나 연구중심 이공계 대학에서 사회적 가치를 실현하는 방식은 바로 '사회적 문제를 과학기술로 풀어내는 것'이다. 저출산과 고령화, 디지털 디바이드에 의한 소득격차, 스마트폰 등 기기를 이용한 커뮤니케이션이 늘어나는 것과 반비례하는 인간적 소통의 축소와 이에 따른 인간소외, 전문지식 부족에 따른 경제적 불평등 등 우리가 풀어야 할 사회적 문제는 끝도 없다. 이제 이러한 사회적 문제 해결을 위해 과학적, 공학적, 기술적 방법이 응용되어야 한다.

예를 들어 과학기술의 도움으로 부패라는 사회적 병폐를 해소하는 데 가장 크게 기여한 것으로 전문가들은 '금융실명제'를 든다. 금전적으로 투명한 사회를 만드는 가장 중요한 핵심은 정보통신기술이 금융실명제를 가능하도록 과학기술적인 사회간접자본 SOC을 깔아놓았기 때문이다.

따라서 KAIST 과학자들은 이제 대한민국은 물론, 세계를 힘들게 하거나, 경제적으로 어렵게 하거나, 질병이나 건강에 위협을 주거나, 교육적 불평등을 가져오거나, 정의실현을 어렵게 하거나, 부정부패를 조장하거나, 비용을 많이 들어가게 하는 매우 다양한 사회적 문제를 해결하는 인재를 길러야 한다.

비전 2031 교육위원회에서 강조한 키워드는 '창의 리더'이다. 미래에는 주어진 문제를 잘 해결하는 인재보다, 무엇을 연구할지 연구대상을 정의할 수 있는 창의 인재를 길러야 한다. 리더십은 시대와 환경과 사람에 따라 변화를 겪어왔다. 한때는 다소 강력한 통치 리더십이 중요했고, 어느 시대에는 다양한 사람의 의사를 존중하는 민주적 리더십이 필요했다. 지금은 소통과 화합의 리더십이 더 필요한 시대이다. 또한 훌륭한 인격과 품성, 관용을 겸비하고 여기에 시대정신과 앞날을 내다보는 통찰력도 갖춰야 한다. 따라서 창의Creativity, 도전Challenge, 배려Caring의 세 가지 품성을 가져 존경받는 리더가 되도록 가르치고 배우고 실천하는 공동의 노력이 필요하다.

공동체 문화 확산으로 변화를 시작

KAIST가 2031 보고서에서 처음으로 내세운 새로운 방향은 '사회적'이 라는 키워드이다. 이를 실천하기 위해서 갖춰야 할 품성 중 새롭게 등장한 키워드가 바로 '배려'이다. KAIST는 지금까지 익숙하게 성공적으로 해온 일 위에 '사회적 배려'를 발휘해야 한다는 것이 교육위원회가 제시한 방향 이다. 교육혁신을 하는데 있어서 중요한 변화는 '사회'에 관심을 가지면서, '배려'하는 품성을 기르자는 쪽으로 모아진다.

교육위원회는 '사회적 가치를 실현시키기 위해서는 캠퍼스에서부터 서 로 배려하는 공동체 문화를 만들어야 한다'고 생각했다. 아마도 사회적 배 려는 다른 사람과 환경에 대한 관심에서 시작할 것이다. 관심은 관찰에서 나오며, 관찰을 통해서 생긴 따뜻한 호기심을 상대방에게 표현하면, 그 따 스함이 증폭되고 사방으로 파동처럼 퍼져 나가 활력과 열기를 불러일으킬 것이다.

캠퍼스를 오가면서 마주쳐도 눈길조차 제대로 교환하지 않는 모습은 KAIST가 지향하는 사회적 배려라는 새로운 가치에 도달하기 위해 바뀌어 야 한다. 교직원까지 포함해서 모든 구성원들이 자신의 실험실이나 학과가 아니더라도 마음을 열고 소통하는 문화를 만들어가야 한다. KAIST 내부에 서 소통하고 배려하는 공감 능력을 키워야만 KAIST 인재들이 진정으로 사 회와 국가와 세계를 위해 열린 마음으로 소통하면서 배려하고 도전하고 창 의 정신을 발휘할 수 있을 것이다.

사회적 배려를 기르는 첫 번째 단계는 소통의 확대에서 나올 것이다. 이러한 소통을 위해서는 '실험실 문화'부터 개선해야 할 필요성이 있다. KAIST를 만들어가는 전통 가운데 매우 중요한 것이 바로 '실험실 문화'이다. 10명 안팎의 작은 실험실에서 학생들은 또래문화를 형성하고 선후배 사이의 유대감을 맛보면서 실질적인 연구개발의 노하우를 대대로 전수한다. 이같이 소규모의 실험실 문화가 이공계대학을 발전시키는 중요한 역할을 해온 것은 사실이지만, 소규모의 실험실 문화는 발전적인 변화를 모색해야 한다. 융합연구와 다양성이 필요한 시대가 되면서 그동안 자랑이었던 실험실 문화는 오히려 폐쇄적인 문화나 교수들의 작은 왕국을 쌓는 터전, 혹은 변화에 둔감한 동굴로 변할 수 있기 때문이다.

실험실 문화는 '빡센' 미담으로 미화되기도 하지만, 자칫 '골목대장세계'로 변질될 수도 있다. '교수 눈 밖에 나서 실험실에서 쫓겨났다'든가, '견딜 수 없어서 옮겼다'는 '실험실 괴담'이 떠도는 것도 부인할 수 없다. 글로벌 게임업체 넥슨을 창업한 김정주 대표도 KAIST 박사과정 시절에 연구실에서 쫓겨났던 학생이었다. 자유분방한 스타일의 김 대표가 엄격한 연구실 문화에 적응하지 못하여 퇴출되었던 것이다. 하지만 다른 연구실로 옮겨간 김 대표는 자유분방함을 수용해주는 문화 덕분에 상상력을 펼칠 수 있었다. 퇴출이 새로운 전기를 마련한 계기로 이어진 사례다.

물론 선후배와 사제 간의 밀접한 관계를 특징으로 하는 실험실 문화는 얼마든지 따뜻한 화로의 역할을 할 수 있다. 서로의 성장을 돕는 디딤돌이나 다른 곳으로 이동하는 건널목이 될 수 있기 때문이다. 실험실 문화의 좋은 전통은 강화시켜가되, 그것이 지나쳐서 폐쇄적이거나 권위적 문화의 상징이 되지 않도록 개선해 나가야 한다.

교육에 대한 관심 확대

교육방법은 매우 다양하여 한두 가지 방법만이 최고의 교육법이라고 단언하기도 어렵다. 암탉이 새끼를 품어 기르는 양육법도 있지만, 주마가편走馬加鞭의 호된 훈련이나, 절벽에서 떨어뜨리는 어미 독수리의 뜨거운 열정이 필요할 때도 있다. 또 멀리서 지켜보며 응원하는 것도 훌륭한 교육법이 될 수 있고, 때로는 가지치기를 하거나, 옮겨심기를 하거나, 접붙이기를 하는 것이 더 합당한 교육법일 수도 있다.

한 가지 분명한 것은 앞으로 KAIST가 길러야 하는 인재는 과거보다 더 넓은 무대와 매우 다양한 상황에서, 더 어려운 과업이나 한 번도 만나보지 못한 미존未存의 문제도 만나야 한다는 점이다. 때로는 그 과제가 자기를 희생해서 인류에 봉사하는 그런 종류의 것일 수도 있다. KAIST는 이에 대응하는 교육의 원리가 '사회적 배려'라고 규정했다.

교육의 다양성과 중요성을 논의하면서, 자성의 목소리가 많이 나오기도 했다. KAIST가 연구중심대학이다 보니 교육에 소홀히 했다는 반성의 목소

〈교육혁신전략 개념도〉

KAIST 미래 인재상
"과학기술의 사회적 가치를 높이는 창의 리더"

미래 인재 양성을 위한 교육혁신

다양한 배경의
창의 인재 선발

창의 융합
교육과정 확산

첨단기술 및
학습자 중심
교수학습혁신

리는 시니어 교수나 주니어 교수 모두에게 공통된 의견이었다. 교육의 방식은 서로 다를 수 있지만, 연구 못지않게 교육에 대한 노력과 관심을 더 늘려가야 하는 이유다.

교육과 연구의 균형 발전

KAIST가 석박사 위주의 '연구중심대학'이다 보니 교수들의 첫 번째 관심 사항은 좋은 연구결과를 내는데 지나치게 집중되어 있다. 비판적으로 보면, 각 교수들은 모두 조그만 자기 왕국을 만들어 연구를 잘 하는 학생들을 자신의 실험실로 데려와서 교수가 필요한 연구를 하도록 유도한다. 교수가 필요로 하는 연구는 정부가 연구비를 많이 지원하는 연구, 산업체에서 연구비가 많이 나오는 연구, 국제적 학술지에 실릴 논문이 될 만한 연구, 논문 편수를 늘리는 데 도움이 될 연구 등에 치우치는 경향이 있다. 교수평가제도가 교수들에게 정량적인 연구 성과를 더 많이 내도록 몰아가는 부분이 없지 않다. 교수평가 방식에서 연구뿐 아니라 교육 측면의 기여도를 더 많이 고려하여야 한다. 이제 교육과 연구의 균형을 맞춰가야만 미래 사회가 필요로 하는 인재를 육성할 수 있기 때문이다.

교육혁신 실천전략

비전 2031 교육위원회는 과학기술의 사회적 가치를 높이는 창의 리더 양성을 위해 세 가지 실천전략을 수립하였다. 이를 요약하면 다음과 같다.

- 교육혁신전략1: 창의적 잠재력을 갖춘 인재 선발
- 교육혁신전략2: 창의적 융합 인재 양성을 위한 교육과정 및 교육체제 혁신
- 교육혁신전략3: 창의적 융합 인재 역량 배양을 위한 교육방식 혁신

세 가지 실천전략을 성공시키려면 각 전략별 세부적 과제도 뒤따라야 할 것이다. 교육위원회에서 논의된 세부과제들은 다음과 같이 정리해볼 수 있다.

교육혁신전략 1: 창의적 잠재력을 갖춘 인재 선발

- 창의적 인재 선발
- 다양한 배경의 학생 선발(Diversity 강조)
- 우수 학생 유치를 위한 학생 지원 강화
- 학생 선발 방법 개선을 통한 고교교육 정상화

교육혁신전략 2: 창의적 융합 인재 양성을 위한 교육과정 및 교육체제 혁신

- 신입생 기초과정Freshmen course 강화
- 유연한 자유학기 및 자유학점제
- 졸업연구 및 지도교수의 역할 강화
- 커리큘럼 모니터링 및 피드백
- 창의융합 전공 개설
- 창의 설계 랩 구축 및 훈련 과정 운영

교육혁신전략 3: 창의적 융합 인재 역량 배양을 위한 교육방식 혁신

• Education 4.0 수업혁신 프로그램 추진

• 스마트 학습 인프라 구축

• MOOC Massive Open Online Course 및 원격공동수업 확대

• Extreme End 강의 전략(극단적 융합)

• 개별 맞춤교육을 위한 강의 모듈화

• 이중 언어 환경 조성

• 교육혁신을 위한 제도 구축

교육과정 혁신

교육혁신의 가장 기본적인 과제는 어떻게 인재를 기를 것인가이다. 교육과정의 혁신이 핵심적인 사항인데, 학생은 교육과정을 통해서 만들어지기 때문이다.

1. 신입생 기초과정 Freshmen course 강화

• 유연한 사고의 장려, 자신의 실력과 잠재력을 파악하여 미래 목표를 찾을 수 있는 기회 제공

• 리더십, 미래 비전 연구 교과의 강화, 자기이해·타인이해 등 자기성찰 능력과 사회성을 기르고, 고정관념을 벗어나 창의적이고 융합적인 인재로 성장할 수 있는 강의 제공

• 학부 기초과정에서부터 글로벌 이슈에 대해 고민하고 해결의 실마리를 찾는 경험을 할 수 있는 기초 필수 및 선택 과목 제공

• 문제를 스스로 정의하고 그 해결방법을 자기 주도적으로 찾도록 하며,

그룹 중심 · 토론 중심 교과목 이수 의무화

- 자기 성찰과 아울러 자신의 생각을 타인에게 논리적으로 설명할 수 있는 역량을 기르기 위해 글쓰기 및 발표 수업 강화
- 사회적 책임의식을 갖춘 배려하는 과학기술 인재로 성장하도록 지역과 사회에 대한 봉사 활동을 교과목에 포함하는 등 인성 교육 강화

2. 유연한 자유학기 및 자유학점제

- 단기 집중 강의나 장기간의 실습, 프로젝트 강의 등 유연한 학기제도
- 2~3주 단기간에 집중하여 이수할 수 있는 단기 강의 및 1년에 걸쳐 수행하는 장기 프로젝트 강의 등 다양한 기간의 강의 도입
- 현 16주 기본 강의의 틀을 축약한 8주 이내의 강의를 다수 개설하고 자유롭게 조합하여, 강의의 다양성을 확보하고 선택의 폭을 넓히는 방법 제안
- 강의 시간이 아닌 과목 종류나 난이도에 따른 유연한 학점제도
- 전공 필수 혹은 심화강의의 경우 난이도나 수행평가에 따라 학점을 달리하여 선택의 폭을 확장
- 학생들에게 수강 학점의 총량만을 부여하므로 학생 맞춤형 커리큘럼 구성 가능

과학기술의 사회적 가치를 높이는
창의 리더 양성

〈혁신전략1〉 창의적 잠재력을 갖춘 인재 선발	〈혁신전략2〉 창의적 융합 인재 양성을 위한 교육과정 및 교육체제 혁신	〈혁신전략3〉 창의적 융합 인재 역량 배양을 위한 교육방식 혁신
창의적 인재 선발 다양한 배경의 학생 선발 (Diversity 강조) 우수 학생 유치를 위한 학생 지원 강화 학생 선발 방법 개선을 통한 고교교육 정상화	신입생 기초과정 (Freshmen course) 강화 유연한 자유학기 및 자유학점제 졸업연구 및 지도교수의 역할 강화 커리큘럼 모니터링 및 피드백 창의융합 전공 개설 창의 설계 랩 구축 및 훈련 과정 운영	Education 4.0 수업혁신 프로그램 추진 스마트 학습 인프라 구축 MOOC(Massive Open Online Course) 및 원격공동수업 확대 Extreme End 강의 전략 개별맞춤교육을 위한 강의 모듈화 이중 언어 환경 조성 교육혁신을 위한 제도 구축

3. 졸업연구 및 지도교수의 역할 강화

- 졸업 연구 과목은 학생이 주제를 직접 선정하고 문제를 해결하는 형태로 바꾸고, 지도교수의 역할을 강화하여 커리큘럼과 학생의 미래 인생 설계 가이드

- 졸업 연구를 문제 해결 중심 교과로 설정, 수강 학기의 제한을 없애며 협업을 중심으로 하는 교과로 자리매김
- 학생들은 Freshmen course를 통하여 문제 제기 방법을 배우고 지도 교수를 결정하는 기회를 얻으며, 상위과정 동안 자유롭게 졸업 연구를 설정하여 졸업 전까지 본인이 제기한 문제를 해결
- 이종 교과가 연계되는 융합 주제나 타과 학생들과 팀을 이루어 협업하는 해결 방법을 권장
- 졸업연구의 최종 평가는 반드시 논문thesis을 작성하고 공개된 발표심사를 통해 지도교수의 책임하에 평가
- 지도교수는 학생들의 졸업 연구 및 이에 따른 커리큘럼을 지도해주고 졸업의 실질적인 평가 권한을 가지도록 함

4. 커리큘럼 모니터링 및 피드백

- 기초, 교양, 전공 각 분야의 교수와 학생이 참여하는 커리큘럼 위원회 설립
- 정기적인 설문과 중간 강의평가를 통한 모니터링 수행, 효과적 운영방법 모색

KAIST의 탄생과 성장

신성철 총장은 "KAIST를 볼 때마다 축복받은 기관이라는 생각이 든다"고 말한다. 자신이 다닌 대학이고 현재 총장을 맡고 있어서 의례적으로 하

는 말이 아니다. 실제로 KAIST가 태어난 과정을 보면, 공감이 된다. KAIST는 대한민국 역사에서 단순히 대학 하나가 만들어진 것이 아니다. 대한민국이 현재와 같은 국가로 발전하는데 있어서 중요한 역할을 거듭해왔다. 기관의 규모로 본다면, 조금 특별한 이공계 대학일지 모른다. 그러나 KAIST를 통해서 길러진 사람들이 대한민국 곳곳에 끼친 영향력은 지대하다.

1960년대 이공계 교육 현실과 KAIST의 탄생

KAIST가 설립될 당시 우리나라의 이공계 교육은 불모지에 가까웠다. 서울대학교의 경우 첫 석사학위과정이 생긴 1947년 이래 1966년까지 20년 간 물리학 석사의 배출 인원은 48명에 지나지 않았다. 박사도 1952년 1호가 나온 이후 1961년까지 서울대 전체에서 124명에 불과했다. 이 중 의학 박사 101명을 빼면 겨우 23명이고, 그중 물리학 박사는 단 1명이었다. 사실상 대학원 교육은 없었던 것이나 마찬가지다. 이런 상황이다 보니 공부를 하고 싶은 젊은 인재들은 미국 등 외국으로 유학을 갈 수밖에 없는 상황이었다.

당시 우리나라 대학에는 기본적인 실험장치도 거의 없는 상태였다. 미국 유학을 마치고 KAIST 교수로 부임했던 나정웅 박사에 따르면 서울대학교 전자공학과에 학생 1명당 1대씩 있어야 하는 기초적인 장비인 오실로스코프가 단 1대밖에 없었다. 그것도 전쟁 이후 미국 원조프로그램의 하나로 들어온 것이었다. 전자공학과를 졸업해도 4년 동안 측정기를 한 번도 만져보지 못하고 졸업하기 일쑤였다.

이러한 문제의 심각성을 인식하고 1968년 한국과학기술연구원KIST 지원으로 작성된 '이공계 대학 및 대학원 육성방안에 관한 조사 보고'가 대통령에게 올라갔다. 보고서에 따르면, 1966년 우리나라 대학원 수는 42개, 대학은 69개였다. 그러나 새로운 이공계 대학(원)을 육성하자는 이 보고서는 기존 대학의 존립을 위태롭게 할 뿐 아니라, 위신을 손상시킨다는 이유로 문교부의 반대에 부딪쳐서 실현되지 못했다.

당시 지도자들은 과학기술로 나라의 경제를 일으켜야 하므로, '과학기술 입국을 해야 한다'는 철저한 확신이 있었다. 과학기술 측면에서 보면 1959년은 우리나라에게 매우 중요한 해이다. 과학기술의 기반인 원자력원이 정부 부처로 설립되고, 국가연구기관으로 원자력연구소KAERI가 문을 열었다. 원자력연구소에 첫 번째 실험용 원자로인 트리가 마크2TRIGA mark II가 들어온 때가 1959년이다.

미국 MIT 교수로 있던 정근모 박사는 하버드 대학 케네디스쿨의 과학기술정책프로그램에서도 공부하였다. 1967년 그가 이 과정을 마치면서 쓴 논문이 개발도상국의 두뇌유출을 어떻게 막을 것인가에 대한 내용이다. 29세의 한 젊은이가 쓴 이 한 편의 논문은 결국 대한민국의 역사를 바꾸는데 매우 중요한 역할을 하게 된다.

정근모 박사는 1969년 '새로운 한국의 응용과학기술대학원 설립안'을 만들어 미국의 국제개발처US AID에 제출했다. 당시 미국 정부는 대외 원조가 미국의 이익만을 위한 것이라는 비판에 직면해 대외원조 방법을 바꾸겠다고 선언했을 때였다. 이 제안서는 한국과학기술연구원KIST 초대 소장이었던 최형섭 박사와 박정희 대통령에게까지 전달, 보고되었다. 이것이 바로 KAIST가 태어난 출발점이 되었다.

새로운 이공계 대학원을 만들려는 구상이 기존 대학의 반발로 무산된 바 있었고, 설립 논의 과정에서도 적잖은 이견이 있었지만, 결국 한국과학기술원 설립은 문교부 대신 과학기술처가 맡게 되었고, 한국과학원법은 1970년 7월 16일 국회를 통과하고, 8월 7일에 법률이 공포되었다.

'터만 보고서'의 제안

한국에서 준비가 끝나자, 미국이 자금을 지원할 차례가 됐다. 미국 국제개발처는 재정지원에 앞서 타당성 검토를 요청했다. 이에 따라 스탠퍼드 대학을 창업대학으로 만드는 데 가장 큰 역할을 한 프레드릭 터만 박사가 단장을 맡은, 이른바 '터만 조사단'이 한국을 방문했다.

터만 박사는 스탠퍼드 대학 공대학장과 부총장을 역임하고 당시 명예부총장을 맡고 있었다. 조사단은 모두 5명으로 터만 단장 외에 도널드 베네딕트 오레곤 대학원장, 프랭클린 A. 롱 코넬대 교수, 토마스 L. 마틴 SMU공대학장, 정근모 박사 등이었다. 정근모 박사는 한국과학원법이 통과되자마자 귀국해서 보고서 작성을 준비했다. 최종 터만 보고서는 1970년 12월에 나왔으며, 한국과학원은 1971년 2월 문을 열었다.

터만 보고서는 과학원이 초기에는 6개 분야의 교육에 우선적인 노력을 집중하는 것이 좋겠다고 권고했다. 6개 분야는 기계공학, 화학공학 및 응용화학, 전자공학, 통신 및 조직공학, 산업공학 및 경영학, 기초과학 및 응용수학(전자계산기 프로그램 포함)이다. 이 6개 분야는 지금 KAIST의 여러 분야 중에서도 국제적으로 가장 높은 평가를 받는 분야와 거의 일치한다.

이 중 특히 컴퓨터 사이언스를 처음부터 시작한 것이 우리나라가 지금 정보통신 분야에서 세계적으로 높은 위치에 올라 선 여러 원인 중 하나가 됐다고 할 수 있다. 이때 컴퓨터 사이언스를 공부하면서 성장한 인력이 지금 우리나라 정보통신 및 전자산업 육성에 절대적인 영향을 미쳤다. 실제로 삼성전자 등 글로벌 대기업의 주요 연구개발 인력 가운데에는 KAIST 출신들이 많다.

터만 박사는 정근모 박사에게도 이렇게 말했다.

"지금은 미국에 있는 사람이 한국에서 대학원을 만들지만, 나중에는 이 대학에서 공부한 사람들 때문에 외국 사람이 모여드는 대학을 만드세요."

정부의 적극적인 지원과 열정

정부의 적극적인 지원과 열정이 없었다면 오늘의 KAIST는 존재하지 않았을 것이다. 정부는 우리나라 이공계 대학교육을 창조적이고 도전적으로 혁신해야 한다는 의지와 열정을 갖고 있었다. 초대 원장으로 이상수 박사가 부임하고, 31세인 정근모 박사가 부원장으로 선임돼 귀국했다. 1973년에 첫 학생을 선발한 KAIST는 1975년 92명의 석사를 처음으로 배출했다.

KAIST가 이렇게 빨리 세계적인 이공계 대학원으로 성장한 것은 미국의 교육 지원 못지않게, 우리나라 정부의 정책적인 배려가 매우 큰 힘이 되었다. 교수로 초빙된 미국 출신 과학자들은 30대 초반의 젊은 나이였지만, 기존 대학 교수 월급의 3배 정도를 받았다. 미국에서 받은 소득보다는 훨씬 적었지만, 당시 국내에서는 파격적인 대우였다.

가장 우수한 학생을 불러들이기 위해 '병역면제'라는 특례도 제공했다. 젊은이들에게 병역특례는 매우 매력적인 조건이었다. 설립 초기 교수들은 정부 관계자들을 만나 젊은이들이 국가에 봉사하는 것은 군복무만 있는 것이 아니라, 산업발전에 기여하는 것도 방법이라고 설득했다. 대신 KAIST를 졸업한 뒤 5년간 국가연구소 등에서 봉사하도록 했다.

우리나라 정부의 배려와 국민들의 관심 속에서 성장한 KAIST는 국가에 도움이 되는 일이 무엇인지를 항상 고민하면서 새로운 시도를 용감하게 추진했다. 국제화를 앞당기기 위해 로버트 러플린 총장(2004~2006년)을 시작으로 3번에 걸쳐 계속 외국 국적의 총장을 임명하였다.

KAIST의 노력이 알려지면서 외부 후원도 잇따랐다. 미래산업을 창업한 정문술 회장(전 KAIST 이사장)은 "내 돈을 모방하는 데 쓰지 마라"는 당부와 함께 515억 원을 기부했다. KAIST는 이 돈을 바이오및뇌공학과와 문술미래전략대학원을 세우는 등 새로운 분야 개척에 사용했다. 류근철 박사, 김병호 회장, 조천식 회장 등, KAIST와 아무런 인연이 없는 분들도 거액을 기부하여 KAIST를 응원하였다.

KAIST 명칭에 얽힌 일화

우리나라에서 '기술'이란 단어가 좋은 대우를 받지 못하던 시절이 있었다. '기술은 천하다'는 과거의 정서 때문이다. 이런 영향으로 KAIST는 학교 이름이 바뀔 뻔했다. 처음에 제안된 이름이 한국과학기술원이었다. 영어로 표기하면 Korea Advanced Institute of Science and Technology였다. 이를 줄여서 KAIST라고 쓰면서 '카이스트'로 불리게 되었다. 그러나 당시 정부 관계자들은 '기술'이라는 단어가 격을 낮출 수 있으므로, T(기술 technology)를 뺀 KAIS Korea Advanced Institute of Science(한국과학원)라는 이름을 제안했고, 약 10년간 그렇게 불렸다. 그 후에 KIST와 KAIS가 합병됐다가 분리되는 과정을 겪으면서 원래 이름인 KAIST를 되찾았다.

혁신적인 KAIST의 학생 선발제도

KAIST 캠퍼스는 대전 본교(유성구 대학로 291), 서울캠퍼스(서울 동대문구 회기로 85), 문지캠퍼스(대전시 유성구 문지로 193), 도곡캠퍼스(서울시 강남구 논현로 28길 25) 등을 갖추며 외형적으로도 확장해왔다.

성장의 원동력 가운데 중요한 하나는 KAIST가 한국과학기술원법에 따라 교육부가 아닌 과학기술부(현재의 과학기술정보통신부) 산하기관에 속한다는 점이다. 우리나라 제도권의 학교운영 상황에서 상대적으로 유연성과 자율성을 갖고 있는 이유다. 유연성은 새로운 제도를 만들어 시행할 때 신속하게 대응하는 원동력이다.

학생 선발제도의 역사 또한 이러한 일면을 보여준다. 1972년 첫 학생을 선발할 때 박송배 교수와 나정웅 교수의 고민은 전기 및 전자공학과 학생을 몇 명이나 뽑느냐 하는 것이었다. 한 학과에 학생수가 25명은 되어야 하지 않나 싶었지만, 한국 실정을 분석해야 했다. 그래서 산업체, 대학, 기업 등에 '우리가 미국식으로 2년 동안 석사과정 학생들을 길러낼 텐데, 이런 사람이 당신 회사에서 필요합니까? 월급을 좀 더 주고 이런 사람을 채용할 의향이 있습니까?' 조사 설문지를 전국에 보내 의견을 수렴했다.

학생 선발을 위한 시험도 과감하게 면접시험으로 치렀다. 2회 때 어떤 학생은 너무 긴장해서 기절해 쓰러지기도 했다. 실험장치가 들어오면서는 실험시험이 치러졌다. 당시 한국 대학 상황으로 보면 정말 혁명적인 변화가 아닐 수 없었다. KAIST만이 할 수 있는 유연성이었다. 이런 소문이 나면서 KAIST 구술시험 문제를 묶은 책이 만들어지기도 했다.

KAIST 기계공학과의 경우, 2017년 분야별로 따진 QS랭킹에서 세계 15위를 기록했다. 세계 정상급 순위를 기록한 것이다. 10위권이란 언제든지 정상에 오를 가능성을 가졌다고 볼 수 있다. 사실 기계공학과의 가능성은 출발에서부터 보였다. 1973년 1회 신입생을 모집하면서 배순훈 박사, 이중홍 박사, 이정오 박사, 이 3명의 교수는 매우 독창적인 문제를 냈다. 배순훈 박사의 기억력을 바탕으로 재현한 기계공학과 석사과정 신입생 면접 시험문제는 이렇다.

"분필을 이렇게 돌려 힘을 주면, 분필이 직각으로 끊어지는 게 아니라 45도 각도로 끊어진다. 분필이 왜 90도가 아니라 45도 각도로 끊어지는지 설명하시오."

이런 문제도 출제됐다.

"외부와 차단이 잘 되어 있지 않은 빈 방에 촛불을 하나 켜 놓으면 방의 온도가 올라갈까, 내려갈까?"

"봄에 시냇물 소리가 왜 음악적으로 들리는가?"

유체역학 등 전문지식을 갖고 있어야 답할 수 있는 문제들이다. 정답을 기대하기보다는 의외의 생소한 질문에 대해 학생들이 어떠한 방식으로 문제의 해법을 찾으려고 하는지를 보고 싶었던 문제들이다.

KAIST가 추구하는 인재

현재 KAIST가 추구하는 인재를 키워가기 위해 필요한 학생 선발제도의
방향을 정리하면 다음과 같다.

1. 창의적 인재 선발

- 창의성은 인지적 탁월성과 아울러 새로운 것에 대한 도전정신, 역경을
  극복하는 힘, 자기주도성, 내적 동기 등 정서적 특성이 결합되어 나타남
- 세계적 수준의 과학기술중심대학으로서 KAIST는 이공계 학문분야에
  대한 탁월성과 감정/태도와 관련된 정서적 특성을 함께 고려한 창의적
  인재 발굴 노력 필요
- 창의적 인재 선발을 위해 인지적 탁월성에 대한 최저기준을 만족하는
  학생 중 도전정신, 회복탄력성, 자기주도적 특성을 고려한 선발방식
  도입
- 표면적으로 드러난 능력 이외에 잠재력이 높은 학생을 판별하여
  KAIST가 추구하는 훌륭한 인재로 키우는 데에 심혈을 기울여야 함

표 | 학생선발 방법(예시)

구분	평가 목적	내용
1단계 서류평가	인지적 능력 평가	KAIST에서 학업을 수행할 수 있는지 즉, 학문적 탁월성을 정량적으로 평가(3배수 정도)
2단계 면접평가	정서적 특성 평가	정서적 특성(창의성과 인성)을 1단계 점수와 관계없이 독립적 & 정성적 평가

2. 다양한 배경의 학생 선발

- KAIST는 초기부터 과학고 중심의 학생 선발로 다른 종합대학들에 비

해 학생들의 다양성이 상대적으로 부족

- 과학기술특성화 대학의 고유 가치를 유지하면서 사회적, 경제적, 문화적으로 서로 다른 배경을 가진 학생들이 함께 어우러져 생활하고 공부하면서 경험을 공유하고 새로운 생각과 협력을 배울 수 있는 환경 조성 필요
- 대학들 간의 경쟁적인 선발과정에서 KAIST가 추구하는 교육과 상호보완적인 다양성을 가진 학생 선발
- 일반고 졸업생, 여학생, 외국인 학생 등 다양한 학생 선발 비율 확대

3. 학생 선발 방법 개선을 통한 고교 교육 정상화

- 창의성과 인성 등의 정서적 특성 평가는 고교 교육방향에도 긍정적 영향을 줄 수 있음
- 학생 선발 방법의 혁신을 통해 과학고/영재고 교육의 탁월성뿐만 아니라 다양성을 추구할 수 있도록 하는 역할 담당

선진적 무학과 제도의 도입

1999년 당시 화학공학과는 엄청난 충격에 휩싸였다. 전통의 화학공학과를 선택한 학생이 단 한 명도 없었던 것이다. 화학공학과가 어떤 학과인가? 대표적인 과학 관련 학과라고 하면 수학, 물리, 생물, 화학 4개를 꼽는다. 과학의 근간이 되는 이 화학에서 파생된 화학공학chemical engineering을 공부하겠다고 신청한 학생이 단 한 명도 없다는 것은 가히 충격이었다.

이 의외의 사건은 '무학과 제도'에서 시작했다. KAIST는 대학원 중심의 석박사 과정 대학으로 설립됐지만, 1989년 한국과학기술대학(KIT 과기대)을 흡수하면서 학사 과정도 자연스럽게 두게 됐다. 1985년 설립된 과학기술대학의 초대 학장을 맡은 최순달 박사는 우리나라 인공위성 개발에 큰 발자취를 남긴 과학자면서 훌륭한 행정가이자 노련한 교육자였다. 최순달 박사는 과기대에 훌륭한 인재를 모으고 학생들의 개성과 재능을 최대한 살려주면서도 과학기술 발전에 발맞추기 위해 창조적이며 도전적인 제도를 정착시켰다. 바로 과기대에 입학하는 학생들은 처음 1학년 때는 학과를 정하지 않고 자기 적성과 미래진로를 고민하다가 2학년에 올라가면서 학과를 정하는, 무학과 제도였다. 오늘날도 여전히 KAIST는 입학생을 뽑을 때 학과를 정하지 않고 750명의 학부 학생을 선발한다.

박오옥 교수는 당시 화학공학과 학과장을 맡고 있었다. 박 교수는 깜짝 놀란 학과 교수들과 함께 대책을 마련하기 위해 무주에서 회의를 갖고, 거기서 작성된 '무주 보고서'에 따라 화학공학과 이름을 생명화학공학과로 바꿨다. 교과내용도 대폭 개편했다. 전공필수를 최소화하고 선택으로 돌려서 학생들이 원하는 내용으로 틀을 새로 짰다. 대학원 입학생도 전공에 상관없이 누구든지 들어올 수 있도록 하는 파격적인 제도를 도입했다. 지금 봐도 매우 이례적인 돌발적 상황이었지만, 핵심은 '학생을 위한 학과로 거듭나야 한다'는 점이었다.

'무학과' 이어받아 '융합기초학부' 추진

미래비전에 대응하는 변화 중 중요한 하나는 융합기초학부를 설립하는 방안이다. 무시험, 무학과의 빛나는 전통을 가진 KAIST는 이제 움트기 시작한 제4차 산업혁명에 능동적으로 대응하기 위해 '융합기초학부'를 설립하고 있다. 융합기초학부는 4년 내내 기존의 특정 학과에 소속하지 않고, 다양한 분야를 폭넓게 배우면서 융합능력을 최대한 기르는 것이 목적이다.

융합기초학부가 폭넓은 지식과 융합능력을 제공하면서도, 기초전문지식을 가르치기 위한 최적의 커리큘럼을 마련하는 논의는 아직도 진행되고 있다.

융합기초학부는 우선 50명 규모로 시작할 예정이다. 2018년에 입학하는 학생들은 1학년을 마치고 2학년으로 올라가는 2019년 3월에 기존의 학과를 갈 것인지, 융합기초학부를 갈 것인지를 선택한다. 학부를 졸업한 뒤, KAIST가 아닌 다른 대학원으로 진학하는 학생들을 위해 인문사회과목이나 기업가정신 교육도 교과목에 포함될 것이다.

1. 새 시대를 대비하는 창의융합 전공 개설

- 탄탄한 기초 역량 배양과 함께 개인 맞춤형 전공 제도individually designed major를 실현할 수 있는 창의융합 전공 개설
  - 1~2학년: 심화기초 및 융합기초 과목
  - 3~4학년: 기존 학과에서 제공하지 않는 전공 커리큘럼 템플릿
  - 4학년: UROPUndergraduate Research Opportunities Program를 통한 연구 및 프로젝트

- 개인 맞춤형 전공을 위한 트랙과 템플릿 제공
  - 새로운 융합학부의 규모(학생수)에 따라 2~3개 이상의 트랙(혁신 연구, 창업, 취업 등)을 제공
  - 트랙별로 다수의 템플릿 제공

- 학생이 지도교수와 설계한 개인별 자체/변형 템플릿 허용

- 학과의 경계가 없는 융복합 강의
  - 학과 경계를 탈피하는 유연한 학과제도 및 다학제 융복합 강의 형태
  - 기초와 응용, 자연과학과 공학, 인문학이 함께 공존하는 다양한 형태의 융합 강의 제공
  - 자유학기 및 자유학점제와 연동, 단기 강의 및 집중 강의 방법 활용

- 탄력적 졸업 학위 제도
  - 타과 수업 이수를 장려하는 제도(학점 S, U 제도)
  - 융합 전공 + 특정(기존, 개인화) 전공 학위 수여 가능
  - 해외 또는 국내대학과 복수학위 가능

- 창의융합 교육을 위한 학사조직 혁신
  - 학생들에 대한 안내 부족, 교수들의 소속감 결여 등 무학과 융합교육의 문제점을 줄이는 방안 마련
  - 기존 학사조직과 독립된 학부 혹은 단과대학을 설립하여 새로운 교육 방식 및 교과목 개설 지원
  - 설립 초기부터 충분한 학생, 교수, 융합 교과목을 확보해 융합교육의 성과 창출을 위한 기반 마련
  - 전담교수, 겸임교수 간 역할 분담, 성과 배분 등을 통해 교수가 열정적으로 교육에 참여할 수 있는 조직 및 제도 구축

- 창의융합 전공의 확산
  - 창의융합 학부전공과 연계된 융합대학원 과정 개설 및 확대
  - 이상적인 융합교육 및 연구 환경 조성
  - KAIST 내 최고 융합 클러스터 및 세계 모든 대학의 벤치마킹 대상으로 육성

2. 창의 설계 랩 구축 및 훈련 과정 운영

- UC 버클리Berkeley의 Jacob Institute of Design Innovation(퀄컴 회장의 거액기부로 설립한 설계교육/훈련 기관), 순천향대학의 Idea Factory처럼 신기술/신제품의 기획, 아이디어 창출, 공학적 설계 및 검증, 시제품 제작, 양산, 창업까지 전 과정을 프로젝트 팀워크로 진행하는 공간, 장비, SW, 교육훈련 콘텐츠, 지원인력 구축
- 사회적 가치를 높일 수 있는 신기술, 신제품의 창안, 개발, 창업을 목표로 함(다양한 아이디어 제품, 소형 무인차, 드론, DIY 등)
- 팀워크 룸, CAD/CAM SW, 3D 프린터, 소형 기계가공 설비, 전자계측기, 컴퓨터 등을 구축, 실습/제작 공간 구성
- 정규 과목, 비정규 과목 및 동아리 활동으로 진행하여 대부분의 학생이 참여, 체험할 수 있도록 함
- 학생이 실험/실습/프로젝트 등을 직접 수행해 보는 기회와 팀워크를 통해 창의성 및 기업가정신 배양

KAIST '에듀케이션 4.0'

언제부터인가 모든 교육은 강의실에서 이뤄져 왔다. 수십 명이 모인 강의실에서, 교수나 강사는 칠판이나 빔 프로젝터 등을 이용해서 여러 사람에게 같은 내용을 가르친다.

이런 방식의 교육이 언제부터 시작됐을까? 이런 교수법이 장점도 적지 않지만, 일방적인 주입식 교육은 학생들을 질리게 한다. 그래서 누구나 이런 생각을 해봤을 것이다. 과연 이런 방법밖에 없을까? 하지만, 초등학교부터 대학교에 이르기까지 긴 세월 동안 강의식 교육에 익숙하다 보니, 다른 방식을 생각하기 어렵다. 혹시 다른 교육법이 없을까 고민해도, 오랫동안 당연한 것으로 여기던 방식을 바꾸려면 너무 큰 힘이 필요하다. 이러한 강의식 교육의 근본적인 개혁이 KAIST에서 일어났다. 이 움직임을 주도하는 이태억 산업 · 시스템공학과 교수는 교육혁신의 원칙을 한마디로 이렇게 설명한다. "학교에서 강의하지 말라는 것입니다."

'온라인 강의'로 집에서 공부하고 수업시간에는 토론과 발표

그렇다고 강의가 사라지는 것은 아니다. 온라인 동영상 강좌로 강의를 대체한다. 학생들은 수업시간에 토론하고 대화를 나누거나, 퀴즈로 문제풀이를 한다. 교수와 학생, 학생과 학생들이 나누는 토론은 생생하게 기억에 남는다. KAIST가 수년째 야심적으로 추진하는 '에듀케이션 4.0'이라는 교육혁신 프로그램이다.

강의 위주의 대량 교육은 알고 보면 얼마 되지 않은 산업화된 교육체제이다. 초중고용 '칸 아카데미'를 만든 살만 칸 Salman Khan 은 강의중심의 대량교육 체제는 부국강병을 꿈꾸던 프러시아에서 나왔다고 주장한다. 많은 사람을 깨우기 위해서는 대량 교육이 필요하다고 생각했다. 커리큘럼이나 일주일 단위의 시간표같이 지금 우리가 사용하는 학교시스템이 그때 주로 표준화됐다.

그러나 대량 교육의 첫 번째 목적은 달성했는지 모르지만, 강의식 교육은 한계를 드러냈다. 지난 100년간 교육학자들이 단점을 메워줄 수많은 아이디어를 냈다. 액티브 러닝Active learning이나, 협력학습 이론도 그중 하나이다. 새로운 대안교육방법의 공통점은 참여와 상호작용의 강화이다. 학생들은 수동적으로 듣기만 하는 것이 아니다. 학생 사이의 상호작용이 활발하게 일어나야 하고, 교육에 직접 참여하도록 유도해야 한다.

그러나 일방적인 주입식 강의의 약점을 보완할 새로운 교육방식은 힘 있게 뻗어나가지 못했다. 무슨 어려움이 있었을까? 강의식 교육이 두껍게 깔아놓은 관행의 방향을 돌리려면 더 큰 동력이 필요하다. 우리나라 대학에서도 다양한 대안 마련을 고민했지만, KAIST는 고민하느라 시간을 보내는 대신 과감하게 실천에 옮겼다.

여기에는 학생들의 요구가 큰 힘이 됐다. 2011년에 KAIST 1학년 학생들이 교육방식에 대해 자체적인 설문조사를 벌였다. 지난 학기에 학생들이 공부할 때 가장 큰 도움을 준 것은 무엇인가를 물었다. 복수응답을 허용한 이 질문에서 연습문제 풀어보기가 1등으로 나왔다. 교과서를 보고 혼자 공부하기가 두 번째였다. 친구하고 의논하기가 세 번째, 교수강의는 겨우 네 번째였다. 교수강의는 10%를 차지했는데 복수응답인 것을 감안하면 매우 낮은 수치였다. 교수들에게는 힘든 결과였지만, 무엇이 문제인지는 분명했다. 학생들은 더 이상 강의위주의 교수법에 흥미를 느끼지 못했다.

서남표 총장 시절 교수들은 머리를 맞대고 해결책을 찾아 나섰다. 차별화된 인재를 양성하려는데 어떻게 해야 하는지 논의를 거듭하면서, 온라인과 IT 기술을 융합하자는 아이디어가 나왔다. 태블릿 PC나 컴퓨터 또는 스마트폰을 이용하면 되지 않을까 생각하다가 점차 개념을 체계화시켰다. 강의는 온라인으로 돌리고, 오프라인에서는 토론과 대화를 병행하는 KAIST '에듀케이션 4.0'이 탄생했다. 학생들은 아무 때 어느 곳에서나 편한 시간에 온라인으로 강의를 듣는다. 오프라인 수업은 토론과 대화와 퀴즈를 넣어 상호작용을 늘렸다. 배우는 것이 즐거워지고, 수업시간에 학생끼리 대화하는 시간이 늘어나면서 팀워크가 생기고 우정도 깊어졌다.

5년 안으로 800개의 강의를 바꾸는 계획

후임인 강성모 총장도 이어받아 에듀케이션 4.0을 계속 강력하게 추진했다. KAIST는 2014년에 102개 과목을 에듀케이션 4.0 방식으로 바꿨다. 5년 후에는 전체 강의의 30%인 800개 강의를 바꾸려고 한다. 주입식 강의에서 벗어나면, KAIST 학생들은 팀워크, 소통 및 공감능력, 리더십 등을 효과적으로 기를 수 있을 것으로 교수들은 기대하고 있다. 에듀케이션 4.0은 2014년 초 〈포브스〉 지와 10월 〈네이처〉 지 미래대학 특집 기사로 실렸다.

KAIST 에듀케이션 4.0은 해외에서는 플립 러닝flipped learning이라고 부른다. 과거와는 반대 방향이다 보니 '뒤집다'는 의미의 플립flip이라는 단어로 표현한다. 단순히 바꾸는 것보다 교수와 학생의 참여와 상호작용을 극대화하고, 팀워크와 협력을 강화하는 것이 핵심이다. 이것은 무크MOOC, Massive Open Online Course(온라인 대중공개강좌)와 서로 보완관계에 있다.

온라인 대중공개강좌 중에서 많이 알려진 것이 스탠퍼드 대학의 코세라

www.coursera.org, MIT의 에드엑스www.edx.org이다. 온라인에 강의내용을 담은 동영상과 자료를 무료로 올리면, 세계 각국에서 무료로 수강한다. 수료증을 원하면 수수료를 별도로 받는다.

KAIST는 이러한 추세와 상관없이 에듀케이션 4.0을 시작했지만, 결과적으로 세계적인 교육혁신의 방향과 부합하는 것이었다. 학생끼리 상호작용을 많이 일으키도록 교실 인테리어를 바꿔 원탁 테이블을 배치했다. 테이블별로 화이트보드, 글래스보드를 설치해서 자유롭게 쓰거나 그리면서 의견을 내고 토론하도록 유도했다.

교수는 강의내용을 주입식으로 전달하기보다 학생들이 스스로 깨우치도록 도와주는 코디네이터로 바뀌었다. 무슨 질문이 나올지 모르므로 교수들이 준비할 내용이 더 많아졌다.

에듀케이션 4.0에 대한 학생들의 호응도를 조사하면 만족하는 학생이 70% 정도이고 10%는 아직도 옛 방식을 좋아하다. 중간은 20%이다.

에듀케이션 4.0에 대해 자주 나오는 질문 중 하나는 어째서 새 교육법이 교육학자가 아닌 공대교수에게서 나왔는가 하는 것이다. 이태억 교수는 "오랫동안 강의식 교육을 받거나 또는 강의를 해오면서 느꼈던 문제점을 해결하기 위해 용감하게 뛰어들어 실천했기 때문"이라고 설명한다. KAIST 모델이 쉽게 스며들었던 이유도 단순명료하고 이해하기 쉬운 지침을 만들었기 때문이다. "강의하지 말라"는 알기 쉬운 기본 원칙이다. 물론 강의식 교육에 염증을 느낀 많은 교수들이 교육혁신에 관심이 깊었던 점은 성공의 으뜸 요인이다.

KAIST는 온라인 강의 촬영을 위해 자체적으로 스튜디오도 설치했다. 조명시설과 방음시설을 갖춘 소형 스튜디오가 5개 마련됐다. 일주일에 두 시간짜리 과목을 온라인 동영상으로 대체하려면 한 학기에 약 14개의 강의 비디오가 필요하다. 효과적인 온라인 강의가 이뤄지도록 비디오는 10분 단위로 모듈화시켜서 나눈다.

온라인 강의 비디오를 찍은 교수들은 설레는 마음으로 자기가 강의하는 모습을 본다. 놀라기도 하고 대견하기도 하다. 자신도 모르게 빠진 머리칼을 보고 혼자 웃고, 직접 들어본 자기 목소리에 용기를 얻는다. 매끄럽지 못한 문장에는 스스로 채점자가 돼서 '문장에 매듭이 없어'라고 박한 점수를 매기기도 한다. 10분짜리 비디오를 마음에 들 때까지 완성하려고 대여섯 시간을 들이기도 한다.

'온라인 강의' 한눈팔면 '칠판강의'보다 못하다

강의를 없애거나 줄이는 '에듀케이션 4.0'은 최근 세계적으로 유행하는 온라인 교육의 KAIST 버전이다. 에듀케이션 4.0은 또 다양한 방법으로 계속 진화하고 있다. KAIST에서 석박사 과정 학생들에게 'SCI 논문작성법'을 가르치는 믹 팽기Mik Fanguy 교수의 사례도 이 가운데 하나다.

팽기 교수는 3시간짜리 강의의 절반은 온라인 강의로 준비한다. 15분짜리 비디오 강의를 온라인에 올려놓으면 학생들은 혼자서 공부한다. 집에서 PC로 볼 수도 있고, 스마트폰으로도 수강이 가능하다. 그런데 중요한 것은 학생들이 제대로 온라인 강의를 수강하고 있는가, 하는 점이다. 팽기 교수는 온라인교육의 성패를 결정하는 것은 학생들이 정말 온라인 강의를 성실하게 수강했는지를 점검하는 일이라고 말한다. 아무리 강의 내용이 좋아도, 비디오를 틀어놓고 딴청을 피우고 강의를 수강한 것처럼 위장하면 아무런 효과가 없다는 얘기다.

팡기 교수는 성실하게 온라인 강의를 듣도록 퀴즈를 낸다. 퀴즈 문제도 수강생들이 커닝을 할지 모르기 때문에, 모든 학생이 서로 다른 퀴즈를 풀 도록 한다. 다양한 문제은행을 만들어놓으면, 에듀케이션 4.0 프로그램은 자동적으로 학생별로 다르게 문제를 골라서 출제한다. 컴퓨터 프로그램이 임의로 문제은행에서 선택해서 순간적으로 조합하기 때문에, 수십 명 정도 되는 학생이 같은 문제를 풀 가능성은 거의 없다.

그러나 교육의 모든 과정이 온라인으로만 이루어져서는 안 된다. 팡기 교수는 가장 좋은 교수법은 "온라인과 오프라인 교육을 절반씩 섞어서 하는 것"이라고 결론을 내렸다. 온라인 강의는 학생과의 접촉으로 완성되는 셈이다.

미래 교육혁신

KAIST가 추구해야 할 새로운 교육은 경계를 넘어서 융합문제를 해결하는 방향이다. 이런 능력은 협력을 통한 지식습득, 전공분야는 물론이고 다른 분야와의 소통을 위한 기초교육 강화를 통해 길러질 수 있다. 이러한 도전의 핵심 내용은 바로 창의융합형 인재를 양성하는 무학과융합학부를 신설하는 것이다.

학생들에게 여러 가지 트랙을 제공하고, 그 트랙에 맞춘 템플릿을 만들어서 이해시키면, 학생들은 자기에게 맞게 템플릿을 짜는 능력을 기를 것이다. 창의융합 능력을 기르려면 다양한 이공계 학문을 이해해야 한다. 그러나 여러 가지를 가르치면 제대로 아는 게 하나도 없을 수도 있다. 이런 세밀한 내용은 교수가 학생 한 사람 한 사람에게 밀접한 관계를 맺고 주의 깊게 관찰해서 1대1로 적용해야 할 부분이다. 과학적인 융합을 넘어서서 사회환경을 꿰뚫어보고 그 안에서 살아가는 사람들을 배려하는 통찰력을 길러야 하므로, 인문학도 알아야 할 것이다. 고전적이면서도 효과가 높은 토론 위주의 새로운 과목을 신설해야 할 것이다.

유연한 학기와 교과과정

자유학기제도, 자유학점제도도 도입될 것이다. 모든 과목이 다 16주가 되어야 하는 것은 아니다. 예를 들어 로봇을 연구하는데 필요한 수학 공부는 한 달 만에 끝내야 한다. 결국 2~3주 집중하는 단기강의도 생겨야 한다. 로봇연구에 필요한 모터는 이 교수에게, 제어계측은 저 교수에게 전문적인 지식을 습득할 수 있어야 한다. 결국 분야별로 2~3주 동안 집중하는 단기강좌가 많이 나올 것이다.

학점제도 역시 큰 변화가 필요하다. 3학점짜리 과목은 몇 번 강의한다는 것이 규칙이지만, 강의시간이 중요한 것이 아니다. 얼마나 어려운 과목이며 얼마나 이해했는지가 중요하므로, 강의 난이도에 따라 학점이 달라져야 할 것이다. 예를 들어 로봇을 만들면 10학점, 자동차를 만들면 20학점 하는 차등 방식을 도입할 필요가 있다.

기초교육은 학생들의 잠재력을 이끌어내서 계발하는데 초점이 맞춰져야 한다. 기초교육은 미래목표를 생각하면서 세계적인 관심을 끄는 이슈를 이끌어내는 디딤돌이 되어야 한다. 이를 육성하려면 읽고, 쓰고, 분석하고, 설명하는 능력을 길러야 할 것이다.

융합능력을 기르면서도 개인의 개성을 발휘하도록 하려면 탄력적인 졸업학위제도를 도입하는 방안이 모색되어야 한다. 융합전공이 맞는 학생이 있지만, 특별히 기계나 전자에 특화된 학생도 나타나므로, 결국 개인맞춤형 전공으로 변화될 것이다. 이에 따라 '미래자동차 전공' '미래로켓 전공'이 나타날 수 있으며 국내 대학과의 복수학위로 부족한 부분을 메울 수 있다. 이러한 교육의 바탕에는 PBL Project based learning 개념이 깔려 있다.

교수법은 '익스트림 엔드' 전략이 도입될 것이다. 학생 서너 명과 함께 진행하는 초소형 초심화 수업이 있어야 하지만, 어떤 수업은 초대형 융합강의로 수천 명에서 수십만 명이 온라인으로 수강할 수 있다. 온 국민을 상대로 하는 온라인 강의는 교수뿐 아니라 세계적으로 유명한 외국인 교수나 국민적인 관심을 끄는 유명인이 동참할 수도 있다.

교육 기기와 방법의 진화

기술의 발달이 강의에 많은 영향을 미칠 것이다. 증강현실AR과 가상현실VR을 이용한 실감나는 강의는 KAIST 학생뿐 아니라, 초중고 학생들에게 영감을 불러일으킬 것이며, 전시회에 등장해서 관람객들에게 기쁨을 선사할 것이다. 사람의 눈에는 보이지 않는 분자나 원자 수준의 세계에 학생들이 직접 들어가서 화학반응이나 생물학적인 움직임을 체험한다면, 대단히 빠른 지식의 습득과 세상에 대한 공감을 불러일으킬 것이다.

다양한 내용을 다양한 방법으로 서로 다른 학생들에게 효과적으로 전달하기 위해서는 강의를 모듈로 제공하는 방법을 선택해야 한다.

국제화에 필요한 이중언어 캠퍼스 환경을 조성할 것이다. 영어수업은 기본적으로 유지하되, 어떤 경우는 한국어를 쓰거나 영어를 써야만 명확하게 의미가 전달되면서 교육효과가 높아지는 분야의 특성을 반영하는 것이 바람직하다. 혹은 자동번역기나 전문 통역사를 이용한 2개 국어를 동시에 활용하는 수업도 도입할 만하다.

수업의 국제화를 위한 것이라면, 한국어를 한국인처럼 능통하게 구사하는 외국인 교수를 초빙하는 방안도 시도할 것이다. 국제화는 쌍방소통이므로, 한국어를 한국인처럼 잘하는 외국인 교수의 등장은 한국 학생들에게 외국어를 외국인처럼 잘하도록 노력하는 동기부여가 될 것이다.

이같이 다양한 교수법과 커리큘럼과 제도는 수시로 변할 뿐더러, 교수와 학생들의 활용능력과 수강효과를 점검해야 한다. 정확한 피드백에 의한 수정과 변화와 발전을 논의할 교수법연구회를 상설로 조직해서 끊임없이 교수법을 연마하고 발전시키는 노력을 모아야 한다.

교육자는 교수법을 발전시키도록 자발적으로 노력해야 하는 것이 당연하지만, 교육혁신의 속도를 내기 위해 교수평가시스템에 교수법 혁신을 포함시키는 것도 바람직하다. 동시에 학생들의 성적이나 학업성취도를 평가하는 방식도 획일성에서 벗어나 인성과 개성과 실력을 향상하는 방향으로 조정될 것이다. 이러한 혁신의 방법들을 요약하면 다음과 같다.

1. Education 4.0 수업혁신 프로그램 추진

- 일방적인 전달 방식의 전통적인 강의 방식 수업에서 탈피하여 학생참여, 학생주도, 상호작용 중심의 수업으로 전환
- 팀 기반 학습, 문제해결, 문제풀이, 토론, 사례, 실습 위주의 수업으로 전환
- 팀 기반 학습을 통해 미래 사회가 요구하는 창의성, 문제 식별/해결, 비판적 사고, 커뮤니케이션, 팀워크, 배려심, 리더십을 배양
- 학생이 주도하여 학습하고 교수는 코칭하는 역할

- 현재 플립러닝Flipped Learning 중심의 Education 4.0 프로그램을 확대, 개편하여 다양한 수업 방식 허용
- 온라인이든 오프라인이든 강의 비중을 50% 이하로만 유지하면 다양한 창의적 수업 방식 허용 및 교수 인센티브 및 조교 지원
- 프로젝트기반수업Project based learning, 동료학습Peer Tutoring 등 다양한 수업 방식 실천
- 수업 평가 내용 및 방식도 강의 중심 평가에서 새로운 수업 방식에 맞게 전환
- 신임 교원에게 새로운 수업 방식 교육
- 새로운 교수법 개발 및 실천을 위한 교수 그룹 활동 지원

2. 스마트 학습 인프라 구축

- Education 4.0 수업을 위한 원탁형 배치 교실(Education 4.0 교실)의 확대
- 지능형 LMSLearning Management System 개발 및 시행
- 온라인 학습, 오프라인 수업의 통합적 학습 환경 지원
- 학생의 학습 수준에 맞춘 지능형 상호작용식 e-Learning 지원
- 다양한 혁신적인 수업 방식 지원
- 고속 무선 인터넷을 활용하여 언제 어디서나 학습, 팀워크가 가능하도록 구축
- 빅데이터 기반 학습자 지원 서비스Learning Dash Board를 통해 교수와 학생 간에 효율적인 의사소통, 상호작용 지원
- 스마트 팀워크 공간 확대
- 수업 중, 수업 후에 온라인, 오프라인으로 팀워크 가능한 가상공간, 팀

워크 룸 구축

- AR/VR을 이용한 가상공간 상의 실험/실습 제공 및 가상공간 내 상호 협업 환경 제공
- 팀워크 룸을 네트워킹하여 원격 팀 간 협업 지원
- 글로벌 교실 네트워킹 추진: 캠퍼스 내 교실 간, 멀티 캠퍼스 간, 국내 외 대학과의 실시간 실감형 원격공동수업 지원을 위해 교실들을 고속 통신망과 멀티비전을 활용하여 연결

3. MOOC Massive Open Online Course 및 원격공동수업 확대

- 교육의 기회균등 기여, 학교/교수의 국제적 인지도 상승, 잠재 신입생 유인, 수업 혁신을 위한 MOOC 확대
- 현재 가입하여 과목을 제공 중인 세계 최대 MOOC인 Coursera 과목 확대
- KAIST 자체 MOOC인 KOOC, 교육부 주관의 K-MOOC 과목 확대
- MOOC의 수업 활용 지원
- MOOC 과목 수강의 학점 인정 제도 실시
- 실시간 원격공동수업 확대

4. 개별맞춤교육을 위한 강의 모듈화 도입

- 융합교육과정 및 초심화 수업의 자율적인 선택을 효율적으로 지원하기 위해 재사용, 재조합이 가능한 강의 모듈화 도입
- 강의 모듈별 표준 형태를 정의하고, 표준 형태를 따르는 강의 모듈 확대
- 강의 모듈 표준 형태는 온/오프라인 강의, 실험/실습, 퀴즈 및 평가를

1~2주간의 강의 모듈 내에서 완결하는 형태

- 강의자는 모듈형 강의를 제공하는 것으로 학기별 강의 시수를 대체할 수 있으며, 강의의 제작에 시간과 공간의 제약이 없어짐
- 학생이 수강한 강의 모듈을 분석하여, 후속 강의를 개인에게 맞추어 제공하는 강의 모듈 추천 서비스 제공Mass Personalized Education
- 강의 모듈화를 통해 다양하고 즉각적인 협업이 일어날 수 있는 기회 제공

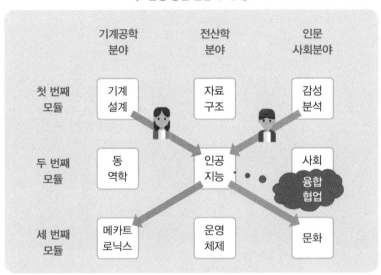

〈모듈형 융합 협업의 예시〉

5. 이중 언어 환경 조성

- 지속가능한 우리말글 및 영어 공동 활용 캠퍼스 환경 조성
- 자동 통번역 기술을 활용하여 언어의 장벽이 없는 강의실 구축
- 이해력, 사고력을 키우고 고급 소통 능력을 기르도록 우리말글 독해/작문 교과목 및 영어 독해/작문 교과목 강화

6. 교육혁신을 위한 제도 구축

① 학업평가제도 개선

- 기존의 평가방식(A/B/C/D/F)을 보완할 수 있는 유형의 과제와 평가방식 모색(Pass/No Record 또는 Credit/Non Credit)
- 중간고사, 기말고사 시 오픈 북, 오픈 디스커션을 허용하여 학생이 창의적으로 생각하고 답할 수 있도록 하고, 학생의 권한과 책임 배양을 위하여 무감독 시험 실시
- 학생들이 주도적으로 학업과정을 계획하고 기록할 수 있는 e-portfolio 시스템 개발
- 협업 능력의 계발을 위해 학습 과정에 대한 평가 병행(예: 역할 및 협력 방안, 실행 방식, 실행 과정 등)

② 강의평가제도 개선

- 교수평가에서 교육에 대한 기여의 비중과 영향을 높이고 교육혁신 실천 노력 반영
- 수업의 목표와 특성에 맞는 강의평가 제도 도입(강의 목적, 유형, 규모 등에 따른 평가제도 적용)
- 수업 평가 내용 및 방식을 강의 중심 평가에서 새로운 수업방식에 맞게 전환

③ 교수법 연구회 지원

- 새로운 교수법 개발 및 실천을 위한 교수 그룹 활동 지원
- 교수법 연구회 참여 실적은 교수법 개선 노력의 지표로 활용

- 신임교원, 승진교수에게 새로운 수업방식 교육

④ 우수강의상 확대 및 세분화
- 우수강의 후보를 정하고, 동료 교수, 학생들의 평가를 고려하여 우수강의 선정(동료 교수의 리뷰/평가 포함)
- 우수강의 수상자의 학내 교수대상 공개강의, 강의법 프레젠테이션 등을 통한 우수강의 교수법 확산
- 우수강의 시상자에 대한 인센티브 강화(상금, 홍보 등)
- 시상범주를 세분화하여 다양한 수업이 시상대상으로 고려될 수 있는 방안 마련(소규모 토론 학습, 대형 강의, 교양 강좌, 전공 강좌 등에 따라 구분)

03

연구혁신
How에서 What으로

정상을 오르려면

산을 올라가 본 사람은 안다. 정상 부근의 경사가 얼마나 급한지. 모든 산이 다 그렇지는 않지만, 대체로 정상 부근은 급경사를 이룬다. 그 급경사의 마지막 부분에 산 정상이 자리 잡고 있다. 북한산을 처음 올라본 사람은 백운대 정상에 다다르기 전, 깔딱고개를 기억할 것이다. 갑자기 급경사를 이루면서 숨이 깔딱거릴 정도로 숨이 차다고 해서 생긴 별명이 '깔딱고개'이다. 이 깔딱고개를 넘으면 정상이 정말 코앞에 보인다. 학문의 세계에서도 비슷하다. 정상에 오르려면 이전 노력보다 더 치열한 집중과 열정으로 전진해야 한다. 지금 KAIST에서 하려는 일이 바로 이 깔딱고개를 넘으려는 일과 비슷하다. 마지막 힘을 모아서 코앞에 있는 정상으로 오르려 한다.

대학평가기관인 QS는 매년 세계대학의 순위를 평가해서 발표한다. KAIST는 2013년 60위에서 매년 단계가 올라 2018년 자연과학 분야에서 40위, 공학 분야에서 15위를 차지했다. KAIST는 종합순위에서 절대적으로 불리하다. 평가기관에서 중요하게 생각하는 의과대학이나 의대 부설 병원이 없기 때문이다. 진짜 KAIST 실력을 평가하려면 전공분야별로 매긴 순위를 보는 것이 의미가 있으며, "절대 세계 최고 수준에서 밀리지 않는다"는 자부심을 갖는 KAIST 교수들이 적지 않다. 이들은 국제적인 수준과 다른 대학 동료들의 연구실적 등을 수시로 접하기 때문에, 세계 최고 수준이 어느 정도인지 체감한다.

분야별로 보면 재료과학이 13위로 가장 높다. 기계·항공공학은 16위, 토목·구조공학은 19위, 화학공학은 14위, 전기·전자공학은 17위, 화학은 20위를 기록했다. 가장 높은 순위를 차지한 분야인 재료과학의 순위를 보며 금, 은, 동도 아닌 13위냐고 평가절하할 사람은 없을 것이다. 하버드, MIT, 스탠포드, 칼텍, 캠브리지, 옥스퍼드, ETH, EPFL, 시카고, 프린스턴, 예일, 콜롬비아, 버클리, 코넬, 듀크, 미시간대학, 존스 홉킨스, 카네기 멜론, 임페리얼 칼리지, 동경대학, 북경대학, 청화대학 등과 겨뤄서 이룩한 성적이다.

대학평가 순위가 방법에 따라 조금씩 순위변동이 있으므로, 순위가 절대 기준이 될 수는 없어도 전체적인 흐름이나 수준을 파악하는 데는 도움을 준다. 그러므로 재료과학 분야에서 세계 최고 수준으로 올라가려는 목표가 얼마나 험난한 길인지 아마 짐작이 될 것이다.

글로벌 이슈 해결 연구는 외면

KAIST 연구가 일부 분야에서 세계 10위권에 올라오고, 몇몇 분야에서는 세계 20위권까지 도달하였지만, 실제 내용을 들여다보면 부풀려지거나 기초가 약한 곳이 한두 군데가 아니다. 외부적인 랭킹이 무슨 필요가 있으며, 대학을 서열화 시키는 이벤트에 KAIST가 흔들리는 게 말이 되느냐는 비판도 따갑다. 하지만 더 귀담아 들어야 할 내용은 전문기관의 송곳 같은 분석이다. 정상으로 오르는 마지막 깔딱고개를 넘으려는 KAIST에게 세계적인 분석기관이 내놓는 진단은 조금의 자비도 없다. 세계에서 과학 저널을 가장 많이 발행하는 세계 최대 과학전문 출판사인 엘스비어Elsevier와 SCI통계를 집계하는 클래리베이트 어낼리틱스Clarivate Analytics가 현황을 진단한 결과는 결코 호의적이지 않다.

엘스비어는 KAIST 대부분의 연구가 지엽적인 작은 주제에 한정되어 있는 것을 가장 약점으로 꼽았다. 엘스비어의 지영석 회장은 2017년 7월 3일 KAIST 오찬 강연에서 "KAIST는 이제 내셔널 리더에서 벗어나, 글로벌 리더가 되어야 한다. 글로벌 리더가 되려면 연구주제를 세계적인 관심사로 바꿔야 한다"고 열정적으로 호소했다.

글로벌 이슈 관련 연구에 관심을 쏟지 않았다는 점은 논문분석에서 여실히 드러난다. 유엔은 2015년 9월 빈곤을 종식시키고, 지구를 보호하며, 번영을 유지하기 위해서는 새로운 지속가능한 개발 어젠다가 필요하다는 생각에서 "지속가능개발목표SDGs"라는 17개의 목표를 설정했다. SDGs는 Sustainable Development Goals의 약자로서 첫 번째는 빈곤 퇴치No Poverty, 두 번째는 기아 해방Zero Hunger 등이다. 엘스비어는 SDGs를 기준으로 삼아 대학들이 글로벌 문제를 어떻게 다루는지에 대한 리포트를 발간했다. SDGs 17개 분야를 존엄성dignity, 사람people, 정의justice, 협력관계 partnership 등의 키워드를 사용해서 측정했다.

엘스비어는 1996년부터 2016년까지 10년 사이에 SDGs 관련 이슈를 해결하려는 목적을 가진 연구간행물을 주요 연구기관으로 나눠 분석했는데, 가장 많은 숫자를 기록한 것은 중국과학원이다.

1위   중국과학원 17,855건

2위   프랑스 CNRS 8,407건

3위   시애틀 워싱턴 대학 7,489건

4위   컬럼비아 대학 7,285건

5위   옥스퍼드 대학 6,696건

6위   캐나다 토론토 대학 6,230건

7위   UC버클리 5,222건

8위   케임브리지 대학 5,081건

9위   콜로라도 볼더 대학 5,038건

10위   런던 대학(UCL) 4,960건

…

54위   MIT 3,421건

…

112위 칼텍 2,392건 등이다.

KAIST가 글로벌 이슈를 연구하고 해결하려는 논문은 겨우 424건으로 전체 논문 수의 3% 수준으로 나타났다. 세계 대학순위가 15~40위권이고,

분야별로 세분하면 10위권으로 평가받는 KAIST로서는 글로벌 이슈에 대한 관심이 현저히 부족하다.

편수 늘리는 논문 쓰기는 이제 그만

연구기관을 평가하는 것은 방식이 다르다. 특히 대학은 더 그렇다. 기본적으로 지식을 다루기 때문에 지식의 실체가 잘 드러나지 않는다. 지식의 분야도 너무나 다양하다. 그리고 그 지식이 과연 얼마나 중요한 것인지 판단하는 것은 정말 어렵고도 어렵다. 한물간 지식이라고 생각했던 분야가 새로운 발견과 발명으로 다시 각광을 받기도 한다.

과학저널이 많아지면서 매년 수많은 논문이 쏟아져 나오자 부가적인 사업영역도 나타난다. 이 부가적인 서비스 영역에서 가장 영향력이 높은 기관 중 하나인 클래리베이트 애널리틱스는 이공계 논문을 평가하는 국제적인 회사이다. 톰슨로이터Thomson Reuters의 IP&Science 사업부가 하나의 독립된 글로벌 기업으로서 출범하여 만든 클래리베이트 애널리틱스Clarivate Analytics는 수많은 논문에 실린 내용을 분석해서 만든 데이터베이스를 바탕으로, 학술적 기여도가 높은 저널을 고른다. 대표적인 것이 '과학기술논문 인용 색인Science Citation Index'으로서, 간단히 SCI라고 부른다. 어떤 과학자가 쓴 논문을 얼마나 많은 과학자들이 인용했는지에 대한 통계를 내면, 그 논문이 얼마나 좋은 논문인지 알 수 있다.

클래리베이트 애널리틱스의 인용통계에 들어가는 저널을 'SCI 논문'이라는 말로 표현하는데, 많은 대학에서 'SCI 논문 몇 편'을 써야 한다는 인사규정으로 젊은 연구자들을 정교수로 임용한다. SCI의 인용도에 따라 과학논문의 질을 평가할 수 있기 때문에 SCI의 수록 논문 수 및 인용도는 나라와 연구기관 및 대학의 과학기술 연구수준을 측정하는 데 매우 유용하다. 연구비를 지원하거나, 대학교수의 승진심사, 석박사 학위를 따거나 학술상을 심사할 때 엄청난 영향력을 발휘한다.

클래리베이트 애널리틱스 한국 지사장인 김진우 박사는 2017년 9월 16일 KAIST 교수 300여 명이 모인 워크숍에서 쓰디쓴 비평을 했다. 김 박사는 KAIST 의뢰로 미국 MIT와 스탠퍼드, 싱가포르 난양공대NTU, Nanyang Technology University와 KAIST의 논문을 비교했다. 2007년부터 2016년 사이 10년 동안 KAIST에서 발표한 논문을 대상으로 분석하여 다음 결과를 얻었다.

10년간 쓴 논문 숫자: 28,500개
10년간 공동연구한 기관: 2,063개
10년간 저자로 이름을 올린 교수, 연구원, 석박사 숫자 : 14,308명

이 자료를 바탕으로 좀 더 깊은 분석이 시작된다. SCI 저널에 쓴 논문 중 인용빈도를 측정해서 다시 금, 은, 동으로 메달을 매기거나, 장려상과 신인상을 준다. 지난 10년 동안 인용 빈도수가 상위 1%에 들어갈 만큼 많으면, 국제적 영향력을 지닌 우수 논문Highly Cited Paper의 자리를 차지한다. 과학기술 발전 속도가 엄청나게 빠른 것을 감안해서 최근 2년 안에 발표된 논문 중 최근 2개월 동안 받은 인용이 전 세계 상위 0.1%는 핫페이퍼hot paper라고 별도로 분류하기도 한다.

KAIST가 10년 동안 28,500개 논문을 발표하는 동안 스탠퍼드는 110,000개 논문을 발표했다. 단순히 논문 숫자만 비교하면 약 1:4이다. 그

렇다면 인용지수가 상위 1%에 들어가는 우수논문의 숫자는 얼마나 될까? 10년 동안 KAIST는 314편인데 비해, 스탠포드는 3,415편을 차지했다. 스탠퍼드의 전체 논문 숫자는 4배 많지만, 우수논문 숫자는 대략 10배나 많은 셈이다. 싱가포르 난양공대 역시 우수논문이 995개로 KAIST보다 3배 이상 많다. 대체로 KAIST는 1%만이 우수논문인데 비해, 스탠퍼드와 MIT는 3~4%에 이르고, 난양공대만 해도 2%에 달한다.

최신 국제적으로 뜨는 연구동향을 살피는데 중요한 지침이 되는 핫페이퍼 역시 비슷하다. 지난 2년간 KAIST가 발표한 논문의 0.01%인 단 3편만 핫페이퍼이다. 스탠퍼드는 129편으로 0.118%이다. 난양공대는 30편으로 0.06%나 된다. 김 박사는 "이 추세로 가면 논문 수준의 갭이 점점 커질 수 있다"고 결론을 내렸다. 결국 KAIST가 지난 10년간 많은 노력을 기울였지만, 글로벌 선도 대학과의 질적 차이는 좁혀지지 않고 있다.

논문 편수로 평가하는 한국

논문 편수 늘리는 일에 시간을 많이 쓰는데 대한 비판은 KAIST 설립 초기부터 있어온 일이다. 이 논문 숫자에 매이는 관행을 크게 바꾸지 않으면 세계적인 연구중심 대학으로 가는 시간이 길어질 것이다. KAIST 설립 당시 교수로 들어왔다가, 승진을 앞두고 논문 편수가 적다는 내부 압력에 시달린 배순훈 박사는 이 압력을 벗어나기 위해 1년에 15편의 논문을 써대는 통과 의례를 치르기도 했다.

설립 당시 신생 대학으로 세계 선두권 대학들을 추격하던 시기에는 SCI 논문의 편수를 늘리기 위해 노력하였고 그 결과 선두권 대학에 근접하는 양적 성과를 이루었다. 그러나 세계 최고 수준의 연구형 대학을 목표로 하는 지금의 시점에서는 논문의 편수보다는 논문의 수준이 더 중요하다. 이를 위해서는 연구결과와 승진 평가의 잣대를 바꾸는 것이 필요하다. 이러한 주장은 하루아침의 일이 아니다. 2000년대에 들어와서 계속되는 주장이다. 그러나 그다지 변하지 않고 있다.

과학이란 기존에 나와 있는 이론과 경험을 극복하는데서 출발하는 가장 본질적인 지식의 도전이다. 그러므로 과학과 공학은 기존 현상을 다른 방식으로 보거나, 개선하거나, 부정하고 더 나은 이상향으로 전진하는 도전과 이에 따라 필연적으로 발생하는 실패를 당연한 것으로 받아들여야 한다. 과감한 도전이나 독창적 시도에 대해 박수치고 격려하는 분위기가 중요하다.

세계적인 문제를 해결하려면, 전문적인 능력을 갖는 것 못지않게 인격과 품성이 있어야 한다. 바다같이 넓은 마음과 하늘같이 높은 이상을 동시에 갖추지 않으면, 세계적인 문제를 풀어낼 수 없다고 분명히 말할 수 있다.

KAIST가 세계적인 연구기관으로 발전하는 길을 한 문장으로 요약하면, '세계적인 과학자가 많이 나와야 한다'이다. 여기에서 말하는 세계적인 과학자는 우수한 연구능력과 함께 동료를 포용하면서 약점과 결점마저 품을 수 있는 마음이 넓은 인물을 말한다.

How 연구에서 What 연구로

정상을 앞두고 겨루는 경쟁은 치열할 수밖에 없다. 무조건 열심히 한다고 될 일도 아니다. KAIST는 수십 년 동안 앞선 나라의 과학자들과 연구개발 결과물을 쫓아서 고민 없이 앞만 보며 열심히 달려왔다. 이제 정상을 앞에 둔 시점에서 '창의적이고 도전적인' 연구를 해야 한다.

이게 말처럼 쉽다면 얼마나 좋을까. '창의적인' 연구를 하려면, '도전적인' 연구를 하려면 어떤 방법을 선택해서 실행해야 할까. 지금 KAIST가 고민하는 것들이다. 그동안 남이 정의해놓은 문제를 해결How하는데 정열을 쏟았다. 이제 인류에게 필요한 문제를 찾아서 정의What하고 해결하는 연구를 해야 한다.

KAIST는 전체 모습과 캠퍼스 구석구석 숨어 있는 디테일을 동시에 봐야 조금이라도 제대로 이해할 수 있다. KAIST의 여러 결과물 중에서 세계적으로 알려진 것 중 하나가 휴보로봇이다. 휴보는 미 국방부 산하 방위고등연구계획국DARPA 주최 '재난 대응 로봇 경진대회'인 'DARPA 로봇 챌린지DRC'에서 당당히 1등을 차지했다.

세계 로봇 대회에서 정상을 차지한 휴보

휴보는 2015년 6월 미국 12개 팀, 일본 5개 팀 등 총 23개 팀을 물리치고 우승 상금 200만 달러(약 22억 원)를 차지했다. 이 대회는 일본 후쿠시마 원전 폭발사고 같은 대형사고가 발생했을 때, 인간 대신 구조활동을 벌일 로봇이 필요하다는 생각에 만들어진 국제대회이다.

로봇 구조대는 △운전하기 △차에서 내리기 △문 열고 들어가기 △밸브 돌리기 △드릴로 구멍 뚫기 △돌발미션 △장애물 돌파하기 △계단 오르기 등 8개 과제를 마쳐야 한다. 우승은 60분 안에 8개 임무를 가장 많이 그리고 빠르게 수행한 팀에게 돌아간다.

'DARPA 챌린지'가 세계 과학계에 끼치는 영향은 적지 않다. 2004년에 열린 무인자동차 경연대회인 'DARPA 그랜드 챌린지'가 열린 뒤 무인자동차 개발이 불붙었다. 구글은 이 대회에서 우승한 인재를 끌어 모아 무인자동차 개발을 시작해서 오늘날과 같은 변화를 이끌어냈다.

창의적인 도전은 절대 멈추지 않는다

그런데 휴보로봇이 세계대회에서 우승할 것이라고 본 사람이 몇이나 될까? 로봇의 활동반경이나 능력은 보이지 않는 소프트웨어로 기계장치, 센서, 제어장치 등으로 곳곳에 숨어 있다. 휴보로봇 같은 종류의 이야기들이 오늘도 KAIST 실험실 구석구석에 숨어 있다.

휴보로봇은 수백 개 실험실에 숨어 있는 창의력과 도전정신의 극히 일부분을 보여준다. 그 창의력과 도전정신이나 수준을 겉모습만 보고 알 수 있을까? 창의력과 도전정신은 어떻게 길러졌으며, 어떤 환경에서 발휘됐는지 알 수 있을까? 혹은 그것을 하나의 공식이나 원칙으로 정립할 수 있을까?

표면적으로는 휴보로봇만 눈에 띄지만, 로봇 분야에 KAIST 교수와 연구진들이 그동안 쏟아 부은 노력과 시간은 보이는 것보다 훨씬 많다. KAIST는 이미 1995년 국제 인공지능학회ₗ JCAI, AAAI가 주최한 국제 인공지능 이동로봇 경연대회에서 우승한 CAIR-2, 2001년 KAIST 개교 30주년 행사에서 김대중 대통령을 영접한 인공지능 휴먼로봇 AMI가 있었다. 전 세계에 로봇축구라는 새로운 장르를 제시한 축구로봇도 있었다. 이와 같이 25년 이상 여러 실험실의 노력이 축적되어 오늘의 휴보에 이르렀다고 봐야 할 것 같다.

화학공장을 바꿔주는 '시스템대사공학' 창시

이상엽 교수는 세계경제포럼이 주최하는 행사에 자주 초청받아 참여한다. 그곳에서 세계적인 기업대표들과 학자들을 만나 동향을 파악하고 정보를 주고받는다. 세계경제포럼이 운영하는 대표적인 국제회의가 '다보스 Davos 포럼'이다.

다보스 포럼은 2012년 회의 때부터 세계 10대 떠오르는 기술을 선정해서 발표하고 있다. 이상엽 교수는 2012년에 다보스 포럼의 '미래기술 글로벌 어젠다 회의Global Agenda Council on Emerging Technologies'의 의장을 맡아 주요 회의를 진행했다. 이 교수는 전 세계 3,500조 원의 화학 산업 시장을 주무르는 사람들이 모인 세계경제포럼에서 이런 질문을 던졌다.

"바이오 기반의 화학산업이 당신들에게는 무엇인가? 단순 연구대상인가, 아니면 무엇인가?"

"바이오 기반의 화학산업은 더는 선택이 아니라 미래 화학산업의 필수이다."

지금 세계는 바이오 기술로 화학공정을 대체하는 연구가 매우 활발하다. 앞으로 복잡하고 거대하고 한정적인 화석원료를 사용하며, 이산화탄소를 많이 내뿜는 전통적인 '화학공장'은 '바이오 화학공장'으로 바뀔 것이다.

지금 필요한 것은 산업구조가 얼마나 바뀔 것인지 가늠해서 대비하고, 세계적인 연구경쟁에 보조를 맞춰 연구개발구조와 방식을 바꾸는 일이다. 우리가 사용하는 다양한 화학물질들은 거대한 석유화학공장에서 생산된다. 이것들을 눈에 보이지도 않는 아주 작은 박테리아에서 뽑아낸다면, 믿을 수 있을까? 바로 그런 다양한 기술들을 우리나라에서 세계 처음으로 내놓았다.

KAIST가 앞서가는 분야 중 하나인 대사공학metabolic engineering은 잠재력이 큰 분야이다. 대사공학은 화학제품을 원유에서 만들지 말고, 미생물에서 만들어내자는 매우 엉뚱하고 독특하면서도 놀라운 아이디어에서 출발했다. 복잡하고 비용도 많이 들며 환경오염의 요인인 거대한 화학공장을 '바이오

화학공장'으로 바꾸는 일이다.

바이오 화학공장에서는 미생물이 공장 역할을 한다. 박테리아나 곰팡이 같은 미생물은 비슷해 보이지만 하는 일이 다르다. 박테리아 같은 미생물의 대사회로가 여간 복잡하지 않다. 컴퓨터 회로 설계도보다 훨씬 더 복잡한 대사회로를 50장 정도는 붙인 뒤, 여기에서 몇 개 부분을 고쳐서 재설계해야 원하는 회로가 나온다. 워낙 복잡하므로 컴퓨터의 도움을 받아야 설계가 가능하다.

정말로 박테리아에서 휘발유의 생산이 가능한가

KAIST 연구팀은 가솔린을 생산할 수 있는 대사회로를 구축하였고, 세계 최초로 휘발유를 발효로 생산할 수 있음을 입증했다. 이 내용은 응용연구임에도 불구하고 주로 기초연구가 실리는 세계적인 과학학술지인 〈네이처〉의 표지논문으로 실렸다. 앞으로 바이오 융합기술은 거의 모든 화학공정을 대체할 전망이다. 사람들이 많이 사용하는 플라스틱, 나일론도 바이오 기술로 만들어내는데 성공했다. KAIST 연구팀은 숙신산을 포함한 폴리에스터의 다양한 원료들, 그리고 나일론(폴리아마이드)의 원료인 다이아민을 바이오 기술로 만들었다.

대사공학은 마술? 플라스틱도, 거미줄도 만든다

사람이 거미를 무서워할지 모르지만, 반대로 거미는 사람을 더 무서워한다. 거미를 높은 데서 떨어뜨리면 놀란 거미는 땅에 부딪히지 않을 길이만큼 거미줄을 뽑아낸다. 거미가 놀란 상태에서 살아나려고 뽑은 거미줄은 먹이를 잡으려고 쳐 놓은 그물 거미줄보다 훨씬 강하다. 바로 그 거미줄을 모아다가 녹인 뒤 다시 실을 뽑으면 강철보다 강한 실이 나온다. 방탄조끼에 쓰는 케블라만큼 강하다. 이 거미줄로 방탄조끼도 만들고 의료용 고분자도 만든다. 수술 뒤 거미줄로 봉합하면 녹아 없어진다.

KAIST는 대장균에게 거미줄 만드는 연구를 했다. 대장균의 대사회로를 바꾸어 거미실크 단백질을 만드는데 성공했다. 세계 최초로 케블라만큼 강한 거미줄을 만들 수 있었다.

이상엽 교수는 2017년 4월 미국 국립과학원NAS, National Academy of Science 연례총회에서 신임 외국회원으로 선임됐다. 이 교수는 46세이던 2010년에는 미국 공학한림원NAE, National Academy of Engineering 외국회원Foreign Associate으로도 선임됐다. 양대 한림원에 회원이 된 외국인은 이 교수를 포함해서 전세계에 단 13명뿐이다. 노벨상 수상자보다 적은 숫자이다.

한국에서는 제12대, 15대 과학기술처 장관을 지낸 정근모 박사가 우리나라 과학자로서는 처음으로 1998년에 NAE 외국회원으로 선임된 적이 있다. 지금까지 한국인 NAE 회원은 모두 3명뿐이다. 현재 삼성전자 반도체 부문 총괄사장인 김기남 사장은 2012년 NAE 회원으로 선임됐다. 한국 국적의 미국 NAE 회원은 모두 3명인데, 그들 모두 KAIST와 직접 연관을 맺고 있다.

불가능하다는 편견에 맞서다

KAIST를 방문하는 귀빈들이 꼭 타보는 교통수단이 있다. 무선으로 충전하는 전기자동차인 올레브OLEV, On-Line Electric Vehicle 버스이다. 이 버스는 KAIST 교내를 순회하면서 학생들을 실어 나르고, 본교 캠퍼스와 문지동 캠퍼스를 왕복하는 최첨단 친환경 무선전기자동차이다. 올레브는 내연기관이 없고 완전히 전기로 가는 전기자동차인데, 그렇다고 무거운 배터리를 싣고 다니지도 않는다. 버스가 다니는 노선의 약 10% 지점 지하에 전기선을 깔아놓았다. 버스가 전기선이 묻힌 지점을 지나갈 때, 바닥에서 무선으로 충전되는 방법이다.

전기자동차 개발에서 가장 중요한 문제는 크게 배터리와 충전이다. 안전하고 편안하게 전기차를 사용하려면 충전소에 잠깐 들러서 빨리 충전해야한다. 실제 사용에서 문제는 충전 시간이다. KAIST 연구팀은 전기자동차의 전기 공급 문제를 전혀 다른 각도에서 접근했다. 예전에는 유선전화만 쓰다가 지금은 무선전화를 많이 사용한다. 전기도 마찬가지이다. 선이 있어야 전기를 공급하던 것이 앞으로는 선이 없어도 전기가 공급된다.

KAIST가 개발한 무선충전 전기버스는 자기공진방식을 발전시킨 것이다. 조동호 교수팀은 자기공진방식에서 가장 어려운 난제였던 비접촉 거리를 35cm까지 띄우면서 대용량 무선전력 전송의 효율성을 확보하는데 성공했다. 이에 따라 도로 밑 15cm 땅속 지점에 1차측 전기를 공급하고, 자동차 차체 아래 부분에 2차측 코일을 달아 100kW까지 공급하도록 했다. 효율도 무려 85%로 올리는데 성공했다.

지금 철도는 전기를 공급하기 위해 접촉식을 사용한다. 기차 지붕의 집전장치가 전깃줄에 붙었다 떨어졌다 한다. 이런 방식으로는 속도를 낼 수 없다. 이 문제를 해결하려면 비접촉식 무선전력 공급 기술이 나와야 한다. 철로를 따라서 무선전력 전송장치를 설치한다. 지붕의 집전기가 없어지면 속도를 높일 수 있고, 터널의 높이를 낮출 수 있다. 지하철 터널을 낮게 팔 수있다면 얼마나 많은 공사비를 절약할 수 있을까.

세계의 관심을 끈 무선충전 전기버스

올레브 개발 과정은 순탄하지 못했다. 멀리 떨어진 상태에서 전기가 공급되는 방식에 대한 이론도 없고, 선진국도 성공한 나라가 없었다. 관련 산업과 학계는 이 프로젝트에 의심의 눈초리를 보냈다. 1980년대에 미국 기업들도 연구하다가 포기했다. 당시 버클리 미국 대학 연구팀은 주파수를 400Hz 사용해서 자기공진방식으로 전기를 무선전송하는 방식을 연구했으나, 공극 간격을 띄우지 못했다. 효율도 겨우 40~60%밖에 나오지 않았다. 기술적으로 난관에 부딪히고, 경제성도 안 나오고 하여 몇 년 후 사업성이 없다는 이유로 연구를 중단했다.

KAIST가 개발한 기술은 기존의 자기공진기술에서 한 발짝 더 나아간 자기공진형상화shaped magnetic field in resonance 기술이다. 제멋대로 흩어지는 자기장을 사람이 원하는 형태shape로 만드는 '형상화' 방식을 확립했다. 이것이 결정적으로 중요한 역할을 했다.

이 기술은 2011년 〈타임〉 지가 선정한 세계 50대 혁신기술로 선정됐다. 다보스 포럼은 2013년 10대 혁신기술의 가장 첫 번째로 이 기술을 꼽았다. 세계는 KAIST의 자기공진형상화기술을 응용한 온라인 전기버스를 인정했다. 이 버스는 현재 KAIST 구내에서 운행 중이며, 구미시에서 상업 운행을 하고 있다.

우리는 별을 쏘았다

KAIST의 주요 연구성과 중 빼놓을 수 없는 것이 우리별 인공위성의 개발이다. 1992년 8월 우리나라 최초의 위성인 우리별1호가 성공적으로 발사됐다. 프랑스령 가이아나 쿠루 우주발사기지에서 아리안 로켓에 실려 다른 위성과 함께 50cm짜리 이 작은 위성은 고도 1,300km 높이의 우주궤도에 올라갔다.

그 후 우리별 2호와 3호가 태어났고, 과학기술위성, 다목적위성, 통신위성인 무궁화 위성, 해양 및 기상관측 위성인 천리안 위성까지 개발했다. 우리별 위성으로 한국은 22번째 위성보유국가로 올라섰지만, 위성을 개발하는 과정에 적용한 전략의 우수성이 돋보인다. 위성개발 및 통신개발에 중요한 역할을 한 최순달 박사는 인력양성과 위성개발의 실질적인 능력개발을 위해 소형 마이크로 위성개발에서 시작했다. 최 박사는 KAIST 인공위성연구센터를 설립하고, 1989년에 학사과정 학생들을 영국 서리대학University of Surrey으로 파견했다.

우리별 1호는 우리나라 최초의 국적위성으로서 국민들에게 자부심을 심어줬다. 서리대학의 기술이었지만, 제작은 국내 연구진에 의해 이뤄졌다. 외국에서 이미 만들어진 위성을 고비용으로 구매하는 대신, 인력을 양성해서 차근차근 절차를 밟아간 선택은 그 후 우리나라가 위성 보유국가로 성장하는 밑거름이 됐다. 그 당시 영국 서리대학에서 인공위성을 배워간 나라가 10여개 국가라고 한다. 그중 지금 독자 위성을 제작하고 있는 나라는 한국뿐이다. 우리는 처음에는 가서 배우지만, 그 다음에는 절대 가지 않는다. 스스로 해낸다.

북한땅굴을 발견한 전기전자공학과 1호 교수

KAIST 전기전자공학과 1호 교수였던 나정웅 박사 연구팀은 1986년에 북한이 파 놓은 땅굴을 발견하는 연구를 성공시켰다. 나 교수는 정부지원을 받아 전자파 지하탐지장비를 개발했는데 이 장비로 1989년 12월 북한

이 군사분계선 비무장지대에 뚫어놓은 제4땅굴을 발견했다. 이 발견이 특히 주목받는 것은 땅굴이 무려 지하 140m에 직경 2m 크기였다는 점이다. 휴전선의 전체 길이는 155마일이나 되는데 이 긴 휴전선의 어느 지점에 땅굴을 파 놓았을지를 발견하는 것은 한강 모래밭에 떨어진 동전을 찾는 것만큼 어려운 일이다. 군 수색팀이 땅굴에 군견을 보내자 지뢰가 폭발하였다. 지뢰가 폭발하면서 산소 부족 현상이 일어나 굴 안으로 날려 보낸 십자매 새가 질식해서 죽었다. 땅굴 전체 길이는 무려 2052m에 달했다.

북한이 파 놓은 땅굴은 모두 4개가 발견됐다. 땅굴 1,2,3호는 북한 측 실수나 우연한 기회에 찾아낸 것이다. 4호 땅굴은 KAIST가 개발한 장비를 통해서 발견했다. 땅굴이 잇따라 발견됨에 따라 북한은 4호 땅굴 내부에서의 작업을 중단했다. 지하 140m에 있는 소리 나지 않는 직경 2m짜리의 조그만 구멍을 KAIST 연구팀은 콕 집어냈다.

연탄가스를 연구하는 KAIST 교수들

KAIST는 한국적인 문제를 풀어내는 연구에 오랫동안 집중해왔으며, 상당부분 성공을 거뒀다. KAIST 설립 때부터 이 같은 특징은 두드러진다. 박정희 대통령이 기숙사만 완공이 되었을 때 홍릉 KAIST를 방문했다.

박정희 대통령이 나선형 기숙사 층계를 올라가는데 어떤 사람이 대통령에게 "MIT에서 온 젊은 교수입니다"라고 배순훈 교수를 소개했다. 박정희 대통령은 이렇게 말했다. "아! 그렇게 좋은 학교 나왔으면 사람들한테 좋은 기술을 개발하라고. 추운 겨울에 연탄가스 중독으로 안 죽게 할 수 없어요? 연탄 때고 온돌에서 자다가 죽는 거, 기술이 있는 사람이 해결해줘야 하는 문제 아니요."

KAIST는 지금의 경영대학 7호관 자리에 주택을 하나 짓고 연탄 온돌을 놓았다. 그리고 유체공학 전공인 강신형 교수와 최영돈 교수 등과 함께 연탄가스를 연구했다. 유체역학 전공의 강신형 교수가 보니 연탄가스는 당시 사람들이 생각하던 난류turbulent flow가 아니고 층류lamina flow였다. 층류이다 보니 압력강하pressure drop가 너무 적어서 측정할 기준이 없었다. 최영돈 교수는 청계천에 가서 성능 좋은 외제 베어링을 구해서 알루미늄 포일을 감아 회전수를 측정하는 기구를 직접 만들었다. 대단히 독창적이고 전통적인 방법이었다. 그것이 바로 청계천 작품이었다. 2년 후에 연탄가스의 특징을 담은 보고서를 내놓았더니, '온돌 연구는 안 하고 온돌에서 왜 사람이 죽는지를 연구했느냐'고 물었다. 연탄가스로 발생하는 사망사고를 해결하려면, 아궁이에서 직접 열기가 구들로 들어가게 하면 안 된다. 아궁이를 집 밖으로 빼내서 열을 발생시켜 물을 덥힌 뒤, 더운 물로 난방하는 방법을 제안했다. 정부는 즉시 용인에 주택 1,000채를 지으면서 이 방식을 사용했다. 이것이 지금의 온수 온돌 아파트의 시초가 됐다.

미국에서 연구한 것을 발판으로 삼다

한국적 문제를 해결하는 현장연구의 전통은 면면이 이어진다. 장호남 교수의 경우도 그랬다. 그는 미국에서 박사 논문으로 우주에서 혈액이 어떻게 응고하는지를 연구했다. 토끼 20마리를 구입해서 피를 뽑아 3년간 실험했다.

그러나 한국에서 가르칠 미래의 제자들을 생각하면, 우주에서 필요한 혈액응고 연구에 만족할 수 없었다. 당시 막 태동한 바이오메디컬 분야는 한국에겐 너무 앞선 분야였다. 장호남 교수는 박사학위를 받은 후 생물화학공학 분야인 효소공학을 추가로 연구했다. 장 박사는 1976년에 KAIST 교수로 부임하여 대략 100여 명의 석박사를 길러냈다.

전통적으로 미생물은 먹이를 함께 넣어 배양해왔다. 이런 미생물 배양법은 먹이가 없어지면 미생물 성장도 늦춰진다. 이에 비해 화학공학은 제품을 생산할 때 촉매를 넣어 연속 공정이 이어지게 하므로, 화학공학은 생산성이 높다. 장 박사는 화학공학을 기본 바탕으로 삼아서 생물학을 접목하는 융합연구로 분야를 개척해 나갔다. 그리고 미생물을 고농도로 연속 배양하는 공정기술에 오랫동안 몰두했다.

화학공학 + 생물학 융합연구 결실

일생의 연구주제를 완성시키려고 장호남 박사는 요즘에도 새벽 5시 30분에 집을 나서는 날이 많다. 수도권의 한 벤처기업에 마련한 실험실에 가기 위해서이다. 2010년 KAIST 교수에서 은퇴한 원로과학자가 실험실을 새벽부터 찾는 이유는 무엇일까? "1985년쯤 처음 구상한 '미생물의 고농도 연속 배양공정'의 대미를 장식할 시기가 가까웠다"고 장 박사는 말했다. 화학공학에 대한 깊은 지식과, 생물에 대한 폭넓은 이해가 있어야 가능하다. 요즘 많이 이야기하는 융합연구의 대표적인 사례이다.

2010년 생명화학공학과에서 정년퇴임할 당시 독일 스프링거가 발행하는 〈생물공정바이오시스템공학 BPBSE〉 저널은 이례적으로 "장호남 특집호"를 냈다. 제목은 '장호남: 위대한 생물화학공학자와 평생에 걸친 고농도 배양에 관한 공헌'이다.

사랑이 없는 것에는 생명이 없다

한국적인 것으로 세계적인 연구를 개척한다고 말할 때 이 사람을 빼놓을 수 없을 것 같다. 산업디자인학과 배상민 교수이다. 학문의 세계에서 세계적인 성과를 내는 확실한 방법은 논문이다. 디자인 분야에서는 논문으로 판가름이 나지 않는다.

디자인 분야에서 세계적으로 유명한 미국 파슨스 대학에서 26세의 최연소 나이에 교수에 임용되었던 그에게 2005년 KAIST가 연락을 한다. KAIST에 와서 세미나를 해 달라는 요청이었다. 당시 뉴욕 메인스트림의 파슨스에는 한국인 교수가 처음이었다. 배상민 교수는 디자인 분야에서는 생소한 KAIST가 왜 자신에게 연락을 했는지 궁금했다.

파슨스의 상업디자인이 싫어지다

사람들이 부러워하는 파슨스의 젊은 한국인 교수였지만, 그는 뉴욕에서 상업적인 디자인을 하는 것이 행복하지 않았다. 디자이너의 꿈을 이루고, 뉴욕 최고 디자이너의 한 사람으로서 자기 자신을 채찍질하면서 살다보니, 어느 순간에 자기 미래가 보이기 시작했다. 배 교수는 "파슨스 교수가 되고 내 회사를 가지고, 최고의 고객들을 갖고 있으면 행복하리라고 생각했는데 그렇지 않았다"고 말했다. 다소 과격하게 표현하자면, 자신이 하는 일이 상위 1%에 있는 사람들의 욕망을 부추기는 아름다운 쓰레기처럼 느껴지는 것을 견딜 수가 없었다. 아무리 좋은 디자인이라고 해도, 나온 지 6개월이 지나면 '신상이 아니다'는 이름으로 쓰레기통에 버리고 다시 새 것을 만들어야 했다. 자본주의 속성으로 인해 패션의 최전방에서 사람들의 눈을 현혹시키는 것 같았다. 목소리를 가지고 사람을 유혹해서 돈을 빼가는 것이 '보이스 피싱voice phishing'이라면, 시각적으로 유혹해서 물건을 사게 만드는 디자인 작업은 '비주얼 피싱visual phishing'이 아닌가. 시각적으로 유혹을 잘하면 성공한 디자이너이며, 소비를 촉진하는 것이 뉴욕 디자인이라고 그는 생각했다.

밤을 새 가면서 디자인하는 것이 부자들의 시각적 욕망을 만족시키는 작업이라고 생각하니 그는 괴로웠다. 이런 고민을 하고 있을 때 KAIST에서 연락이 온 것이다. 공과대학 KAIST는 보이지 않는 길이었다. 가시밭길 같기도 하지만, 뭔가 또 다른 것이 자신을 기다리고 있을지 모를 일이다.

남들이 하는 뻔한 것은 싫다

배 교수는 "뉴욕에 계속 있으면 10년 후, 20년 후의 나의 모습이 보인다. 그런데 KAIST는? KAIST에서 내 미래 모습은 예상할 수 없었다"고 회상했다.

익숙하지만 끝이 보이는 미국 뉴욕생활과 미래를 알 수 없는 대전 KAIST 사이의 선택이 그를 기다렸다. 마침내 2005년, 낯선 대전 KAIST로 오면서 '사회공헌 디자인Philanthropy Design'을 시작했다. 혁신적이고 창의력으로 빛나는 디자인제품을 통해 소외계층을 돕는 나눔 프로젝트도 시작했다. 사회공헌 나눔 프로젝트의 다섯 번째 작품으로 개발한 움직이는 조명 '딜라이트D'light'는 2013년 미국 IDEA 디자인상, 독일 iF디자인상, 일본 굿디자인상 등 세계최고 디자인상을 받았다.

세계적인 디자인상 50여 개 수상

배상민 교수 연구팀은 그동안 세계적인 디자인 대회에서 50여 개의 상을 수상했다. 거의 모두가 사회공헌 정신을 담은 작품들이다. 사랑을 나누기 위한 디자인, 소외지역의 어린이들에게 평등한 기회를 마련해주기 위한 디자인, 환경을 보호하는 디자인 등이다.

사회공헌 디자인은 그가 뉴욕에서는 할 수 없는 일이었다. 결국 가지 않은 길을 선택한 배 교수의 길은 KAIST를 세계적인 사회공헌 디자인의 중심지로 만들고 있다. KAIST도 그를 인정하기 시작했다. 2013년 '올해의 KAIST인'으로 선정했다. 논문을 쓰지 않는 교수인데도 말이다.

배 교수는 "뉴욕에서 따라가기 노릇만 하면 영원한 2류가 된다"고 말한다. 한국을 내세워야 세계적인 1류가 될 수 있다. '많은 사람들이 국제화라는 이름으로 외국을 무조건 따라해서는 이길 수 없다'는 것이 배 교수의 신념이다.

많은 디자이너들은 부자들을 위한 디자인이 아니라, 사람을 행복하게 하는 디자인을 하고 싶을 때가 있다. 배 교수는 전 세계의 이런 디자이너들이 휴가라도 와서 자기 재능을 마음껏 발휘하면서, 디자인으로 기부할 수 있는 그런 기본적인 시설을 만들 계획을 갖고 있다. 같은 맥락에서 배 교수는 아프리카나 제3세계에 그들을 위한 디자인센터를 설립할 계획이다.

밤하늘을 장식하는 수많은 별들

KAIST는 45주년을 맞은 2016년 창의와 도전이 만든 31개 혁신연구개발 성과를 자체적으로 선정한 적이 있다.

유룡 교수는 2014년 톰슨로이터가 노벨화학상 수상 예측인물로 발표할 만큼 국제적인 명성을 얻고 있다. 유 교수가 연구한 제올라이트 연구는 2011년 〈사이언스 저널〉이 올해의 10대 연구성과로 선정할 만큼 큰 영향을 미쳤다. 10월 노벨상 발표 시즌이 되면 KAIST인들의 가슴을 살짝 설레게 만드는 인물이기도 하다.

전길남 교수는 세계에서 두 번째로 1982년 우리나라에 인터넷망인 SDN
을 구축했으며, 세계인터넷학회는 2012년 전 교수를 인터넷 명예의 전당에
등재했다. 조정완 교수와 김진형 교수는 1990년 인공지능연구센터를 개설
해서 이 분야를 개척했다. 경종민 교수는 1995년 인텔 386칩과 호환이 되
는 마이크로프로세서를 독자적으로 개발했다. 마이크로프로세서 초창기에
시도한 이런 도전을 통해서 축적된 설계능력은 지금까지 이어지고 있다. 박
규호 교수가 1995년 개발한 기가giga급 고성능 과학계산용 병렬컴퓨터인
셈틀한빛 1호는 슈퍼컴퓨터 개발 가능성을 보여줬다.

김정회 교수는 1998년 화학적으로 생산하던 자일리톨 생산공정을 생물
공학적인 방법으로 대체하는 친환경기술을 개발했다. 조규형 교수는 1999년
아날로그와 디지털 오디오 증폭기의 장점을 딴 혼합형 증폭기를 개발하고
KAIST 교원 창업 1호를 설립했다. 최준호 교수는 1999년 여성 자궁경부암
의 주요 원인인 파필로마바이러스가 증식되는 원인을 밝혀 치료제 개발에
활용됐다.

이용희 교수는 2004년 전기로 구동되는 단세포 광결정 레이저를 개발했
으며, 유욱준 교수는 의료기술발전을 위해 필요한 의과학대학원을 개설하
는데 공헌했다. 홍순형 교수는 2005년 그래핀, 탄소나노튜브 등 나노물질
을 분자 수준에서 기지 내부에 균질 분산시키는 혁신적인 나노복합소재 제
조기술을 최초로 개발하였다. 이흔 교수는 2006년 바다 속에 대량으로 매
장되어 있는 가스하이드레이트를 생산하는 기술을 개발했다.

이소연 박사는 우리나라 최초의 우주인으로 선발돼 2008년 소유즈 우주
선을 타고 국제우주정거장에 올라가 11일 동안 체류했다. 고규영 교수는
2010년 암 및 망막 혈관질환의 새로운 치료제 개발을 가능하게 하는 이중

혈관성장차단 단백질을 개발했다. 박정영 교수는 2011년 차세대 신소재인 그래핀의 구조를 규명해서 주목을 받았고, 김은준 교수는 2012년 자폐증의 원인이 되는 유전자를 발견했다.

이정용 교수는 2012년 액체 내에서 일어나는 원자의 반응을 전자현미경으로 실시간 관찰하는데 성공했다. 조병진 교수는 2014년 유리섬유로 만든 웨어러블 열전소자를 개발했다.

이효철 교수는 2015년 레이저 기술과 펨토초(1천 조 분의 1초) 엑스선 산란법을 이용해서 금 원자가 화학적으로 결합하는 순간을 실시간으로 관찰함으로써 화학반응의 시작과 끝을 밝혔다는 평가를 받았다. 김정원 교수는 광섬유 광학 기술로 수백 조 분의 1초 오차를 가지는 클럭 발진기 원천기술을 개발했다.

연구혁신으로 인류와 국가의 난제 해결

연구의 목적은 우리가 당면한 문제를 해결하여 미래에 더 편안하고 행복한 삶을 추구하는데 있다. 우리는 그동안 남이 정의해놓은 문제에 매달려 해결How하는데 치중해왔다면, 앞으로는 우리가 국가와 인류 앞에 당면한 문제를 발굴하고 정의What하여 이에 대한 해법을 선도적으로 제시하고자 하는 노력이 중요하다.

KAIST는 글로벌 가치창출 선도대학으로 도약하고자 하는 비전 달성을 위해 연구의 혁신을 통하여 인류와 국가의 난제를 해결하는 선도적인 역할을 담당하고자 한다.

"인류와 국가의 난제 해결"의 연구혁신 비전을 달성하기 위한 전략의 개념은 다음 세 가지 연구혁신전략으로 제시하고자 한다.

- 연구혁신전략 1: 지속가능한 연구제도 혁신
- 연구혁신전략 2: 창의적/도전적 연구지원 혁신
- 연구혁신전략 3: 10대 전략연구분야 글로벌 선도 융복합 연구그룹 육성

연구혁신전략 1과 연구혁신전략 2를 추진하기 위해 도출된 실행과제로 총 10개의 혁신과제Agenda는 다음과 같다.

- 연구혁신전략 1: 지속가능한 연구제도 혁신

  Agenda 1: 연구원/연구교수 제도 혁신

  Agenda 2: 자생적 연구소 설립

  Agenda 3: 초세대 협업연구실 제도 도입

  Agenda 4: 산학연 연구협력 활성화

  Agenda 5: 상시 연구기획기능 강화

- 연구혁신전략 2: 창의적/도전적 연구지원 혁신

  Agenda 6: 창의적/도전적 연구 강화

  Agenda 7: 우수/다양한 국제적 교수 확보

  Agenda 8: (연구실) 창업에 대한 동기부여

  Agenda 9: 연구행정서비스 시스템 개선

  Agenda 10: 학술정보서비스 활용 연구역량강화

연구혁신전략 3은 향후 KAIST가 글로벌 선도 융복합 연구그룹을 육성하여 세계 최고 수준의 연구형 대학으로 발전해 나가기 위한 전략으로 제시하고자 한다. 글로벌 선도 융복합 연구그룹은 미래 사회변화와 기술발전 대응을 위해 반드시 해야 하는 연구, 창의성과 도전성을 발휘할 수 있는 융합연구, 그리고 KAIST가 글로벌 경쟁력을 확보할 수 있는 기반을 갖춘 연구라는 세 가지 기준을 반영하여 KAIST 전 구성원의 지혜를 모아 도출된 10대 플래그십Flagship 전략연구분야에 연구역량을 집중하고자 한다.

• 연구혁신전략 3: 글로벌 선도 융복합 연구그룹 육성을 위한 10대 플래그쉽 전략연구분야

전략연구분야 1: 양자 기술Quantum Technology

전략연구분야 2: 고차원 하이퍼커넥션 포토닉스

전략연구분야 3: KAIST 물질 혁명 4.0KAIST M3I3 Research Initiative

전략연구분야 4: 미래 초지능 원천기술 개발Super Intelligence Initiative

전략연구분야 5: 사이버–물리 시스템 융합 기반 스마트 도시 플랫폼 구축

전략연구분야 6: 초소형 발사체와 큐브위성 클라우드

전략연구분야 7: 기능성 뇌 신경망 발달 및 조절 연구WISE Brain

전략연구분야 8: 정밀의료 구현을 위한 차세대 융합기술

전략연구분야 9: 에너지 생산 저장 및 분배를 위한 클라우드 시스템 개발

전략연구분야 10: Intelligent Unmanned System국방과학기술

〈연구혁신전략 개념도〉

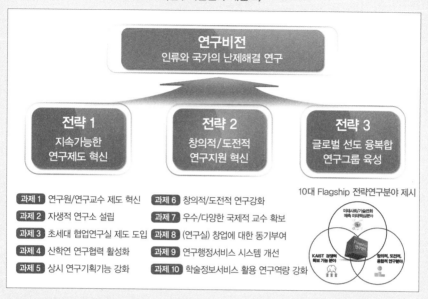

표 | 3대 연구혁신전략과 세부과제

〈연구혁신전략 1〉 지속가능한 연구제도 혁신	〈연구혁신전략 2〉 창의적/도전적 연구지원 혁신
연구원/연구교수 제도 혁신	창의적/도전적 연구강화
자생적 연구소 설립	우수/다양한 국제적 교수 확보
초세대 협업연구실 제도 도입	(연구실) 창업에 대한 동기부여
산학연 연구협력 활성화	연구행정서비스 시스템 개선
상시 연구기획기능 강화	학술정보서비스 활용 연구역량 강화
〈연구혁신전략 3〉 글로벌 선도 융복합 연구그룹 육성	
양자 기술Quantum Technology	
고차원 하이퍼커넥션 포토닉스	
KAIST 물질 혁명 4.0KAIST M3I3 Research Initiative	
미래 초지능 원천기술 개발Super Intelligence Initiative	
사이버−물리 시스템 융합 기반 스마트 도시 플랫폼 구축	
초소형 발사체와 큐브위성 클라우드	
기능성 뇌 신경망 발달 및 조절 연구WISE Brain	
정밀의료 구현을 위한 차세대 융합기술	
에너지 생산 저장 및 분배를 위한 클라우드 시스템 개발	
Intelligent Unmanned System국방과학기술	

연구소 활성화, 교수 평가제도 변화

대학은 창의적이고 도전적인 연구를 통해서 세계를 선도할 가치를 창출해야 한다. 대학에서 창의적이고 도전적인 연구는 크게 두 가지 방향이다. 하나는 지금까지 해결하지 못했던 현상을 이해하면서 과학기술적인 지식을 창출하는 것이다. 과학적인 발견, 인간 호기심의 탐구, 진리에 대한 과학적 성찰 등이 여기에 해당할 것이다.

다른 하나는 좋은 기술이나 지식을 산업에 응용해서 생활을 편안하고 풍요롭게 만들거나, 감염병 등 사회적 이슈를 해결하는데 적용하는 것이다. 연구를 통한 과학기술 분야의 내재적 발전 및 연구성과와 지식의 활용이라는 두 가지 방향성을 모두 달성하기 위해서는 창의적이고 도전적인 연구를 촉진하는 '가치창출 연구시스템 혁신'이 있어야 한다. 이러한 연구시스템의 혁신을 위해서는 세 가지 요소, 즉 인력, 조직, 연구지원을 잘 혁신하여 연구자들이 창의적이고 도전적인 연구를 편안하게 할 수 있는 환경 구축이 이루어져야 한다.

KAIST는 크게 두 가지 방향에서 연구혁신방안을 마련했다.

첫 번째는 창의적 도전적인 연구를 위한 연구시스템의 혁신이다. 연구시스템은 제도혁신과 지원혁신이 동시에 이뤄져야 한다. 연구시스템 혁신의 열 가지 어젠다는 다음과 같다.

〈연구시스템 혁신 방안〉
- 연구중심대학 연구원/연구교수 제도 혁신
- 자생적 연구소 설립

- 초세대 협업연구실 제도 구현
- 산학연 연구협력 활성화
- 연구기획 기능강화
- 창의적/도전적 연구 강화
- 우수/다양한 국제적 교수 확보
- (연구실) 창업에 대한 동기부여 방안
- 연구행정서비스 시스템 개선
- 연구학술정보서비스 활용 연구역량 강화

연구 집단에서 전문연구소로 탈바꿈

지금 이 시점에서 KAIST가 더욱 발전하려면, 대규모 융합연구를 효과적으로 수행할 수 있는 연구소 제도가 필요하다. 외국 대학들은 세계적인 연구소를 운영하면서 대학을 빛내는 역할을 한다. MIT의 미디어랩은 미디어 융합분야에서 세계적인 명성을 가졌으며, 칼텍은 우주과학을 연구하는 JPLJet Propulsion Laboratory이 유명하다. 이런 대학들은 세계적인 연구소와 서로 협력해서 거대한 규모의 연구를 이루면서 세계적인 명성을 유지한다. 그에 비해 KAIST의 연구소는 이름에 비해 그 연구 성과가 미미하다. 현재 KAIST가 가진 연구소 중 규모나 대외활동 및 연구역량 부분에서 내세울 수 있는 것은 KI KAIST INSTITUTE 연구소 정도이다. KAIST 하면 떠올릴 수 있는 대표적인 연구소 육성이 필요한 이유이기도 하다.

연구소를 활성화하는 것은 연구능력을 한 단계 올리는데 가장 큰 목적이 있다. KAIST는 석박사 과정 학생들이 연구의 중심적인 역할을 맡아 담당하는 연구중심대학이다. 그러나 지금부터 필요한 연구는 더욱 깊은 지식과 미래를 관찰하는 능력과 풍부한 경험 및 경륜이 필요한 부분에서 나와야 한다. 대학원생 위주로 연구를 수행하다 보니, 대학원생이 졸업하면 공백이 생긴다. 교수 입장에서는 빠진 자리를 채워줄 연구를 처음부터 다시 시작해야 하는 어려움이 되풀이되므로 지속성을 확보하기 어렵다.

그래서 외국의 유명한 연구소들은 대체로 교수의 숫자보다 전문 연구원의 숫자가 2,3배 정도 많은 구조를 가지고 있다. 연구능력이 좋고, 오랫동안 한 주제를 가지고 연구하는 우수한 연구원들을 모으려면 정규직 신분을 보장하는 것이 바람직하다.

이런 구조, 즉 전임직 연구전담 교원을 확보한 후 석박사 과정 학생들이 참여하면 연구역량이 굉장히 향상될 것이다. 이런 부분에서 비교적 좋은 성과를 내는 연구소로는 독일 막스플랑크연구소가 있다. 막스플랑크연구소 MPI, Max Planck Institute는 대학과 연구소가 한 기관처럼 움직인다.

물론 정규직 연구원을 선발하려면 재정확보가 매우 중요하다. 현재 상태에서도 연구개발 프로젝트를 수행하는 비용으로 일부는 해결이 가능하다. 프로젝트를 수행할 때 따로 떼어놓는 오버헤드의 일부를 연구원 인건비로 돌리면 현재로서도 소규모로 시작하는 것은 충분히 가능하다.

세대를 뛰어넘는 지속연구를 촉진할 '초세대 협업연구실' 제도

연구혁신을 이루는데 있어서 동시에 매우 중요한 방향 중 하나는 '초세대 협업연구실 제도'를 도입하고 확대하는 것이다. 화려한 연구경력과 노하우를 지닌 교수도 정년이 되면 은퇴하게 되고, 그 연구실의 지식이 뿔뿔이 흩어지고 만다. 국가적으로 엄청난 손실이다. '초세대 협업연구실 제도'는 지식의 축적을 유지 발전시키자는 것이 기본 취지이다. 창의적이며 깊이 있는 대형과제는 지속적인 협업이 없으면 절대로 이뤄질 수 없다. 초세대 협업연구실 제도는 KAIST의 연구역량을 강화하는데 있어서 중요한 영향을 미칠 것이다. 세대를 이어가는 연구가 가능할 경우 노벨상급 연구성과의 창출은 물론, 연구자간 융합과 존중의 분위기가 형성될 것이기 때문이다.

즉, 초세대 협업연구실은 시니어 교수의 경험과 주니어 교수의 열정을 합쳐서 좋은 시너지 효과를 내는 것이 중요한 방향이다. KAIST에는 40대의 소장파와 60대 시니어 교수들이 많다. 세대를 뛰어넘는 지식전수와 축적으로 시니어의 경험과 주니어의 열정이 융합적으로 발휘될 수 있게 하는 협업시스템 구축이 필요하다. 일본과 같은 경직된 시스템이 아닌, 협력과 자율성을 동시에 추구하는 새로운 시스템이 구축된다면, KAIST뿐만 아니라 국내 타 이공계 대학의 연구시스템 개선에도 성공적으로 확대 적용될 수 있을 것이다.

분산된 연구력을 모을 수 있는 연구기획

현재 시점에서 연구혁신과 관련해서 개선해야 할 부분은 연구기획기능에 대한 것이다. KAIST는 상당히 규모가 큰 연구기관이지만, 안타깝게도 제대로 된 연구기획 기능이 매우 약했다. 필요할 때 교수들이 모여서 임시로 기획하면서 헤쳐 나갔을 뿐, 장기적인 기획이나 상시적인 기획 기능을 가지고 대처하지 못했다.

미래지향적이고 상시적인 연구기획이 정상적으로 이뤄지면, KAIST가 힘을 합쳐 계획적으로 나아가는데 매우 큰 힘이 될 수 있다. 세계적인 영향을 미칠 만한 글로벌 과제를 발굴하고 수행할 때도 역시 연구기획 기능이 중요하게 작용할 것이다.

KAIST에 있는 연구개발 인력의 잠재적인 능력은 대단히 강력하다. 우수한 인재들이 모여 국가와 인류가 필요로 하는 대규모 이슈를 발굴하여 해결해야 한다. 연구기획은 KAIST를 위한 것이면서도 동시에 국가에 필요한 전문적인 과학기술 정책을 제안할 수도 있다. 앞으로는 연구기획 기능을 상설로 발휘해서, KAIST의 싱크탱크뿐 아니라 국가차원의 싱크탱크를 하는 연구기획 집단을 구성할 것이다. 전공분야별 연구자와 연구기획 전문가들이 팀을 이룰 경우 융합연구 활성화는 물론 중대형 연구과제와 사업의 성공적 추진에도 많은 기여를 기대할 수 있다.

창의 · 도전적 연구의 질적 향상

대학 연구의 장점은 기초연구라고 할 수 있다. 대학 기초연구에서 가장 중요한 것은 창의적이고 도전적인 분야를 중심으로 연구를 해야 한다는 점이다. 기업에서 더 잘할 수 있는 것을 KAIST에서 하는 것은 맞지 않다. 학교는 창의성과 도전성이 강점이고 그것을 뒷받침하는 중장기 연구수행의 기반을 만들어주는 것이 대학의 사명이다.

이런 기능을 북돋우려면 교수 평가제도를 바꿔야 한다. 교수 평가나 테뉴어 심사에서 논문의 숫자를 주로 보는 계량적 평가를 수정해야 한다. 우리나라에서 나오는 논문의 양이 많지 않았던 초창기에는 양적 증가를 이루는 것도 중요했다. 이제 상당한 수준으로 연구수행역량이 향상되었는데도 계속 양적 평가를 강조한다면 창의적, 도전적 연구를 기대하기 어렵다. 창의적, 도전적 연구는 결과가 나오기까지 오랜 시간이 걸리거나, 노력에 비해 좋은 결과가 안 나올 수도 있다. 그러므로 양적 평가를 연구의 창의성과 도전성과 같은 질적인 우수성을 평가하는 방식으로 전환하는 동시에, 상당 기간을 주고 평가를 해야 한다. 위원회는 적어도 5년, 10년 장기적인 기간을 주고 평가하는 것이 바람직하다고 논의했다.

신임 교수가 왔을 때 8년 안에 테뉴어tenure를 받아야 하는데, 평가를 양적 성과로 하니까 논문 여러 편 쓰는 데만 익숙해서 진짜 중요한, 세상을 바꿀 수 있는 위대한 연구논문을 쓰려는 노력은 뒷전으로 밀린다. 이것은 정말 안타까운 현상으로 시급히 바뀌어야 한다. 과학기술의 특성상 신임 교수 시절은 가장 창의적인 연구를 하기 쉽고, 신선한 아이디어를 시도해볼 수 있는 시기이다. 이러한 점에서 제도적으로 신임교수가 창의적 연구를 하도록 유도하는 정책과 평가제도가 필요하다. 비전 2031을 통해 제시된 연구기획기능의 강화 역시, 신임교수들이 연구주제를 선정하기 위해 소모해야 하는 시간과 노력을 줄이고, 새로운 연구주제를 빠르게 선점하여 지속적으로 창의성과 도전성을 발휘해 연구하도록 도움을 주기 위함이다.

교수를 채용할 때 거의 대부분 학술적인 성과의 우수성을 중점적으로 본다. 학문적으로 영향력이 큰 논문을 많이 쓰는 것도 필요하지만, 융합연구가 필요한 변화에 맞춰 다양한 경력을 가진 과학자 교수의 중요성은 점점 더 커지고 있다. 기업에서 오랫동안 현장경험을 쌓았거나, 국제적인 연구기관 근무경력이 있는 사람을 교수로 임용해서 학생들을 가르치고 연구하면 다른 분야의 전문가 및 연구자들과의 융합연구 역량 및 성과도 자연스럽게 늘어날 것이다. 모든 교수를 학술연구만 열심히 해서 논문을 많이 쓴 사람으로만 뽑으면 학생들도 그런 쪽으로 길러질 것이며, 이러한 시스템 혁신이 없이는 논문과 같은 직접적 성과outputs를 뛰어넘는 사회경제적으로 유의미한 성과outcomes & impacts의 창출을 이룰 수 없다.

플래그십 프로젝트

KAIST는 개인적인 연구와 소규모 그룹 연구에서는 상당한 수준에 올라와 있지만, 글로벌 이슈와 같이 큰 주제에 대한 대규모 융합연구 수행이라는 측면에서는 약점을 가지고 있다. 기아에서 어떻게 벗어날 것인가, 수질오염이나 세계적인 환경문제 해결, 클린에너지 등 인류가 당면하고 있는 문제들을 해결하기 위한 연구의 부족은 KAIST가 연구분야에서 높은 수준의 글로벌 평가를 받지 못하는 요인 중 하나이다.

KAIST 비전 보고서의 목표는 '2031년에 글로벌 가치창출 선도대학으로 올라가자'는 것이다. 그리고 이러한 비전을 연구분야에 적용할 경우 KAIST가 추구해야 할 목표는 '인류와 국가의 난제 해결 연구,' 즉 글로벌 이슈 해결을 위한 연구를 잘 수행할 수 있는 선도연구그룹의 육성이다. 이를 위해 KAIST는 '플래그십 프로젝트flagship project'를 출범시켰다. 국가와 글로벌 이슈 해결이라는 목표를 추구함으로써 연구분야에서 세계적인 영향력을 미칠 수 있는 전략연구분야를 10개 정도 도출하고, 이런 연구를 할 대규모 융복합 연구그룹을 향후 10~15년 지원해서 2031년에 그 분야에서 세계를 선도하도록 만들자는 것이 궁극적인 목표이다.

글로벌 선도 융복합 플래그십 연구그룹 육성

국가 및 글로벌 난제 해결을 위한 연구를 추진하기 위해서는 교수 개인 단위 연구보다는 초학제적 융합연구 주제와 분야를 선택해서 추진해야 한다. 전략연구분야(Flagship. 연구분야)의 정의는 '국제적, 국내적으로 현재는 물론 미래에도 지속적으로 중요한 문제를 해결하거나, 과학기술과 산업 발전에 파급효과가 큰 신기술 및 신산업을 창출할 수 있는 연구로서, KAIST가 역량을 집중하여 10년 이상 장기적으로 지원한다면 2031년경에 글로벌 선도 연구그룹으로 도약할 수 있는 도전적/창의적인 융복합 대형 연구과제'라고 할 수 있다.

플래그십 연구분야 선정을 위한 3대 기준은 ① KAIST가 잘하고 있으며, 추가적인 지원 추진 시 글로벌 TOP으로 도약할 수 있는 연구분야 ②KAIST가 미래사회와 기술변화 대응을 위해 반드시 해야 하는 연구분야 및 ③ KAIST가 창의성과 도전성을 발휘하고 싶은 연구분야 여부이다. KAIST가 기관설립 고유의 미션을 지속적으로 수행하면서도, 사회적인 책무를 다하는 '책임 있는 과학기술혁신Responsible Science & Technology Innovation'을 선도할 수 있도록 하기 위해 이러한 세 가지 기준이 마련되었다.

플래그십 연구분야에 대한 지원계획 수립 및 집행

선정된 10개 플래그십 전략연구분야를 한꺼번에 모두 착수하기보다는 분야별 필요 예산규모 등을 고려하여 지원 우선순위를 확정해야 한다. 이 과정에서 우선 추진이 필요한 분야를 3개 선정하고, 남은 분야들의 경우에도 교수 및 참여 학과간 연구기획 등 중대형과제추진을 위한 준비를 지원하면서 순차적으로 확장하는 절차가 필요하다. 또한, 신규분야 추가/기존분야 누락 등을 위한 정차 및 성과점검 체계 마련 등의 절차가 병행되어야 할 것이다. 예를 들어, 중간점검은 최초 연구 착수 후 5년 경과시점에 시행하며, 논문 등 양적 성과 위주의 점검을 지양하고, 발전평가 개념을 도입하여 해당 연구분야의 추가적 발전이 가능하도록 컨설팅을 제공하는 방식으로 평가가 수행되도록 체계를 마련하는 노력이 필요하다

플래그십 전략연구 10개 분야 핵심내용

[분야 1] 양자 기술 Quantum Technology

본 연구는 양자 컴퓨터 및 양자 정보 소자로 대변되는 2차 양자 혁명을 향한 양자 기술 연구를 원자/분자 물리, 반도체, 초전도체, 양자 광학, 양자 이론 등 다각도로 수행함으로서 KAIST가 양자 기술에 대한 명실상부한 국제 연구 거점으로서의 역할을 수행하도록 자리매김하는데 목표가 있다.

[분야 2] 고차원 하이퍼커넥션 포토닉스

본 연구는 다양하고 이질적인 정보의 생산, 수집, 전달, 처리, 공유의 전 과정을 빛으로 제어하는 광기반 핵심기술 및 초고속, 저전력 하이퍼커넥션(초연결) 시스템 구현을 목표로 하고 있으며, 이를 통해 정보 커넥션 용량과 복잡도의 기하급수적 증가에 따르는 문제를 해결하고자 한다.

[분야 3] KAIST 물질 혁명 4.0 KAIST M3I3 Research Initiative
※ M3I3: Materials and Molecular Modeling, Imaging, Informatics and Integration

본 연구는 다중 스케일 모델링 및 영상화를 유기적으로 연결하고 머신러닝을 활용하여 신물질의 구조 – 물성, 구조 – 합성 라이브러리를 구축하고, 자동화된 신물질 합성을 위한 하드웨어를 구축함으로써 신물질 디자인부터 신소재 시장진출까지의 기간을 기존의 20년에서 3~5년으로 줄이는 획기적이고 혁신적인 방법론 개발을 목표로 하고 있다.

[분야 4] 미래 초지능 원천기술 개발 Super Intelligence Initiative

인공지능은 현재 모든 학문분야와 산업분야 및 사회 전반에 걸쳐 엄청난 파급효과를 창출하고 있고 제4차 산업혁명의 모든 주요기술을 대표하는 핵심기술이다. 본 연구는 미래 핵심 인공지능기술 개발과 이 기술들의 융합과 통합을 기반으로 CIBN Cogno–IT–BT–NT 융합형 인간–인공지능 Symbiosis 기술 개발을 목표로 하고 있다.

[분야 5] 사이버–물리 시스템 융합 기반 스마트 도시 플랫폼 구축

본 연구는 안전하고 스마트한 도시 플랫폼 개발 연구를 통해, 기술적으로는 사이버–물리 시스템 융합 기반 플랫폼을 구축하고, 안전한 초연결 미래 첨단 도시 건설 기술 선도 및 거점 역할 수행을 목표로 하고 있다.

[분야 6] 초소형 발사체와 큐브위성 클라우드 Micro Launcher and CubeSat Cloud

본 연구는 초소형 발사체와 큐브위성 클라우드로 대표되는 우주활용기술 연구수행을 통해, 미래 우주 기술의 선도그룹으로 KAIST가 도약할 수 있는 기반을 제공하고자 한다.

[분야 7] 기능성 감각 뇌신경망 발달 및 조절 연구
WISE BRAIN, Wires of Senses and Emotions in the Brain

미래 생명/헬스 산업의 핵심 분야인 뇌에 대한 이해와 이를 기반으로 한 뇌질환 치료를 위해 뇌의 구조와 작동 원리에 대한 원천적 이해가 필요하며, 동 연구는 이러한 필요성을 기반으로 감각신경계를 아우르는 연구 시스템 구축 및 이들 감각신경계의 비교 연구를 통해 표준화된 감각신경계 모듈의 정체 규명을 목표로 하고 있다.

[분야 8] 정밀의료 구현을 위한 차세대 융합기술

본 연구는 의과학 및 IT/빅데이터 융합을 통하여 환자 개인별 질병의 기전에 따라 진단하고 최적화된 치료법을 제공하는 정밀의료기술을 현실에 구현하기 위한 과학적 플랫폼을 구축 및 암 환자별 맞춤의료 및 암의 발생 기전을 근본적으로 교정하는 표적치료를 중심으로 하는 미래 암 정밀의료의 기반을 개발하고자 한다.

[분야 9] 에너지 생산 저장 및 분배를 위한 클라우드 시스템 개발

본 연구는 풍부한 태양광 에너지를 확보하는 태양광발전기술과 미세조류나 미생물의 대사 과정을 조작하여 원하는 바이오연료와 화학물질을 생산하는 에너지 생산기술, 잉여 생산 에너지를 저장하여 지리적, 기후적 요소에 변동하는 에너지 생산량을 안정화하는 대용량 에너지 저장장치 기술, 그리고 실시간으로 수요에 따라 필요한 에너지를 분배/저장하는 전력분배 시스템 구축을 위한 연구로 구성되어 있다.

[분야 10] Intelligent Unmanned System 국방과학기술

본 연구는 미래의 전장에서 우위를 차지하기 위해 필요한 소형화, 생체모방기술 및 인공지능이 결합되고 적진 깊숙이 침투할 수 있도록 스텔스 기술이 융합된 지능형 무인시스템의 원천기술 개발을 목표로 하고 있다.

04

기술사업화혁신
기업가정신을 되살릴 길을
모색하다

창의적 도전의 상징인 스티브 잡스는 남이 가지 않은 길을 두려워하지 않았다. 오히려 미지의 세계에서 변화를 읽어내고 기회를 찾아낸 혁신의 아이콘이었다.

창업은 바로 그러한 변화의 기회를 선점해가는 과정이다. 우리나라가 지속적으로 성장하기 위해서는 미국 실리콘밸리와 같이 세계적인 벤처기업이 탄생하고 성장할 수 있는 창업생태계 구축이 매우 중요하다. 이를 위해서는 일부 정책만이 아니라 국민의식의 변화, 기업가정신교육, 공정사회와 같은 환경이 필요하다. 그러나 무엇보다도 고부가가치를 창출하는 혁신형 창업을 위해서는 대학의 기술사업화혁신전략이 필요하다.

교육, 연구, 창업의 삼위일체

지식창의시대가 도래하면서 이제 대학은 창업을 위한 교육, 창업을 위한 연구, 또는 반대로 교육과 연구에 도움이 되는 창업을 대학의 이념으로 삼는 것이 필요해졌다. 즉 학문과 창업이 선순환할 수 있도록 교육, 연구, 창업이 삼위일체가 되어야 한다.

KAIST는 그동안 창업의 산실이자 벤처사관학교로서 우리나라 창업의 역사를 써왔다고 할 수 있다. 동문창업기업이 1,456개에 이르며 이들 기업의 고용창출이 3만 2,000여 명, 연매출은 13조 6,000여 억 원에 이른다. 지난 46년간 정부출연금 지원이 총 2조 9,000여 억 원임을 감안했을 때, 정부의 투자대비수익은 매우 높은 편이다. KAIST는 가장 성공한 정부 창업 프로젝트 중 하나라 할 수 있다.

여기에 머무르지 않고 나아가려면 KAIST의 기술사업화혁신이 필요하다. 국가와 인류 발전의 원동력은 대학을 중심으로 태어난 새로운 산업에서 나온다. 미국이 세계 산업을 주도하는데 핵심적인 역할을 하는 실리콘밸리가 시사하는 바에 주목할 필요가 있다. 실리콘밸리는 스탠퍼드 대학과 버클리 대학에서 공부한 인재들이 신지식과 신기술을 바탕으로 세계적인 기업을 창업해서 태어났다. 특히 스탠퍼드 대학의 창업활동은 놀랍다. 스탠퍼드 대학의 졸업생, 학생, 교수가 창업한 회사가 4만 개에 이르고, 이들이 올리는 연매출액은 약 2조 7,000억 달러로 세계 경제규모 5위인 영국의 GDP와 맞먹는다. 우리나라 GDP의 두 배가 넘는 규모이다. KAIST가 가야 할 길을 보여주는 사례다.

창업생태계 활성화가 중요한 이유

미국 대학만 세계적인 기업을 창업하는 것이 아니다. 인텔은 2017년 세상을 깜짝 놀라게 할 과감한 투자를 단행했다. 자율자동차 기술을 보유한 이스라엘의 벤처기업인 '모빌아이Mobileye'를 무려 153억 달러(약17조 원)에 인수한 것이다. 외국기업이 이스라엘 업체를 인수한 금액으로는 가장 큰 규모다. 여기서 눈여겨보아야 할 것은 바로 인공지능을 응용한 차량용 카메라와 센서 등 안전시스템을 개발하는 모빌아이의 성장과정이다. 1999년 출범한 모빌아이의 창업자는 히브리Hebrew 대학 컴퓨터공학과 암논 샤슈아 Amnon Shashua 교수와 이스라엘 사업가인 지브 아비람Ziv Aviram이다. 이들이 히브리 대학에서 연구하던 카메라·센서 프로젝트는 대학 안의 기술이전 기구인 '이숨연구개발Yissum Research Development'을 거쳐 다듬어지면서 샤슈아 교수는 직접 창업에 나섰다. 모빌아이가 세계 최초로 개발한 '첨단 운전자보조 시스템ADAS'은 세계시장 60%를 차지하고 있으며, GM, BMW, 현대차 등 완성차 업체 20여 곳이 이 회사 제품을 사용한다. 히브리 대학이 기술사업화로 벌어들인 돈은 약 200억 달러(약 23조 원)에 이른다.

이같이 높은 수익을 올리는 원인은 우선 초기 연구 단계부터 적극적인 사업화를 유도하면서 승진 등 인센티브를 제공하기 때문이다. 보고서나 논문을 쓰는 것 못지않게 자신이 하는 연구가 얼마나 유용한지를 생각하게 하고, 전문가의 조언을 받도록 시스템화 되어 있다. 대학과 기업 사이의 긴밀한 협력이 이뤄지므로, 학생들은 기업에서 실질적인 경험을 쌓고 있다. 히브리 대학이 1964년 설립한 이숨연구개발은 800건의 기술 라이선스 계약을 체결하고, 110개 회사의 분사를 지원했다. 이숨연구개발이 상업화한 제품은 연간 20억 달러(2조 3,000억 원) 이상의 매출을 올리고 있다.

KAIST도 보유한 기술을 활용하여 기술사업화 수입을 올릴 수 있는 잠재력이 높다. 하지만 기술료 수입이 매우 낮다. 이는 보유하고 있는 잠재력을 발휘할 수 있는 제도와 운영의 혁신이 필요하다는 것을 말해주고 있다.

세상을 바꿀 기술의 중요성

창업생태계가 조성되지 않은 것만 문제는 아니다. 세계적 벤처기업이 새로운 산업을 일으키는 주역이 된 데에는 바로 신기술이 자리하고 있다. 잘 알려진 세계적 대기업들도 초기에는 신기술을 내세운 벤처기업이었다가 시장이 커지면서 외형이 커진 사례들이다. 애플, 구글, 아마존 등은 물론, 전기전자산업을 일으킨 지멘스, 화학산업을 일으킨 BASF, 자동차산업을 일으킨 포드, 항공기산업을 일으킨 보잉, 복사기산업의 제록스, 정밀세라믹의 교세라 등이 그러한 예이다.

기술 혁신이 세상을 바꿀 기술 산업으로 이어지기 위해서는 과학자들이 도전정신을 갖고 실패를 무릅쓰며 매진해야만 가능하고, 정부는 이를 장기적 관점에서 지원할 필요가 있다. 그동안 연구개발 투자비용이 적지 않았음에도 불구하고 기술개발로 이어지지 않으면서 연구 성과가 미흡하다는 비판도 많다.

이러한 문제의 원인은 크게 세 가지다. 우선 연구자들의 태도에서 비롯되는 문제다. 연구는 해보지 않은 것에 대한 도전이다. 그런데 한국의 연구는 90% 이상이 성공으로 기록되어 있다. 이것은 너무 쉬운 것에 도전하고 있다는 뜻이기도 하다. 정부는 실패해도 용인해주는 분위기를 만들고, 연구자는 과감하게 도전해야 한다.

두 번째는 연구평가 제도에서 비롯되는 문제다. 지나치게 논문과 특허 건수 중심의 평가는 부작용이 심하다. 연구가 실제로 어떤 결과를 창출했느냐는 것보다 논문 수로 평가하면 연구 성공이 용이하지만, 파괴력이 있는 큰 결과는 나오기 어렵기 때문이다.

세 번째는 정부의 간섭에서 비롯되는 문제다. 단기에 성과가 나오지 않으면, 조급한 정부는 실적을 내놓으라고 독촉한다. 대형 장기 연구도 빨리 가시적인 결과를 보여주지 않으면 중단될 위험에 노출된다. 독촉하게 되면 단기성과를 목표로 하게 되고, 단기성과를 내다보면 최종적으로 큰 결과는 나오지 않는 악순환이 반복된다. 정부의 연구개발 투자를 바탕으로 그동안 논문 수와 국내외 특허 등록 건수는 꾸준히 증가해왔지만, 과학기술의 기술사업화혁신 사례나 실적이 초라한 이유인 것이다.

자유로운 실험실에서 탄생한 기업들

여러 환경과 여건이 어렵더라도 상황 탓만 하고 있을 수는 없다. 국민들이 거는 기대가 높기 때문이다. KAIST인들이 사업화 혁신에서 노력해야 할 부문은 크게 세 가지다. 첫 번째는 창업을 하여 국부를 창출하고 일자리를 늘리는 일이다. 두 번째는 기존 기업에 들어가서 세계적인 기업으로 성장시키는 일이다. 그리고 세 번째는 자라나는 새싹들을 잘 길러서 기술 사업화의 길로 인도하는 일이다. 다음은 이 세 가지 방향의 노력 과정을 엿볼 수 있는 일부 사례다. 우선 창업 사례를 살펴보자.

졸업생들의 창업 성과가 주목할 만하다. 1990년대 중반 KAIST 전산학과 출신 학생들 사이에 유난히 벤처기업 창업기가 많이 나왔다. 성공적인 창업의 배경에는 이들이 학생 시절 실리콘밸리를 경험했다는 사실도 한몫한다. 재학 중 미국 실리콘밸리에서 인턴으로 일하면서 창업의 열기를 온 몸으로 체험한 것이 큰 힘이 됐던 것이다. 실리콘밸리에 KAIST 분교를 만들고, 학생들을 미국기업에 인턴사원으로 보내 훈련시켜야 한다는 주장이 일부 교수들 사이에서 나오는 이유다.

창의와 도전이 자유와 만나다

KAIST 전산학과의 한 연구실 2014년 홈커밍데이는 세계 3대 인터넷게임 회사로 성장한 넥슨NEXON 본사에서 열렸다. 판교에 있는 넥슨 사옥 1층에 위치한 강당의 이름은 '1994 Hall'이다. 1994년은 김정주 대표가 넥슨을 창업한 해다. 김정주 대표는 KAIST 전산학과에서 학창시절을 보냈다. 그러나 첫 번째 들어간 연구실에서는 적응을 못하여 퇴출되었다. 결국 연구실을 옮기면서 하고 싶었던 게임을 만드는 기술을 개발하고 게임회사도 차렸다. 학창시절의 김정주 대표는 평범하지 않은 학생이었다. 수업 출석률도 낮았다. 세미나 참여도 성실한 편은 아니었다. 그의 머리색은 어느 날 노랗게 되었다가, 또 어느 날에는 붉은빛을 띠기도 했다. 귀걸이도 양쪽이 대칭된 모습으로 달지 않았다. 한쪽이 네모이면 다른 쪽은 동그란 것을 걸었다.

하지만 지도교수는 그런 '돌연변이' 학생의 자유를 간섭하지 않았다. 인터넷이 잘 연결되지 않았던 1990년대 중반에 김정주 대표는 게임회사를 차렸다. 아직 존재하지도 않는 시장이었지만, 미래를 상상하며, 그 미래 시장에서 사용할 인터넷 게임을 만든 것이다. 인터넷이 보편화되면서 그가 일찌감치 준비한 온라인 게임이 시장에서 선두가 된 것은 어쩌면 당연한 일이었다. 그런데 만약, 시간을 과거로 돌려 그가 인터넷 게임을 만들겠다고 할 때, 교수가 "딴짓하지 말고 논문이나 써라"고 했으면 어떻게 되었을까? 많은 생각을 하게 하는 질문이다.

김정주 대표가 학창시절뿐 아니라 창업을 한 이후에도 자유로운 상상가 스타일의 리더십을 보여주었다면, 세계 3대 보안 카메라 생산업체인 아이디스를 창업한 김영달 대표는 스타일이 다르다. 학창시절의 김영달 대표는 성실하고 모범적이면서 매사에 열심히 참여하는 학생이었다. 그러면서도 창의성은 남달랐다. 김영달 대표의 경우에는 창의성과 성실성, 그리고 자유 정신이 절묘하게 융합된 드문 사례라 할 수 있다. 그의 첫 목표는 교수가 되는 것이었고, 훌륭한 교수가 될 것으로 믿어 의심치 않게 한 학생이었다. 그런 그가 기업가로 변신하게 된 계기는 다름 아니라 전산학과 사무실 도둑 사건이었다. 1990년대 후반이었다. 감시 카메라 영상이 비디오테이프에 녹화되어 있었다. 그런데 아날로그 테이프가 낡아서 도둑의 얼굴을 식별할 수가 없었다. 이를 본 김영달 학생은 "교수님, 이것을 컴퓨터에 저장하면 되겠네요." 그야말로 아르키메데스의 유레카Eureka 외침이었다. 카메라에서 들어오는 영상을 디지털로 바꾸어 컴퓨터에 저장하면 항상 깨끗하다는 상식을 사업화한 것이다.

비슷한 시기에 KAIST 전산학과 석사과정에 있었던 네이버의 창업자 이해진은 조용한 스타일이었다. 지금도 '은둔의 경영자'로 불리는 그는 큰 소리로 나서거나 외향적인 활동가형은 아니었다. 사업가 스타일로 보이지 않았던 그가 수천 명을 거느리는 한국의 대표적 인터넷 기업을 일으킬 것이라고 예상하기는 쉽지 않았다. 그러나 개발에 몰두하는 그의 모습은 기업가가 된 후에도 변하지 않았다. 조용하지만, 정확하고 빈틈없이 꼼꼼하며 완벽주의자인 이해진만의 스타일이었던 것이다.

반면 '4차산업혁명위원회' 위원장을 맡고 있는 장병규 위원장은 KAIST 전산학과 학부시절부터 혁신형 사업가의 기질을 보였던 학생이다. 친구들과 함께 학교 수강시스템을 만들어 학교운영진도 깜짝 놀라게 했던 주인공이다. 벤처업계에서 '한국의 스티브 잡스'로 불릴 만큼 독보적 행보를 거듭해온 그는 네오위즈를 공동 창업한 것 외에도 1세대 채팅서비스 '세이클럽', 검색엔진 '첫눈', 게임업체 '블루홀', 그리고 엔젤투자자로까지 끝없이 이어지는 혁신과 도전의 행보를 보여 왔다.

KAIST 졸업생들의 창의적이고 도전적인 행보가 이어지면서, 넥슨, 아이디스 등 여러 개의 연구실 벤처를 탄생시킨 이광형 교수에게도 종종 질문이 쏟아진다. 혁신적 창업가를 키워낸 비결이 무엇이냐는 질문이다. 하지만 이 교수의 답은 의외다. "저도 잘 모르겠습니다. 특별히 해준 것이 없기 때문입니다. 굳이 말한다면 학생들이 하고 싶어 하는 일을 방해하지 않은 점인지 모르겠습니다." 창의와 도전, 그리고 자유로움은 결코 별개가 아니라는 얘기다.

KAIST의 모든 학생들은 이런 일을 할 수 있는 잠재력을 가진 인재들이다. 학풍도 창의와 도전이다. 그런데 네이버나, 넥슨, 블루홀에 버금가거나 아니면 그를 능가하는 새로운 세계적인 기업들이 계속 나와야 하는데 몇 년째 그런 소식이 들려오지 않는 것은 KAIST 창업생태계가 퇴보했음을 보여준다. 특히 연구실에서 탄생하는 연구실 창업이 줄어들고 있다. KAIST는 KAIST라는 대학만 생각해서는 안 된다. 대한민국을 넘어 세계를 보면서 어떻게 하면 창업을 활성화하여 대한민국의 먹거리를 만드는 역할을 할 것인지를 심사숙고해야 한다.

글로벌 기업을 이끄는 카이스트인

KAIST 졸업생들 가운데 빌 게이츠, 스티브 잡스, 마크 주커버그, 래리 페이지 같은 세계적으로 회자되는 혁신사업가는 아직 없다. 그러나 삼성전자를 세계 최고의 기업으로 키운 핵심 동력원에서 빼놓을 수 없는 것이 KAIST 출신 인재들의 활약이다.

삼성이 소니를 제친 이면에는 '과학고-KAIST' 채널이 존재

삼성이 일본 전자제품의 신화를 써내려간 소니를 제쳤던 2001년, 일본은 큰 충격을 받았다. 당시 일본의 고이즈미 정부에서는 태스크포스를 구성하여, 삼성의 도약과 소니의 몰락 원인을 조사했다. 그 과정에서 조사 팀은 삼성의 연구개발을 이끄는 주요 인재들이 KAIST 출신이라는 사실을 발견했다. 조사 팀은 KAIST를 방문하여 우수인재를 모으는 비법을 알고자 했다. KAIST 뒤에는 과학 인재들을 모으고 배출하는 과학고가 있다는 사실도 주목했다. 당시 조사 팀은 일본에도 과학고가 있었지만, 과학고 출신 학생들을 다음 단계로 연결하는 KAIST 같은 연계 교육체계가 없었다는 결론을 내렸다. 또한 병역특례가 과학고 출신 학생들을 KAIST로 모이게 하는 제도적 역할을 하고 있다는 것도 주목했다.

소니를 제친 삼성전자는 반도체 부문에서 24년간 왕좌를 지켜 온 인텔마저 제쳤다. 삼성전자가 소니를 제친 배경에 KAIST가 있었듯이, 마찬가지로 삼성전자가 인텔을 제친 배경에도 KAIST 인재들이 적잖은 몫을 담당했다. KAIST 출신 가운데 삼성전자에서 활약해온 대표적인 두뇌는 권오현 삼성전자 대표, 김기남 삼성전자 사장, 정칠희 삼성전자 고문(전 종합기술원 원장), 전영현 삼성 SDI 사장, 이윤태 삼성전기 대표, 임형규 전 종합기술원 원장 등을 꼽을 수 있다. 이들의 공통점은 KAIST에서 석사과정을 밟았다는 점이다. KAIST를 설립한 첫 번째 목적이 우리나라의 이공계 대학원 교육을 세계적인 수준으로 높이려는 것이었음을 기억한다면, 세계 수준의 교육을 받은 졸업생들이 세계적인 기업을 일으키는 것은 어쩌면 당연한 수순인 것 같기도 하다.

글로벌 기업을 일구어 국부를 창출

전자공학을 전공한 이공계 박사 권오현 대표가 삼성전자에서 전문경영 인으로서 최고의 위치에 오른 것은 매우 상징적이다. 권오현 대표는 우리 나라의 반도체 산업을 발전시킨 주요 인물 중 한 명으로 꼽힌다. 1992년 64MB 반도체 D램 개발에 기여한 공로로 '삼성그룹 기술대상'을 받았고, 2002년 26만 컬러의 액정표시장치LCD 구동칩을 세계 최초로 개발했다. 스 마트카드칩, 내비게이션 애플리케이션 프로세서, 미디어플레이어 통합칩 등의 분야에서도 삼성전자를 세계 1위로 이끌었다.

권오현 대표가 간 길을 가장 비슷하게 걷는 주인공이 바로 김기남 삼성 전자 반도체 부문 사장이다. 김 사장은 플래시메모리업계 콘퍼런스인 2016 '플래시메모리 서밋FMS'에서 평생공로상을 수상하기도 했다. 낸드플래시 용량을 2002년 2Gb(기가비트)에서 2006년 32Gb로 늘리는 연구개발을 주 도적으로 한 공로이다. 또 2017년 '유럽 반도체 나노기술 연구소IMEC'는 그 에게 평생 혁신공로상을 수여했다. IMEC는 2015년부터 반도체 업계 공로 자를 선정해왔는데, 파운드리 개념을 도입한 모리스 창 TSMC 회장, 인텔 창립자 고든 무어 등이 이 상을 받았다. 물론 김 사장의 가장 큰 영예는 미국 공학한림원 회원으로 임명된 점일 것이다.

우리나라 반도체 역사에서 빠뜨릴 수 없는 이름이 임형규 SK텔레콤 고문이다. 삼성전자에서 최초로 플래시메모리를 개발한 주인공이었고, 사장을 거쳐서 SK 부회장을 역임하였다. 플래시메모리는 지금은 국가를 먹여 살리는 주역 상품이지만, 개발 초기에는 응용분야를 찾지 못해 사장될 뻔했다. 그러나 전화기의 음성녹음에 적용하면 좋겠다는 생각이 플래시메모리의 운명을 바꿔 놓았다. 그 후 플래시메모리는 날개 돋친 듯이 팔려나갔다. 사장될 뻔했던 신기술이 순간적 발상의 전환으로 우리나라 반도체의 중추 역할을 하고 있다.

반도체 분야에서 꼽을 수 있는 또 다른 인물은 종합기술원 사장을 지낸 정칠희 삼성전자 고문이다. 그는 3차원 수직구조의 낸드플래시를 개발했으며, 20나노급 D램과 핀펫구조의 로직공정을 개발하여 첨단 반도체 구조의 기본토대를 마련했다. 이들 외에도 신윤승(SRAM/NVM), 서강덕(플래시메모리), 이원식(DRAM PA) 부사장도 대한민국 반도체 역사에 이름을 남긴 주인공들이다. 또 하이닉스를 세계 제2위의 메모리기업으로 성장하도록 이끈 주역인 박성욱 부회장도 빠뜨릴 수 없다.

이론과 경험을 토대로 창업 교육하는 혁신가

KAIST 'K스쿨'은 2016년 9월 처음 학생을 모집했는데 벌써 창업을 위해 떠난 학생들이 나왔다. 'K스쿨'은 교내 16개 학과와 공동으로 기술을 바탕으로 하는 창업가를 육성하기 위해 '창업석사' 과정을 운영한다. '창업석사'

는 논문 중심의 학위제도에서 벗어나 기업가정신을 교육시키고, 졸업 후 창업이 가능한 인재를 양성하는 과정이다. 졸업 학점 33학점 중 21학점이 창업가 도구상자, 스타트업 재무와 마케팅, 스타트업 현장실습과 경영실제 등 창업실무로 구성됐다. 교수진은 KAIST 16개 학과의 교수와 창업 경험을 가진 신규 교원으로 구성됐다. 바로 이곳에서 불굴의 의지와 도전으로 가득 찬 경험을 전수하는 대표적인 교수가 이민화 교수, 김병윤 교수, 김제우 교수, 그리고 안성태 교수 등이다. 또 실험실 연구 내용을 끊임없이 창업의 원동력으로 활용하며 제자들의 창업을 돕는 배현민 교수도 빼놓을 수 없다.

성공과 실패 경험을 후배들에게 전하다

KAIST에서 자신의 경험을 바탕으로 기업가정신 교육에 힘쓰고 있는 이민화 교수는 대한민국 벤처의 첫 번째 성공신화를 쓴 선구자로 꼽힌다. 그에게 벤처의 전설적 존재라는 수식어가 따라다니는 이유다. 그는 KAIST 전기전자공학과에서 박사과정을 밟고 있던 1985년 초음파 의료기기 업체 메디슨을 설립했다. 학위도 마치기 전에 창업을 할 계획이 있었던 것은 아니다. 사실 초음파 연구 프로젝트를 지원할 기업을 찾는 것이 목적이었다.

그러나 미국의 GE나 유럽의 지멘스를 프로젝트의 경쟁기업이라고 설명을 하면, 후원을 검토하던 기업들이 반색하기는커녕 후원 논의를 무산시키기 일쑤였다. 결국 후원사를 찾느니, 직접 창업을 하자고 의기투합한 '젊은이들의 불장난'이 메디슨 창업으로 이어졌던 것이다. 창업 5년 만에 국내 시장을 석권하고 세계 시장으로 진출하는 등 메디슨의 성장은 눈부셨다. 물론 2000년 전후 IT버블이 무너지면서 그도 실패의 뼈아픈 경험을 피하지 못했다. 그러나 언제나 도전과 개척의 과정이었던 성공과 실패의 경험은 이제 후학들에게 소중한 교훈으로 전수되고 있다.

김병윤 교수가 처음 KAIST에 부임했을 때는 광통신이 세계적으로 태동하던 시기였다. 광통신 분야의 산업은 아직 성숙하지 않았기에 학생들은 논문을 쓰면서 연구한 내용을 어디에 쓰는지 궁금해했다. 학생들에게 자부심을 심어주려면, 실제로 쓸 수 있다는 것을 보여주는 것이 좋겠다고 생각한 김 교수는 외부인이 투자를 하고, 학교에서는 기술을 지원하는 방식으로 회사를 설립했다. 이렇게 1995년에 창업한 파이버프로fiberpro.com는 지금도 김 교수의 제자들이 이끌어가고 있다.

김 교수의 두 번째 창업 도전기도 이례적이다. 이번에는 KAIST를 휴직하고 실리콘밸리에 가서 직접 창업을 했다. 그 과정에서 성공의 기쁨과 실패의 쓰라림도 모두 맛본 김 교수는 이제 다시 KAIST에서 젊은 창업일꾼을 양성하고 있다. 스스로에게 그랬던 것처럼 후학들에게도 글로벌 시장을 선도하는 벤처 모델 탄생의 꿈을 키우고 있다. 특히 김 교수는 단순히 재주가 아니라 철학과 신념이 있는 이타적인 기업가 모습을 주문하고 있다.

안성태 교수도 이력이 특이하다. 그는 삼성전자에서 8년을 일하는 동안 새 사업부를 만들었는데, 이곳에서는 수입품에 의존했던 휴대전화의 디스플레이 구동IC 부품을 국산화했다. 여러 부서에 흩어져 있던 직원 100명을 한 곳으로 모아 독립적으로 움직였으니, 일종의 사내벤처기업을 운영한 셈이다. 자신에게 사업가의 기질이 있음을 발견한 그는 2000년에 실리콘밸리로 건너가 리디스 테크놀로지Leadis Technology를 창업했다. 리디스 테크놀로지는 불과 4년만인 2004년에 미국 나스닥에 상장될 만큼 빠르게 성장했다. 그러나 안 교수는 2006년 회사를 미국인 후임자에게 물려주고 조기 은퇴를 한 뒤 중국, 호주, 프랑스, 스페인, 스웨덴 등지를 돌며 기술만이 아니라 와인 만드는 법, 가구 만드는 법 등 끊임없이 새로운 것을 배웠다. 그 모든 경험은 지금 학생들에게 전해지는 창업 비법이기도 하다.

기업가정신으로 가득한 대학

KAIST는 기업가정신entrepreneurship을 갖는 인재를 키우는 '기업가형 대학 Entrepreneurial University'으로 발전해야 한다. 이것은 학생이나 교수로 하여금 모두 창업을 하거나, 자기 사업을 하는 사장될 사람만 키우자는 것이 아니다.

'기업가정신'에 대한 정의부터 명확히 할 필요가 있다. 변화가 발생할 때 그 변화를 만족시키지 못하는 빈 구석은 항상 생긴다. 이렇게 사람들의 요구를 만족시키지 못하는 부분에서 '기회opportunity'를 발견하는 것이 기업가정신이다. 격동의 변화 속에서 기회를 포착하고, 그 기회를 활용하여 새로운 가치를 창출하는 것, 이것이 곧 KAIST가 추구하는 '기업가정신'이다.

새로운 기회와 가치를 중시하는 기업가정신

기업가정신과 일반적인 관리management와는 근본적인 차이가 있다. 일반적으로 관리적 접근은 '내가 가진 자원resources이 무엇인가'부터 생각한다. 그래서 장단점을 파악하여 좋은 점은 더욱 살리고, 부족한 점은 북돋아주는 방법을 찾아낸다. 이 같은 방식은 전통적인 '관리적' 방법의 기업가정신이라고 할 수 있다. 일정 수준에 올라간 기업은 이런 방식으로 문제를 해결하고 성장을 도모한다.

그러나 KAIST의 기업가정신은 다르다. 가장 큰 차이는 '자원'을 생각하지 않고, 먼저 무엇이 미래에 기회가 될 것인가를 본다는 점이다. 그 기회를 실현하는데 필요한 자원을 끌어오는 것은 그 다음 과정이다. 따라서 미래의 기회를 찾아낼 줄 아는 것이 기업가정신에서 가장 중요한 부분이다. 기회를 내다본 사람은 필요한 자원이 무엇이든 간에 어디에서 어떻게 끌어와야 할지 능력을 발휘할 수 있다. 왜냐하면 기회를 볼 줄 아는 사람은 시대가 요구하는 미래통찰력을 가진 사람이며, 지금 시대가 어느 방향으로 가는지를 예견함으로써, 이에 맞는 전략 수립도 상대적으로 더 잘할 수 있기 때문이다. 한마디로 기업가정신을 지닌 사람은 아직 실현되지 않은 미지의 세계에서 새로운 기회를 읽어냄으로써 새로운 가치를 만들어내는 사람이다.

이러한 기업가정신은 새로운 일을 시작하는 스타트업뿐 아니라 대기업에도 필요하다. 가령 대기업은 기업가정신을 가진 사원을 중심으로 신규 사업을 시작한 뒤, 사업의 향방에 따라 주력 사업으로 바꿔 성공적으로 체질 개선을 이룰 수도 있다. 맥주를 주력으로 생산하다가 중공업으로 주력사업을 바꾼 두산 같은 대기업은 기업가정신을 매우 잘 활용하여 성공한 경우로 꼽을 수 있다.

경제적인 이윤을 창출하는 것보다 사회적 문제 해결에 더 초점을 맞추는 사회적 기업의 경우에도 기업가정신은 필수적이다. 사회적 기업이 추구하는 가치 중에는 취약계층이 겪고 있는 고통을 해소하는 일이 많다. 일반적으로 취약계층을 돕기 위한 방법으로 정부의 복지정책이나 비영리 복지기관을 통한 후원을 들 수 있다. 그러나 취약계층을 도와주어야 할 '구호의 대상'으로만 보는 이런 정책이나 후원은 비용이 계속 투입되어야 한다. 지속가능성이 현실적으로 어렵다.

이러한 사회적 문제 해결에 있어서도 기업가정신을 바탕으로 새로운 가치를 발견하고 지속가능하게 만들 수 있다. 기업가정신을 가진 사회적 기업 모델에서는 취약계층을 구호의 대상으로 보는 것이 아니라, '새로운 시장'으로 바라본다. '취약계층'이 아니라 '새로운 잠재고객'으로 보는 것이다. 다만, 이 새로운 고객은 기존 시장의 고객과는 다른 목표와 가격체계를 필요로 한다는 점이 차이이다. 따라서 새로운 고객에 맞게 제품과 서비스를 제공하면, 지속가능한 비즈니스의 길이 열릴 수 있다.

새로운 길은 어디에서 열리는가

최근 10년 동안 남녀노소 할 것 없이 모두가 체감하는 변화 가운데 하나는 스마트폰 사용이다. 스마트폰을 우리의 일상에서 분리하는 것 자체가 불가능해졌다. 스마트폰 사용은 시대의 변화상만 보여주는 게 아니다. 스마트폰으로 검색하면서 남겨진 온라인 발자국들은 경험 데이터로 새로운 사업의 자원이 되기도 하고, 변화된 사람들의 기대치는 새로운 서비스로 이어지기도 한다.

변화 속에 새로운 비즈니스 기회는 끝없이 나타나고 있다. 스마트폰으로 택시를 부르는 우버가 나오고, 버스도착 시간도 스마트폰 애플리케이션으로 확인할 수 있다. 변화 속에서 기회를 찾는 통찰력이 큰 힘을 발휘한다. 변화의 시대에서 새로운 기회를 발견하고, 그것을 실현할 자원을 찾아내는 것이 미래 비즈니스의 길이다.

동영상 스트리밍 서비스 업체인 글로벌 기업 넷플릭스도 이러한 변화를 활용한 대표적 사례다. 미국에서 1997년 비디오와 DVD 대여 서비스 업체로 창업할 당시 관련 업계에는 부동의 선두주자 블록버스터가 있었다. 그러나 넷플릭스는 끝없이 변화하는 소비자들의 기호에서 배달서비스라는 새로운 비즈니스 기회를 찾아냈고, 온라인으로 확장하면서부터는 이용자들이 남긴 빅데이터를 활용하여 맞춤형 추천 서비스라는 새로운 비즈니스 기회도 발견해냈다. 변화의 기회를 포착하지 못했던 블록버스터는 2013년 파산했다. 넷플릭스는 골리앗 블록버스터를 쓰러뜨렸다는 점 때문에 성공사례로 회자되는 것이 아니라, 새로운 변화의 기회를 끊임없이 찾아내는 미래를 향한 통찰력 때문에 주목받고 있다. 이러한 사실들은 교육 분야에도 적잖은 시사점을 준다. 기존 교육 방식으로 사람을 키워서는 사회변화에 맞출수 없다는 점이다. 기술과 환경이 급변하는 시대에서는 어떤 상황에서든지 스스로 문제를 찾아서 해결할 수 있는 사람을 키워야 한다. '기업가형 대학'은 바로 새로운 변화를 창조적으로 활용하는 인재를 길러내는 곳이어야 한다. '기업가형 대학'이라고 해서 창업하는 사람만 양성하자는 것이 아니라, 문제를 찾아내고 해결하는 능력을 교육하자는 뜻이다.

우리나라는 산업화에 한 발 늦었지만 빠른 추격자 전략으로 산업화를 이뤄냈고, 정보화에는 비교적 선도적으로 대응해왔다. 그러나 앞으로의 변화 속도는 더 빨라질 것이다. 정보와 지식이 자유롭게 소통되면서 세계는 점점 더 촘촘하게 연결될 것이다. 오프라인과 온라인의 결합은 새로운 세상을 만들어낼 것이다. 결국 변화의 흐름을 놓치지 않는다는 것은 새로운 기회를 찾는 길이 될 것이다.

학부생에게 '기업가정신' 심어주는 창업교육 실시

그렇다면 과연 지금과 같은 교육을 받은 학생들이 변화하는 세상에 대처할 수 있을까. 창업교육도 마찬가지다. 학문과 창업이 선순환하기 위해서는 살아 있는 교육이 이뤄져야 한다. 가령 기업가를 수업시간에 직접 만나서

질문하고 토론할 수 있는 기회가 주어져야 한다. 전문가가 오랫동안 현장에서 쌓아온 경험은 교과서 지식이 채우지 못하는 빈틈을 메워줄 것이다. 또 토론과정을 통해 학생들이 미처 생각하지 못했던 것을 끄집어내듯, 일방적으로 지식을 전달하는 방식의 수직적 강의가 아니라, 학생들 스스로 문제를 제기하고 해결책을 찾아갈 수 있도록, 교수가 조정자facilitator 역할에 더 충실한 수업방식도 매우 유익할 것이다.

기업가형 대학으로 가는 길은 이제 크게 두 가지로 모아진다. 우선, 기업가정신과 창업교육을 효과적으로 실시하면서 창업의 토양을 조성하여 많은 학생과 교수들이 실패를 두려워하지 않고 창업에 도전해볼 수 있도록 하는 것이다. 그렇다고 창업교육의 목적이 학생들이 졸업 후 바로 창업하도록 유도하는 데에 있지는 않다. 어떤 면에서는 창업하기 전에 취업 등 사회에 나가서 다양한 경험을 쌓은 후 시작하는 것이 더 효과적이다. 그러나 중요한 것은 학부 교육 때부터 '기업가 유전자'를 심어주어야 한다는 점이다. 그래야 기존 기업에 들어가서도 기업가정신으로 그 기업을 세계적인 기업으로 키울 수 있다.

기술사업화를 촉진하는 것도 기업가형 대학으로 가는 주요한 요인이다. 기술사업화는 대학에서 교수와 학생들이 일궈낸 연구 성과를 특허로 연결시키고 기업에 판매하는 것이다. 주요대학의 기술사업화 성과를 나타내는 연구비 대비 투자수익률ROI, Return on investment을 보면 MIT는 3.74%, 스탠퍼드 대학은 6.28%, 버클리 대학UC Berkeley은 8.67%, 그리고 KAIST는 1.03% 수준으로 나타나고 있다. KAIST의 기술료 수입은 20억 원 안팎이다. KAIST는 현재 1% 수준인 투자수익률을 2031년까지 경쟁대학 수준으로 올리는 목표를 설정해야 한다.

협업능력과 사회적 책임감을 지닌 인재 육성

변화하는 시대에 맞춰 KAIST의 인재상도 달라져야 한다. 또 다른 50년을 바라보면서 앞으로 대한민국이 필요로 하는 인재를 키워야 한다. 이런 점에서 '협업능력을 갖춘 인재'는 미래에 꼭 필요한 모습이다. 지금까지 KAIST의 특징을 한마디로 요약하면 '수월성을 추구하는 연구중심대학'이라고 할 수 있다. 그러나 KAIST 학생들에게 사회적인 영향력을 생각하는 배려와 협업능력이 갖춰지면 연구중심대학에 머물지 않고 가치창출대학으로의 대전환도 이룰 수 있을 것이다.

학생들의 협업능력을 높이기 위해서는 KAIST 실험실의 장단점을 잘 파악하는 것도 필요하다. 장점은 강화하고, 단점은 축소시켜야 한다. 석박사 과정 학생들은 교수에게 배우는 것보다 실험실에서 선후배와 또래들을 통해서 배우는 것이 더 많을 때도 있다. 실험실 선배가 어느 기업에 입사하면, 기업 연구과제가 후배들이 있는 실험실과 연결되면서 자연스럽게 산학협력이 이뤄져온 측면도 있고, 실험실 후배들은 기업이 필요로 하는 연구주제가 무엇인지도 손쉽게 파악할 수 있다. 실험실 선후배 간 협업의 일면이다.

이처럼 협업이 이루어지는 실험실 전통은 KAIST의 여러 장점 중 하나임에 틀림없다. 그러나 실험실의 질서와 규율이 지나치게 엄격하고 서열화되어 있는 점은 바꿔야 한다. 학생들 사이에 오가는 농담 중 하나로 이런 것이 있다.

문제: 코끼리를 냉장고에 넣는 방법은?
정답: 조교에게 시킨다.

서열화 분위기는 교수들 사이에도 나타난다. 선배 교수와 후배 교수 사이에 보이지 않는 계단은 후배 교수들의 자유로운 활동에 지장을 주는 경우도 있다. 선후배가 즐겁게 공동연구를 할 수 있도록 문화를 바꿔나가야 한다.

특히 기술사업화 측면에서도 협업능력은 매우 중요하다. 요즘은 대부분의 상품이나 서비스가 어느 한 분야만의 성과로 이루어지지 않는다. 화공, 생물, 물리, 전산 등 다양한 분야에서 협동연구가 이루어지지 않으면 경쟁력을 갖기 어렵다. 따라서 협업능력을 갖춘 인재를 길러냄으로써 한 실험실 안에서 뿐 아니라 더 큰 시너지 효과를 낼 수 있는 실험실과 실험실의 협업 분위기도 강화시켜야 한다.

그밖에도 '사회적 책임을 소중하게 여기는 인재'를 KAIST의 새로운 인재상으로 추가해야 한다. 이를 위해서는 학생들에게 높은 도덕성과 품위 있는 교양 그리고 다른 사람을 배려하는 교육을 실시하는 것이 필요하다.

기술출자기업 설립으로 창업 활성화

KAIST의 기술사업화를 장려하는 여러 가지 방안 중 하나는 기술출자기업의 설립을 들 수 있다. 기술출자기업이란 연구자는 기술을 투자하고, 경영마케팅 자본은 외부 전문가를 참여시키는 기업을 말한다. 연구자들은 자신의 연구내용이 시장에서 어떤 위치를 차지하는지, 잠재적인 시장규모는 얼마가 되는지 알기 어렵다. 또한 다른 분야의 어떤 내용을 덧붙이면 가치가 올라가는지에 대해서도 전문적인 식견이 부족할 수 있다. 기술출자기업이 성공하려면 기술이전 전담조직인 TLO Technology Licensing Office 와 같이 연구내용을 사업화하는 전문적인 조직과 인력의 도움이 필요하다. TLO는 연구자를 지원하는 기술동향 및 특허조사 등의 업무도 담당하면서, 연구내용의 사업화를 종합적으로 지원할 수 있기 때문이다.

이러한 환경이 갖춰지면, 연구자들은 연구결과를 특허출원할 때, 먼저 TLO 전문가와 상의를 거쳐 가장 좋은 기술사업화 방안을 모색할 것이다. 좋은 연구결과를 냈어도 교수들이 개별적으로 창업을 하거나 기업을 찾아다니면서 기술이전을 추진하기는 쉽지 않다. 창업이 가능한 시장성 있는 것을 연구했을 경우에도 행정적인 일이나 전혀 예기치 못한 장애물에 걸려 많은 시간을 빼앗기다가 사장될 수도 있다. 교수는 기술을 대고 경영을 잘할 사람과 자금을 댈 사람 등을 참여시켜서 힘을 합쳐 창업하는 것이 바람직하다. 교수는 기술담당 책임자로서 지분을 보유하고 있다가 로열티 수입이 들어오면 KAIST 법인과 나누는 방안이 더 현실적이다. 교수의 지분은 기술의 가치에 따라 달라질 것이다.

기술사업화혁신전략과 추진과제

기술사업화를 통해 가치를 창출하는 기업가형대학

사업화혁신위원회는 비전으로 "기술사업화를 통해 가치를 창출하는 기업가형대학起業家型大學"을 제시하였다. 여기에는 융합인재를 양성하고, 기술사업화와 창업 촉진으로 국가 발전과 대학 발전에 기여한다는 내용을 포함하고 있다. 기업가형 접근이란 창의적 교육, 임팩트 연구 추구, 융합인재 양성을 필요로 한다. 이를 위해서는 기술과 시장의 기회를 파악하고 문제를 해결하는 능력을 배양해야 한다. 그리고 기업을 일으키고 성공시키기 위해서는 다양한 시각을 가지고 사회문제를 해결하겠다는 자세가 필요하다. KAIST는 모든 학생들에게 기업가정신을 함양하고, 이를 바탕으로 기술 사업화 및 창업 의욕을 촉진하여, 국가의 부를 창출하고 일자리를 만들어 국가 발전에 기여하고자 이러한 비전을 제시한다.

기술사업화 비전 실현을 위한 조건

KAIST가 기술사업화 비전을 실현시키기 위해서 필요한 일들은 다음과 같이 정리할 수 있다.

- 창의적인 기업가정신 교육: 기업가정신과 창의력을 가진 융합인재 양성, 연구결과의 기술사업화/창업 촉진을 통해 KAIST의 국가적 기여도를 높이고 글로벌 중심대학으로 발전, 기술사업화를 통해 가치를 창출하는 기업가형대학
- 기술사업화: KAIST 교수/연구원/학생/직원들에 의한 창업, 외부인력 유치/연계를 통한 창업 포함, KAIST 연구성과의 사업화, 외부기술 활용을 통한 사업화 포함
- 가치 창출: 인재 가치, 지식 가치, 경제 가치, 사회 가치의 창출을 주도하여 세상을 바꾸고 세상에 영향을 미치는 변화 창출 선도
- 기업가형대학Entrepreneurial University, 起業家型 大學: 연구중심대학의 기반 위에서 기업가형대학 추구, 국가와 사회가 요구하는 다양한 가치를 창출하는 대학, 지금까지의 교육 · 연구 활동에 기반을 두고 기술사업화 활동 강화, 사회적 영향Social Impact 강조, 기업가형대학은 곧 가치창출 대학

기술사업화 비전 실현을 위한 4대 혁신전략

기업가형대학이 되기 위해서는 KAIST 고유의 모델을 발굴할 필요가 있다. 그러기 위해서는 기업가형대학의 방향을 명확히 제시하고, 구체성과 간결성을 겸비해야 한다. 또 KAIST 고유의 모델을 구축하려면 KAIST 고유의 비전을 반영하고, KAIST만이 가지는 핵심역량을 발휘하여 KAIST만이 할 수 있는 내용으로 해야 한다. 이상의 비전을 실현하기 위하여 4개의 전략을 제시하면 다음과 같다.

- 혁신전략 1: 기업가정신 교육 설계 및 확산
- 혁신전략 2: 창업지원 기반 조성
- 혁신전략 3: 지식재산 창출 및 관리 프로세스 전문화
- 혁신전략 4: 기술출자 확대 및 산학협력 클러스터 구축

기술사업화 비전 실현을 위한 10대 추진과제

이러한 전략들을 실현하기 위한 10대 추진과제는 다음과 같이 요약해볼 수 있다.

혁신전략 1: 기업가정신 교육 설계 및 확산

❶ 기업가형대학(Entrepreneurial University)의 KAIST 모델 정립
- 기업가형대학에서의 교육, 연구 및 기술사업화 모습
- KAIST가 지향할 Entrepreneurial University Model 개발

❷ 기업가 육성을 위한 학부 및 대학원 기업가정신 교육 설계

- KAIST 내의 기존 기업가정신/창업 교육 현황
- 기업가 육성을 위한 학부 교육 및 대학원 기업가정신 교육 설계

❸ 공학도들을 위한 사회가치 및 윤리 교육 방안

혁신전략 2: 창업지원 기반 조성

❹ 창업성공률 제고를 위한 KAIST 창업 인프라 확충

- KAIST 창업성공 사례 분석 및 창업활성화를 위한 핵심 이슈 파악
- 기존의 KAIST 창업 인프라 확충
- 기술창업 촉진을 위한 교류/이벤트 프로그램 확충
- 기술 창업 Promotion 기회 제공(예: Tech-Day 운영)
- 제반 교류 행사(예: 교내경진대회, Slush 등)

❺ 외부 창업 인프라와의 연계를 통한 생태계 구축

- 외부의 창업 인프라와 연계하는 방안
- Open Startup Ecosystem 구축

혁신전략 3: 지식재산 창출 및 관리 프로세스 전문화

❻ 기술사업화 활동의 목표 설정 및 인센티브제도 설계

- 산학협력단 자료를 통해 현재 활동 파악
- 기술사업화 활동의 ROI Target 등 설정

❼ 지식재산 확충 및 특허 출원/관리 프로세스 설계

- 효과적인 Patent Generation Process 설계(좋은 특허 찾기, 전문 인력 육성)
- 기술사업화 촉진을 위한 인센티브제도 개선방안
- 기타 기술사업화 촉진을 위한 전략과 방안

❽ 산학연 협력 및 융합연구 촉진과 특허가치 향상

혁신전략 4: 기술출자 확대 및 산학협력 클러스터 구축

❾ 기술출자기업 설립 활성화

- 기술사업화 조직 전문화 및 기술출자기업 설립 활성화

❿ 산학협력 클러스터 구축

- KAIST 캠퍼스에 기업연구소 유치, 기술사업화연구센터 설립
- 산학협력 클러스터 구축(창업지원 및 기술사업화 관련 조직 통합/확장)

〈기술사업화혁신을 위한 4대 전략과 10대 추진과제〉

〈혁신전략 1〉
기업가정신 교육 설계 및 확산

〈혁신전략 3〉
지식재산 창출 및 관리 프로세스 전문화

❶
기업가형대학Entrepreneurial University의
KAIST 모델 정립

❻
기술사업화 활동의 목표 설정 및
인센티브제도 설계

❷
기업가 육성을 위한 학부 및
대학원 기업가정신 교육 설계

❼
지식재산 창출 및 특허 출원/관리
프로세스 설계

❸
공학도들을 위한 사회가치 및
윤리 교육 방안

❽
산학연 협력 및 융합연구 촉진과
특허가치 향상

〈혁신전략 2〉
창업지원 기반 조성

〈혁신전략 4〉
기술출자 확대 및 산학협력 클러스터 구축

❹
창업성공률 제고를 위한
KAIST 창업 인프라 확충

❾
기술출자기업 설립 및
기술출자 확대

❺
외부 창업 인프라와의 연계를 통한
생태계 구축

❿
산학협력 클러스터
구축

05

국제화혁신
지나고 보니 한국 안 개구리였다

작은 성공에 취해 고립되지 않았는가

KAIST는 출발부터 국제적인 역량을 갖춘 사람들이 세계적인 수준에서 시작했다. KAIST는 출발점 자체가 세계 정상이었다. 개발도상국이 외국에 의존적인 태도에서 벗어나, 자립하려면 우수한 이공계 인재의 두뇌유출을 막아야 한다는 가장 핵심적인 요인을 정확히 짚어낸 혜안이 있었고, 그 원인을 해결할 가장 최적의 방법을 아는 세계 최고의 전문가가 힘을 보탰다. 김법린 박사는 미국 유학을 떠나는 젊은 정근모에게 "한 사람이 노벨상 받는 게 뭐가 중요한가?"라면서 국가 과학기술을 발전시키려면 어떻게 해야 하는지 샅샅이 보고 오라고 당부했다. 이 말을 새겨들은 정근모는 이공계 두뇌유출을 막아야 한다는 논문을 썼고, 이 논문의 가치를 알아본 존 한나John Hannah 박사는 논문을 제안서로 바꿀 것을 요구했다. 미시건 대학 총장을 28년간 역임했던 한나 박사는 마침 미국 국제개발처USAID 처장으로 임명됐다. 닉슨 대통령이 대외원조 방식을 물고기를 주는 방식에서 물고기 잡는 법을 가르치는 방식으로 바꾸겠다며 임명한 사람이 한나 박사이다.

한국에 특수 이공계 대학 설립을 원조하겠다는 한나 박사의 언질을 받은 한국 정부가 '한국과학원법'을 제정하면서 1971년 KAIST는 출발했다. KAIST 설립의 타당성 조사를 한 프레드릭 터만 박사는 실리콘밸리의 아버지라고 꼽히는 창업의 전문가이다.

KAIST는 이렇게 세계 최고 인재들이 가장 좋은 아이디어를 가지고 만든 국제적인 연구중심의 이공계 대학이다. 정부와 국민 역시 KAIST가 앞장서서 우리나라 과학기술을 발전시켜 달라는 열망을 담아, 병역특례와 학비면제라는 지원을 아낌없이 쏟아 부었다. KAIST의 혁명적인 수업방식과 놀라운 산학협동연구 능력에 놀란 주요 이공계 대학원들이 자극을 받아 열심히 뒤따라오면서 대한민국 이공계 교육은 순식간에 몇 단계 높아졌다. KAIST에서 연구하는 방법을 제대로 배운 수많은 인재들은 삼성전자와 엘지화학 등을 세계적인 기술기업으로 성장시키는데 절대적인 공헌을 했다.

세계 속에서 KAIST의 현실을 목도하자

그러나 KAIST는 국가 산업발전과 인재양성이라는 기본 목적을 거의 달성한 다음, 나태에 빠지고 방향을 잃었으며 세계를 향해서 나아가려는 의지를 발휘하지 못하면서 자칫 주저앉을 형편이 됐다. KAIST는 'Korea Advanced Institute of Science and Technology'가 아니라, 'Korea Arrogant Isolated Separated Territory'라는 비판도 듣는다. KAIST의 앞날을 생각하는 내부 구성원이나 외부 사람들 모두 한목소리로 'KAIST 발전의 걸림돌은 아직도 부족한 국제화'를 지적한다. 대한민국 이공계 대학의 수준이 경쟁적으로 높아지면서, 한국 안에서 KAIST의 독보적인 차별성이 점점 약해졌다.

그러므로 KAIST는 한국에서 벗어나 외국 선진 대학들과 협력하고 경쟁하는 체제로 가야 한다. 이 방향과 목표를 상실하면, 내부 구성원들은 옆 실험실 동료나 국내 다른 대학을 곁눈질하는 도토리 경쟁에 매몰되거나, 논문 건수를 늘리며 승진과 연구비를 쫓아가는 일에 몰두할 것이다. 어느새 창조적인 도전은 뒷전으로 밀릴 수 있다.

KAIST는 영어강의를 실시하는 등의 몇 가지 국제화 조치를 시작했지만, 아직도 국제화에 관해서는 한참 뒤떨어져 있다. 외국인 교수 채용은 목표치를 계속 못 미치고 있고, 외국인 학생들은 "한국 학생들은 사귀기 어려우며, 한국 사회와 단절되어 있으며, 교수들은 연구하는데 바빠 외국인 학생에게 관심이 없다"고 호소한다. 어떤 외국인 교수 부인은 수십 년 동안 외롭게 살아온 시간을 돌이키면서 뒤늦게 손을 내민 교직원 부인 친선모임에서 눈물을 왈칵 쏟았다고 한다.

영국의 대학평가기관 QS의 2017년 평가에서 외국인 비율을 보면 홍콩과기대는 68%(100점), KAIST는 8%(23.5점), 그리고 외국인 학생 비율은 홍콩과기대는 35%(98.7점), KAIST는 5%(0점)를 받았다. 이러한 국제화 수준으로 어떻게 대학평가에서 50위 수준을 오르내리는지 신기할 정도이다. KAIST에 있는 외국인들은 KAIST의 장점도 이야기하고 단점도 이야기한다. 대체로 연구나 교육환경은 좋게 평가하는 편이지만, 이를 뒷받침하는 문화적 인프라는 낮게 보는 것 같다.

외국 과학자들의 눈에 비친 KAIST

KAIST 대전캠퍼스에는 중요한 손님이 올 때 식사하는 작은 건물이 하나 있다. 1,2층은 학생 식당으로 사용하지만, 3층은 중요한 모임이나 외부 손님이 올 때 식사하는 자리이다. 2017년 4월 4일 점심시간에 80명 가까운 교수들이 이 자리에 모였다. '비전 2031 위원회'가 출범하는 자리였다.

이 자리에 모인 외국인 교수 중 한 사람이 독일에서 온 마틴 지글러Martin Ziegler 부교수였다. 마틴의 아버지는 물리학자였고, 어머니는 교회에서 오르간을 연주하는 분이다. 과학하는 남자와 오르간 치는 여자, 그 고전적인 부모에서 태어난 마틴은 역시 물리학으로 시작해서 컴퓨터 사이언스로 박사학위를 받았다. 대학에서는 수학을 가르쳤다.

마틴은 2015년 8월 KAIST로 왔다. 컴퓨터 이론을 가르치고, 디스크리트 매스매틱스discrete mathmatics, 즉 이산수학離散數學을 가르친다. KAIST에 오기 전 마틴은 오스트리아의 빈 대학과 독일 다름슈타트 대학에서도 강의를 했다. 파더보른 대학을 졸업한 뒤 박사후post-doc 과정은 덴마크와 일본에서 보냈다.

KAIST는 외국인 교수가 오기 좋은 곳

이제 마틴의 정착지는 한국에서도 대전 KAIST로 정해질 것 같다. 마틴은 KAIST에 크게 만족하고 있다. 독일 대학에서는 넓고 큰 교실에 200~300명의 학생들을 모아놓고 강의를 한다. KAIST는 많아야 100명 정도를 대상으로 수업한다. 강의시간 부담도 적었다. "KAIST는 연구하는 기관이다"고 마틴은 정의를 내렸다. 학생들에 대해서도 마찬가지이다. "동기가 강하고, 창의적이며, 매우 똑똑하다"고 평가했다.

마틴은 "외국에 있는 내 동료들에게도 이곳에 와서 안식년을 보내라고 초청한다"고 말했다.

마틴은 "아무리 KAIST가 국가발전에 도움을 주기 위해 세워졌다고 해도, 학문의 가치와 존재 이유는 항상 존중되고 양육되어야 한다"고 말했다. 독일의 산업이 튼튼하고 제조업이 강하다고 해도, "독일에서 대학은 미래의 노동자를 양성하는 곳이 아니라, 미래 과학자를 기르는 곳"이라고 그는 대학의 가치를 강조했다.

과학의 뿌리는 어디에서 오는 것일까? 과학을 하는 즐거움에서 온다. 그는 "한국 학생 중 일부는 성공하기 위해 열심히 하는데, 과학자가 되는 기쁨을 느껴야 하며 새로운 것을 배우는 기쁨 없이 지식을 쌓는 것은 위험하다"며 걱정했다.

역사를 보면 독일은 무너졌다 다시 일어서고 또다시 일어섰고, 이제 다시 유럽을 이끌고 있다. 그 근본 원인이 어디에 있는가라는 토론에 참여한 적이 있다. 독일에 대한 여러 가지 해석이 있었지만, 가장 인상적인 것은 "독일인들은 학문에 대한 존경심이 높다. 지금도 엔지니어 학위, 박사학위를 받으면 시청에 등록을 하고, 집의 우편함에도 적어 놓는다. 그래서 많은 우수한 젊은이들이 학문의 세계에 도전한다. 이처럼 기초가 튼튼하니 다시 일어선다"는 말이었다.

그렇다고 수능이 나쁜 점만 있는 것일까? 수능 같은 잣대는 불평등을 해소하는 한 가지 방법일 수도 있다. 마틴은 "유럽에서도 유명한 집안 자녀는 성공하기가 쉬우며, 이것이 불평등을 낳는다"고 말했다.

과학기술이 만드는 아름다운 상상과 실현

"미래의 문제는 기술만으로 해결이 안 된다. 미래는 정치를 비롯해서 휴머니티를 포함시켜야 한다"고 마틴은 말했다. 앞으로 태양 에너지로 에너지 부족이 해소된다면, 매우 저렴하게 생산한 에너지를 어떻게 분배하느냐 하는 것이 핵심으로 대두할지 모른다. 분배는 기술적인 사항이라기보다, 그것을 운영하는 사람들의 정치적인 판단과 양심의 문제이며, 이해당사자들 사이의 주도권 문제로 넘어간다. 기술적인 영역에서 정치적, 윤리적 영역으로 넘어가는 것이다.

과학자의 윤리의식은 도덕적 윤리보다 조금 복잡하다. 대한민국 과학자들은 무엇을 해야 할까? 물리학이나 수학 같은 기초학문을 발전시키는 역할을 맡은 과학자는 그쪽으로 매진해야 할 것이다. 이들보다 더 많은 숫자의 과학기술자들은 아마도 좀 더 실용적인 연구개발에 매진할 것이다. 기초과학이 인류를 행복하고 편하게 만드는 일에 기여하는 방법은 여러 가지이다. 학문을 발전시키고 인류문명을 근본적으로 바꾸는 일에 과학기술이 차지하는 역할은 아무리 강조해도 지나치지 않다. 인류에 기여하는 방법이 이것이 다가 아니다. 새로운 일자리를 만들어서 많은 사람들에게 삶의 터전을 제공하는 것도 매우 중요하다.

인간은 상상을 통해서 미래를 꿈꾼다. 그리고 과학기술이 있기 때문에 그 상상을 현실화 할 수 있다. KAIST는 대한민국 국민들이 꿈꾸는 세상을 실현하기 위한 사명을 타고났다.

글로벌 사회에 뒤처진 학생들의 교우관계

독일인 교수 마틴과는 달리, 외국에서 온 학생 S에게 KAIST는 학업이나 생활에서 커다란 도전의 장소이다. 그는 외국 유학을 결정할 때 홍콩과 한국을 놓고 고민했다. 그에게 한국은 아직도 힘든 곳이다. 일반적으로 한국인들이 외국인과 접촉하는 경우가 적어서 그런지, 외국인에게 친절하지 않다. "버스를 탔는데 한 아프리카 사람이 앉아 있었다. 그 옆에 아무도 앉으려고 하지 않았다." S는 "만약 다시 선택해야 한다면, 나는 홍콩으로 갔을 것 같다"고 말했다. 홍콩 사람들이 모두 다 영어를 잘하지는 않을 것이다. 그래도 KAIST보다는 외국인에게 더 살기 좋지 않을까? 하는 기대감을 숨기지 않았다.

KAIST 구성원들이 극복해야 할 관성

S는 KAIST에서 한국인 친구 사귀기가 어렵다고 고충을 털어놓았다. 한국에 온 지 올해로 5년째다. 한국인 친구가 있기는 하다. 한 사람은 충남대, 한 사람은 연세대 학생이다. 컨버세이션 익스 체인지conversationexchange.com라는 인터넷 사이트와 클럽에서 만난 친구들이다. KAIST 안에서 한국인 친구는 아직 못 사귄 것 같다. 6개월씩 돌아가면서 바뀌는 룸메이트와도 친해지지 않았다. "한국 학생들은 게임만 하고, 모이면 술만 마신다"는 것도 그에게는 힘든 일이다.

역시 D의 생각도 비슷했다. "한국어가 첫 번째이고, 두 번째는 게임, 세 번째는 술이다"고 요약했다. 한국어를 잘하거나, 게임을 잘하거나, 술을 잘마시지 않으면 한국 친구를 사귀기가 힘들다. D는 한국 학생들과 올림피아드로 인연을 맺었다. 2015년 인도 뭄바이에서 물리올림피아드 대회가 열렸다. 전 세계 고등학생들이 물리에 대한 실력을 겨루는 세계대회이다. 그 대회를 준비하면서 D는 서울대학교에 와서 한 달 동안 합숙훈련을 했다. D는 KAIST에서 천문학 동아리에 들어가서 한국 학생들과 어울리려고 노력한다. 동아리에서 가장 많이 하는 활동은 음주이지만, 그곳에선 영어로 대화를 하는 편이고, 한국말을 통역해주는 동아리 회원이 있어서 다행이다. 친구 사귀기의 장애물은 첫 번째 한국어, 두 번째 리그 오브 레전드LoL League of Legends 게임, 세 번째 술이다. 이 세 가지가 모두 술을 거의 마시지 않는 국가에서 온 학생들에게는 낯설다.

교수들이 학생들에게 별로 관심을 쏟지 않는 것 같은 교육시스템도 힘들게 하는 요인 중 하나이다. "고국에서는 학생들의 사정이나 성적 등에 교수들이 관심을 쏟아준다. KAIST는 그렇지 않다." 학생들이 보기에 교수들은 연구에 더 힘을 기울여 연구비를 따내려는 것처럼 비춰지는 것 같았다. "마지못해 강의한다는 표정이 얼굴에 나타난다"면, 이것은 분명 문제가 아닐 수 없다. 국제 올림피아드에서 모국 대표로 나와 메달을 딴 D에게도 "KAIST는 경쟁이 너무 치열하다", "공부하는 방식이 다르다"며 자신들의 애로사항을 말한다.

왜 KAIST는 후발 외국대학에 밀리는가?

세계대학평가기관인 QS는 개교 50년 미만 대학 순위도 발표한다. 2017년 순위는 다음과 같았다.

1위 싱가포르 난양공대(1991년 설립)

2위 홍콩 과기대(1991년)

3위 KAIST(1971년)

4위 홍콩 시티대(1984년)

5위 포스텍(1986년)

6위 홍콩이공대(1994년)

7위 핀란드 알토대(2010년)

8위 시드니 공과대(1988년)

여기서 KAIST가 3위라고 좋아할 일이 아니다. 주목해서 봐야 할 것은 홍콩 및 싱가포르 대학의 눈부신 약진이다. 8개 대학 중 KAIST 설립 연도가 가장 오래됐다는 점도 눈여겨봐야 한다. 홍콩과기대와 싱가포르 난양공대는 KAIST를 모델로 해서 뒤늦게 출발한 곳이다. 홍콩과기대 설립준비단은 KAIST를 방문해서 미래전략의 일환으로 국가주도로 과학기술 연구중심 대학을 설립하는 방안의 장점을 파악한 적도 있다. 일본 JAIST 역시 KAIST를 모델로 삼아 1990년 일본 최초로 설립된 학부 없는 대학원중심의 국립대학원이다.

이공계 대학의 평가가 겉으로 드러난 수치만으로 절대 공정한 평가가 이뤄지는 것은 아니다. QS의 아시아대학평가에서 노벨상 수상자를 낸 일본 도쿄대나 교토대가 10위 안에 들어가지 못하는 것만 봐도, 과연 학문적으로 기준이 될 수 있을지 의문은 남는다. 그럼에도 불구하고 QS 잣대로 본 순위는 나름대로 시사하는 바가 있다.

KAIST와 싱가포르 난양공대 및 홍콩과기대의 차이

KAIST가 싱가포르 난양공대와 홍콩과기대에 밀리는 원인은 무엇일까. 정부의 지원이 집중되는 것이 한 가지 이유이다. 난양공대는 정부출연금 비율이 45%로 KAIST의 25%에 비해 훨씬 많다. 이러한 재정적인 뒷받침이 있기 때문에 파격적인 대우로 외국인 교수의 유치가 가능하다. 유치시 자국 내의 기준을 따르지 않고, 대상자가 현재 받고 있는 처우를 능가하는 대우를 해주는 것이 원칙이라고 한다.

눈에 보이지 않는 이유 중 하나는 안정적인 행정제도의 정착이다. KAIST가 설립 초기 빠르게 정착할 수 있었던 요인 중 하나는 초기 10년 동안 정부가 적극적으로 지원했기 때문이다. 지금은 선거에 의해 정부가 수시로 교체되기 때문에 외부적인 지원 못지않게 대학 내부의 일관된 행정이 중요하다. 이 부분에서 KAIST는 굉장한 약점을 가졌다. 대학이나 연구기관은 나무를 심어 기르는 것과 유사하다. 끈기와 열정과 참을성과 노련한 지혜가 필요하다.

KAIST 설립의 출발점이 된 존 한나 박사는 1941년부터 1969년까지 무려 28년 동안 미시건주립대학 총장을 맡아 운영했다. 총장에 임명된 나이는 겨우 39세였다. 한창 체력적으로 왕성하던 나이에 총장이 되어 한나 박사는 지역의 이름 없는 농업단과대학이던 대학을 급속히 발전시켰다. 미국의 하버드 대학은 1637년 개교 이후 381년 역사 속에, 31명의 총장이 재임하였고 평균 재임기간은 12.3년이었다. MIT는 1862년 개교 이후 156년 역사 속에, 18명의 총장이 재임하였고, 평균 재임기간 8.7년이었다.

미국만의 이야기라고 생각해서는 안 된다. KAIST보다 늦게 만들어졌지만, 국제적인 대학 평가에서 KAIST를 추월한 홍콩과기대와 싱가포르 난양공대 역시 대학 발전을 성공시킨 주요 원인으로 안정적이고 혁신적인 지도력을 꼽을 수 있다. KAIST 총장은 2, 3년 만에 자리를 이동할 뿐더러, 새로 들어온 총장은 전임 총장의 흔적을 외면하려는 경향이 있다. 전임자와 후임자가 서로 존중하면서 이끌어주고 북돋워주는 전통이 아직 세워지지 않았다. 이러한 경향은 비단 대학뿐 아니라 대한민국 전체가 그러한 풍토병을 앓고 있다.

홍콩과기대 28년간 3명, 난양공대 37년간 3명의 총장

1991년 설립된 홍콩과기대는 28년째를 맞은 2017년까지 단 3명의 총장이 학교를 이끌었다. 교육 및 연구가 좋은 기술을 심고 물을 줘서 가꾸고 나무를 키워 열매를 따는 백년대계인 것을 감안하면, 지도자에게 안정적인 기간을 줘서 추진하고 싶은 정책이 뿌리를 내리도록 도와줘야 한다.

난양공대는 1981년 설립된 싱가포르 난양기술연구소NTI를 거쳐 1991년 공대로 발전했다. NTI 시절을 포함해서 2017년까지 37년간 단 3명이 총장을 맡아 안정적으로 이끌었다.

KAIST 총장 재임기간 평균 2.3년

1971년 설립된 KAIST는 지금까지 19명이 총장 또는 원장으로 학교를 이끌었다. 이중 연임한 것을 제외하면 모두 20번이나 총장이 바뀌었다. 현재의 신성철 총장을 빼면, 1971년부터 2017년까지 47년간 한 번 임기를 시작하면 평균 2.3년을 재임한 셈이다. 이렇게 짧은 기간 동안 어느 조직이든지 안정적으로 발전시키기는 거의 불가능하다. 정권이 바뀌거나 과기처 장관이 교체되면, 엄청난 외풍에 시달렸다. 그나마 다행인 것은 총장직에서 물러나도 다시 교수로 근무할 수 있는 선례를 만들었기 때문에 그렇게 심한 권력다툼은 일어나지 않았다고 할 수 있다. 총장 임기 12년 vs 2.3년, 이 것이 지금 싱가포르 난양공대와 KAIST의 차이를 만든 중요한 원인 중 하나이다.

KAIST의 경우 총장 임기가 무슨 일을 벌여 자리 잡게 하는 데는 매우 부족하다. 정부의 입김이 너무 강한 데다, 어느 총장이든 안정적으로 일을 하도록 지켜보면서 도와주지 않는다. 변혁을 시도하자는 취지로 외국인 총장을 초청했으나, 그 과정에서 행정적으로 큰 실수를 저질렀다. KAIST는 첫 번째 외국인 총장으로 노벨상 수상자인 러플린 박사를 초빙했으나, KAIST 구성원들은 러플린 총장을 준비가 안 된 총장으로 꼽는다. 러플린 박사는 대학운영에 필요한 행정경험을 한 번도 거치지 않은 데다, 혼자 생각하고 결정하는 이론물리학자였기 때문에 대학을 운영하는데 매우 미숙했다. 이에 반해 3대 난양공대 총장(2011~2017)을 맡았던 버틸 앤더슨Bertil Anderson 교수는 이미 유럽에서 대학 학장과 총장 및 국제기구의장을 지내는 등 행정적인 능력이 충분히 검증받은 사람이다.

KAIST가 20년 정도 늦게 출발한 홍콩과기대와 싱가포르 난양공대에 밀리는 원인 중 중요한 것으로 지나치게 강한 정부의 입김과 너무 짧은 총장의 임기임을 알 수 있다. KAIST 총장 임기를 5년씩 두 번 연임이 가능하도록 변경해야 한다는 주장에 대해서 점점 더 많은 교수들이 공감을 표시한다.

장기발전보고서 역시 마찬가지이다. 1994년 임기를 시작한 심상철 원장 시절을 비롯해서, 그 후 새로 임명된 총장은 발전 전략보고서를 만들고, 계획을 수립했다. 그러나 총장 임기를 마치면 KAIST 구성원들조차 언제 무슨 보고서가 나왔는지 제대로 기억하지 못한다.

KAIST의 발전을 이야기하면서 총장 임기를 거론하는 것은, 기관 발전의 중요한 행정 역시 글로벌 스탠다드를 참조해야 하기 때문이다. 대학 총장이 2.3년마다 바뀌어서는 그 조직이 어떤 방향성을 가지고 발전하기는 어렵다. 글로벌 스탠다드에 맞는 개선 중 가장 중요한 것은 정말 국제적인 안목과 과학기술 및 교육에 대한 올바른 식견을 가진 인물이 교육기관을 올바로 발전시킬 수 있도록 기회를 주는 것이어야 한다.

KAIST 국제화 전략방향

연구개발 수월성의 연장선상에서 국제화

KAIST 국제화는 지금까지 이룩한 연구개발의 수월성 연장선상에서 이뤄져야 한다. 세계 연구개발에 임팩트를 줄 수 있는 그런 수월성을 추구해야 한다. 뿐만 아니라, 여러 기업을 창업하고 성장시킨 교육 모델을 다른 개도국에게 전파하는 역할도 담당해야 한다. KAIST의 국제화는 오랫동안 추구해온 목표였지만, 원하는 만큼 이뤄지지 않는 목표이기도 하다. 국제화의 속도가 나지 않는 이유는 외국인과 언어와 문화가 다르고, 외국 대학과 설립배경이 다를 뿐 아니라, 다른 세계와 접촉하는 데는 엄청난 노력과 충격이 뒤따르기 때문이다. 외국에서 온 사람도 힘들지만, 외국에서 온 사람을 만나야 하는 KAIST 구성원도 쉽지는 않을 것이다. 그러나 국제화는 피할 수 없는 관문이다. 국제화라는 도전을 통해서 KAIST는 새로운 도전을 할 수 있으며, 세계를 넘어야 우주로 나아갈 수 있다.

내부적 국제화와 외부적 국제화

KAIST 국제화는 크게 보면, KAIST 내부의 국제화가 있고, 다른 하나는 외부로 진출하는 외부적인 국제화가 있을 것이다. 내부 국제화는 외국인 교수나 학생들이 KAIST에서 활발하고 편안하게 지내면서 자신의 능력을 최대한 발휘하도록 생태계를 만드는 것이 중요하다. 이와 함께 한국인 교직원과 한국인 학생들이 서로 유쾌하게 어울리면서 자연스러운 융합과 조화를 이뤄 다양성에 의한 창의력을 기르는 생태계를 조성해야 한다.

외부로 나가는 국제화는 크게 두 방향이다. 하나는 연구수월성이나 국제적인 창업을 더욱 확장하기 위해 파트너를 찾는 일이다. KAIST와 협력과 경쟁관계에 있는 미국이나 유럽 등지에 거점을 마련하는 노력이 필요하다.

다른 한 방향은 KAIST가 국제적인 대학으로 발전하면서 동시에 대한민국의 산업계 수준을 크게 끌어올린 그 경험을 나눠 줄 개도국에 진출하는 것이다. 개도국이 연구개발능력을 스스로 함양해서 자체적으로 발전하는 기틀을 잡아가도록 도와주는 것은 KAIST가 대한민국을 대표해서 과학기술 교육을 가지고 국제사회의 번영을 위해 기여할 수 있는 매우 훌륭한 노력이 될 것이다.

국제화의 상징으로서 해외진출 거점을 마련하는 장소로 가장 영향력이 큰 곳은 미국 동부지역이 꼽힌다. 과학기술을 비롯한 지식의 주요 근원지인 보스턴지역은 하버드 대학과 MIT를 비롯해서 아이비리그 대학들이 몰려 있을 뿐 아니라, 벤처기업들이 들어와 있어서 KAIST가 국제화의 상징적인 거점을 마련하는데 매우 이상적인 곳이다. 보스턴 지역은 특히 이 지역 대학을 나온 졸업생의 약 절반이 그곳에 남아 있기 때문에 교육과 창업이 효율적으로 연계된 곳이기도 하다. 거기에서 나온 연구결과를 바탕으로 벤처

캐피탈과 여러 회사들이 함께 힘을 합칠 때 그 학교도 덩달아 성장한다.

해외 KAIST 연구센터 설립

미국 동부지역에 KAIST의 거점을 마련하기 위한 조치로 우선 연구센터를 설립해야 한다. 연구센터에서는 KAIST와 세계 주요 대학 사이의 협업연구가 이뤄질 것이다. KAIST 학생 중 공대나 바이오 분야 학생들이 졸업할 때가 되면 열 명 중 여덟아홉 명은 하버드 대학이나 MIT 대학 근처로 간다. 가장 우수한 KAIST 졸업생들이 몰리는 지역에 거점을 마련하면 우리 학생들의 협동연구 능력이 좋아질 것이며, KAIST에서 진행하던 우수한 연구가 연속성 있게 뻗어나갈 수 있다. 이 연구거점이 미국의 우수한 대학들이 KAIST와 접촉하는 교두보 역할을 하여 자연스럽게 학생 및 교수들의 교류가 이뤄질 것으로 예상된다.

연구거점을 운영할 좋은 외국인 연구원을 선발하기도 용이하다. 한 나라의 정부가 세워지면, 세계로 진출하기 위해 대사관을 세우고 국제경쟁을 하는 교두보로 삼는다. 무역을 확대할 때도 코트라를 세워 교육을 증진시키고 있다. 기업도 해외를 진출할 때 지사를 세워 본사에서 직원을 파견하는 한편, 현지 전문가와 협조해서 진출한다. KAIST 역시 과학기술의 해외 협력 교두보를 마련하는 것은 매우 당연한 조치가 될 것이다.

내부적으로 언어와 문화의 장벽 개선

KAIST의 내부적인 국제화에서 첫 번째로 중요한 것은 언어와 문화의 장벽을 낮추는 일이다. 하지만, 언어와 문화의 차이는 쉽게 극복되기 어려우므로 영어강의를 넘어서, 더 긴밀한 통합이 이뤄지려면 마음과 마음이 서로 통하는 소통이 필요하다. 외국인 교원이 늘어나는 것은 필수적인 요인이 될 것이다. 외국인 교원에게도 보직 활동을 할 수 있는 여건을 만들어서 실질적인 임무의 분산이나 융합이 이뤄져야 할 것이다.

KAIST와 경쟁관계에 있는 다른 대학들은 외국인 교수와 학생의 비율이 상당히 높다. 주요 미국 대학의 경우 90%는 미국 출생이 아니다. 현재 KAIST 외국인 교수 비율은 6%이고, 학생 비율은 5%이다. KAIST는 2031년까지 25% 이상의 외국인 교수로 채워야 한다. 외국인 교수가 오면 자연스럽게 외국의 저명한 대학들과 협력이 될 것이다. 일본, 인도, 중국의 우수한 인재도 영입해야 한다. 2031년에도 지금과 같은 방식으로 대학을 운영하면 대학이 망하거나, 학생들이 망할 것이다.

외국인 교직원이나 학생들이 KAIST에서 효과적으로 살려면 의식주가 해결되어야 하므로 음식문화의 장벽을 줄이는 개선이 필요하다. 외국인이 손쉽게 접근할 수 있는 인터내셔널 푸드코트가 필요하다. 음식을 비롯해서 다양한 문화적인 체험을 할 수 있는 공간이 마련되어야 한다.

외국인 교수를 선발하는 속도를 올려야 한다. 학과에서는 필요한 교수요원을 수시로 선발하지만, 행정적인 처리 속도가 따라오지 못하므로, 우수한 외국인 교수인력을 필요한 만큼 빨리 선발하기 위해서 패스트 트랙 서치 위원회가 필요하다. 국제적으로 우수한 연구인력을 초빙하려면 거기에 맞는 비용이 들어가야 하므로 우수 교수를 선발하거나 초청하는 다양한 프로그램을 마련해야 할 것이다. 세계 탑 TOP 10 대학을 보면, 내국인이나 외국인 교수를 가리지 않고 우수한 교수인력으로 채용하는 경쟁이 치열하다. 해외 석학을 초빙하는 장단기 지원 프로그램을 확장해야 한다.

외국인 교수 자녀를 위한 온라인 국제교육시스템 도입

외국인 교수를 초빙할 때 해결해야 하는 문제 중 하나가 자녀들의 교육여건이다. 대다수 외국인 교수들이 꼽는 애로사항이다. 외국인 교수들이 국제적으로 통용되는 초중고 교육을 받을 수 있는 장치를 마련해야 한다. 비용이 저렴하면서도 주요 외국 대학들이 학력을 인정하는 온라인 국제교육시스템을 도입하면, 이러한 불편을 쉽게 해소할 수 있을 것으로 예상된다. 단기 교환학생 파견과 공동학위제도가 있지만, 이를 더 활성화시키려면 재정을 키우고 공동학위지원사업의 규모를 키워야 한다.

국제화혁신전략

석박사 학생 국제화 및 해외캠퍼스 발전 장기계획

석박사 학생 연구인력을 국제화하기 위해서 아시아 국가 학생들을 대상으로 홍보를 강화하고, 해외대학과의 공동 복수과정을 확대하는 것이 좋다. 뿐만 아니라 외국인 학생들이 편안하고 안락하게 거주할 수 있는 '다문화 · K 국제관' 설립이 필요하다.

KAIST의 국제화 인지도를 높이려면 대전 캠퍼스를 세계적인 수준으로 개발하는 것과 해외 거점을 마련하는 일을 동시에 진행해야 한다. 처음에는 소규모의 거점으로 시작해서 점차 확대하여 해외캠퍼스로 발전하는 장기계획을 시작해야 할 때이다. 세계적으로 선도적인 교육기관 역시 원래 캠퍼스가 있어도 외국에 해외캠퍼스를 구축한다. 이는 연구기관 세계화의 가장 큰 흐름이며 자연스러운 방향이다.

이제는 대한민국 내부를 넘어서 해외인력을 유치하고 공동연구도 해야 하므로 혁신적인 돌파구가 필요하다. 우선 가장 선두에 있는 지역에 해외진출의 교두보를 마련해야 한다. 동시에 가장 많은 우수인력이 있는 아시아에도 역시 교두보를 마련하는 투 트랙 전략이 필요하다. 교육시장, 연구시장은 물론이고 경제적인 규모에서 잠재력이 큰 아시아권에 해외캠퍼스를 설립하면 우수한 해외인력을 모집할 수 있을 뿐 아니라 KAIST의 연구능력이 확대되는 효과가 생긴다. 아시아 국가에 해외 연구 거점이나 해외캠퍼스를 설립하면, 교육과 연구를 전파하면서 기술개발을 함께 진행하여 그 지역 국가발전에 기여하게 될 것이다.

2031 KAIST의 해외 분교를 꿈꾸다

선진국에 진출하는 연구거점은 처음부터 캠퍼스를 설립하기보다 학생들이나 교직원을 위한 레지던스나 연구개발 센터에서 시작한 다음 점차 확대해서 2031년에는 해외캠퍼스로 확대하는 방안을 제시한다. 해외 연구거점의 확보를 위해서는 KAIST 보직자뿐 아니라, 정부와의 협력을 통해서 경제적·교육적 효과를 종합적으로 판단해서 예산확보에 나서야 한다.

해외 주요 대학들도 외국에 분교를 설립하고 있다. 싱가포르의 경우 세계적으로 유명한 대학 7개가 진출했다. 2000년에는 프랑스의 INSEAD, 시카고경영대학원University of Chicago Graduate School of Business이 MBA과정을 열었고, 듀크대Duke는 의학과정을 개설했다. 이밖에 미국 SP Jain Centre of Management(2007년, MBA), 프랑스 ESSEC(2006년, 관광), 미국 디지펜기술대학Digipen Institute of Technolog(2007년, 예술), 미국 네바다 대학University of Nevada, Las Vegas UNLV 등이 싱가포르에 진출했다.

미국 대학 중 글로벌 네트워크가 가장 강력한 뉴욕 대학(NYU)은 세계에서 가장 많은 해외 교환학생 프로그램을 진행하는 대학이다. 뉴욕대는 12개국에 분교형식의 포탈 캠퍼스 및 연구센터를 운영하고 있다. 학생들과 교수들은 12개 지역의 '글로벌 네트워크 대학'을 돌면서 세계시민 교육을 받는다. 해외캠퍼스 수업은 뉴욕대 교수들이 영어 및 각국 언어로 가르치므로, 그 나라의 말을 몰라도 공부가 가능하다. 종합적인 역할을 하는 포탈 캠퍼스는 뉴욕대 아부다비 캠퍼스(2010년 개교)와 뉴욕대 상하이 캠퍼스(2012년 개교)가 있다. 포탈 캠퍼스는 각자 신입생을 모집하고, 학위를 주며 모든 학업을 마칠 수 있다. 뉴욕대 학생과 해외 포탈 캠퍼스 학생들은 두 나라에서 배울 수 있다. 이외에 11곳의 글로벌 아카데믹 센터가 있는데, 이는 각각 특징이 다르다. 베를린은 예술과 인문학 중심이고, 프라하는 음악과 미디어 등에 중점을 둔다.

QS 대학 랭킹에서 뉴욕대는 세계 40위권에 위치한다. 그러나 미국 내 랭킹에서 전문대학원별로 로스쿨은 종합 순위 6위, 스턴 경영대학원 MBA 11위, 의학대학원 14위, 교육대학원 20위이며, 티시 예술대학은 1위이다. 쿠란트 수학연구소Courant Institute of Mathematical Sciences는 미국 응용수학 랭킹 1위를 차지한다. 1831년에 설립된 뉴욕대는 연구중심 사립 대학으로, 노벨상 수상자 36명, 아벨상 수상자 4명, 미국 국립과학메달 수상자 10명, 퓰리처상 수상자 16명, 아카데미상 수상자 30명, 그리고 에미상, 그래미상, 토니상 수상자 등이 이 대학에서 수학했거나 교원 및 연구원으로 재직했다.

중동 카타르에도 미국 대학들이 많이 진출했다. 수도 도하에는 아이비리그 중 하나인 코넬 대학 의과대학 분교가 세워졌고, 조지타운 대학의 국제학과, 카네기 멜론 대학 컴퓨터과학과, 버지니아 커먼웰스 대학의 응용미술

학과, 텍사스 에이 앤 엠의 엔지니어링 과정이 개설돼 있다.

대한민국의 경제규모나 해외에 진출한 사람들의 숫자 등을 볼 때 해외캠퍼스를 설립하는 것은 예정된 수순이라고 할 수 있다. 우리나라 연구개발 수준을 높이는데 기여한 KAIST가 이런 일에서도 앞장서야 할 것이다. 물론 장소를 마련하고 공동학위를 수여하는 사업이 쉬운 일은 아니지만 국제화에서도 앞서가는 연구중심대학이 되려면 이 정도의 노력은 필요하다.

한편, 미국 대학들이 수십 개 밀집한 보스턴은 높은 생활비용 등으로 한국 학생들이 생활하는데 큰 어려움이 있는 곳이다. 보스턴 지역으로 유학 간 KAIST 학생들이 마음 놓고 연구에 집중할 수 있도록 거점을 마련하면, 국제협력에 매진할 수 있을 것이다. 미국 보스턴 지역은 우리나라 고등학생을 비롯해서 세계 고등학생 및 대학생들이 일 년에 수백 회 견학을 오는 곳이기도 하다. 이런 지역에 KAIST가 진출할 수 있는 교두보로서 연구센터를 설립하는 것은 매우 중요한 의미를 갖는 조치이면서, KAIST 졸업생들의 연계 연구에도 중요한 역할을 할 것이다.

교수들이 연가나 안식년을 보낼 때의 거점으로도 매우 훌륭하게 활용될 것이다. 분야별로 세계 10위권에 올라 있는 KAIST의 높은 연구수준에 관심을 가진 외국인 과학자들의 방문을 유도하면, 자연스러운 공동연구가 가능해진다. 그곳에 간 KAIST 학생과 외국인 과학자 사이의 자연스러운 아카데믹 협조가 이뤄질 것이다.

KAIST의 연구결과를 개도국 발전의 도구로

KAIST는 요즘 한 학기에 정년퇴직하는 교수들이 10여 명이 넘는다. 이들의 화려한 연구업적과 연구개발 능력을 살릴 뿐만 아니라 이들이 일생 동안 사용하던 연구기자재와 실험자재를 활용하는 방안을 모색하는 측면에서도 해외 진출은 필요하다. 한 교수가 일생 동안 쌓아놓은 연구결과와 업적은 수십억 원의 가치가 있다. 세계적인 첨단기술을 연구하는데 있어서는 부족한 장비일지 몰라도, 개도국에는 아직도 필요한 기자재이므로, 이를 적극적으로 잘 활용하는 방안을 모색하는 일은 개도국의 과학기술 및 연구개발 능력을 향상시키는데 매우 중요한 도구가 될 수 있다. 예를 들어 삼성전자가 가장 큰 스마트폰 조립공장을 세운 베트남에 연구개발 센터를 만들어 베트남을 발전시킬 우수한 연구개발 인력을 양성하는 방안 등을 생각할 수 있다. 동남아시아의 우수한 학생들을 훈련시키면서 그 지역에 있는 천연자원을 활용하는 연구를 시작하면 그 효과가 계속 뻗어나갈 것이다. 개도국으로 진출하는 연구프로젝트는 개도국 발전을 지원하는 단체와 연합하면 더욱 좋은 효과를 낼 수 있다.

창업활성화를 위해 실리콘밸리에 진출

KAIST의 해외진출에서 또 한 가지 검토해야 할 부분은 미국 실리콘밸리에 거점을 마련하는 일이다. KAIST는 우리나라에서는 첨단분야에서 창업을 가장 많이 한 연구중심대학이다.

도전정신을 발휘한 졸업생이 세계적인 기업을 세우는 데 성공한 이유는 여러 가지가 있지만, 그중 하나는 KAIST 재학 중 실리콘밸리를 경험한 것을 꼽을 수 있다. 이들은 한국에서는 아직 창업의 분위기가 무르익지 않았을 때 실리콘밸리에 6개월 또는 1년씩 인턴으로 근무한 경험을 통해 창업에 대한 막연한 두려움을 극복했다. 필요하면 실리콘밸리뿐 아니라, 이스라엘 등과 과학기술 협력의 글로벌 네트워크를 확대하는 방안을 고려해야 한다.

언어문화 장벽 없는 학교를 만들자

국제화의 비전인 'World Bridge KAIST by 2031(국제적인 역량 배양 및 국제적 위상 증진)'을 이루기 위하여 4대 혁신전략을 마련했다. 그리고 17개의 세부 실행과제를 제시한다.

국제화 비전 : World Bridge KAIST by 2031
(KAIST 국제적 역량 배양 및 국제적 위상 증진)

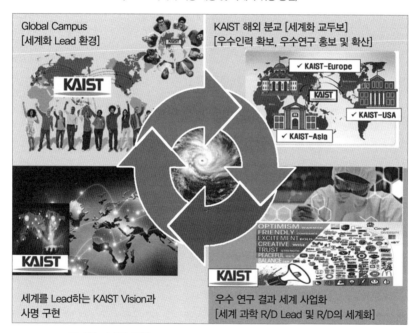

• KAIST 국제화 전략을 통한 KAIST의 국제적 연구역량 및 가치 배가의 선순환 cycle화
• 모든 KAIST 구성원의 가치와 이익 극대화: 인류사회 기여

⟨국제화 4대 혁신전략⟩

⟨혁신전략 1⟩ 글로벌 캠퍼스

- 언어/문화적 장벽이 없는 글로벌 캠퍼스
- 교수의 글로벌화
- 학생 및 연구 인력의 글로벌화
- 행정시스템의 글로벌화

⟨혁신전략 2⟩ 해외 국제캠퍼스

- 해외 R&D center(USA/EU 및 ASIA) 구축 및 운영
- 해외캠퍼스 최소 1곳 설립 및 운영
- 첨단 국제융복합 연구/교육 프로그램 개발 및 활용
- 국제적 기술사업화 전략혁신
- KAIST visibility 홍보전략 혁신

⟨혁신전략 3⟩ KAIST 주도 국제연구

- 세계로 뻗어 나가는 국제공동연구
- KAIST로 모여드는 국제공동연구
- KAIST 우수연구의 글로벌 사업화
- KAIST 주도 미래 과학기술 분야 비전 및 연구전략 주도

⟨혁신전략 4⟩ KAIST 발전모델 제3세계 확산

- 개도국 연구 봉사단 파견 및 적정기술 보급(R&D 기술 및 장비 지원)
- KAIST−제3세계 위상증대, 개도국의 경제, 과학대학원 설립 및 교육 지원
- ASEAN−KAIST R&D Center 설립
- KAIST Spirit & Mind Foundation 설립

국제화혁신 17개 과제

〈국제화혁신전략 1〉 글로벌 캠퍼스

❶ 언어와 문화적 장벽이 낮은 글로벌 캠퍼스

- 학부/학과/보직자 회의, on/off-line 강의 및 학사활동 등 모든 캠퍼스 내 소통언어를 한글과 영어의 이중 언어로 공식화
- 이중 언어가 가능한 외국인 교원의 교내 보직, 위원회 및 다양한 교내 외 프로그램 적극 활용
- 캠퍼스 내 국제문화관(인터내셔널 푸드코트) 설립 및 행사 활성화

❷ 교수의 글로벌화

- 세계 TOP 10 대학으로 가기 위해서는 외국인 교수 채용 적극 추진
- 해외 석학들을 KAIST로 영입하기 위해 신속히 진행될 수 있는 총장 직계 fast-track-search 위원회 구축
- 해외 석학 장/단기 프로그램 지원사업 규모 확장(기간 및 재정 규모)
- 세계 TOP 10 대학수준에 맞는 내·외국인 교원 채용 경쟁력 강화 (예, 연봉/ 정착환경 서비스/ 신임교원 정착비)
- 외국인 교원의 캠퍼스 밖 주택 대여 및 자녀(특히, 중/고등학교) 교육환경에 대한 재정적 지원(예, TCIS)(계약 전 협상시 큰 매력 부여)
- 단기 교환학생 및 공동 학위(석·박사 과정 포함) 프로그램 운영을 통한 해외 우수 교원들과의 공동연구 지도 및 네트워크 구축
- 파트너 대학 교수들의 KAIST 방문 프로그램 확대 및 강의 개설

❸ 학생 및 연구 인력의 글로벌화

- 단기 교환학생 및 공동 복수 학위(석·박사 과정 포함) 프로그램 운영 확대 및 개별 학과가 아닌 학교 차원의 프로그램 운영 활성화
- 공동-복수 학위 운용시 각 학교에서 강점을 지니는 분야를 융합한 융합전공 복수 학위 신설
- 해외 봉사 프로그램EWB, Global Outreach Program을 위한 학교 차원의 운영 예산 확보 및 수업 과목으로서의 운영 활성화(학생 참여 증대)
- 졸업생들의 해외진출지원 관련하여 경영대학에서만 제한적으로 운영되는 경력개발센터CDC를 학교 차원에서 확대 운영
- 해외 기업 및 연구기관들의 job fair 프로그램 운영
- 학위과정 중 해외 기업 및 연구기관에서의 인턴십 기회 제공 활성화
- 지리적, 문화적으로 가까운 아시아 우수 학생 대상으로 적극적인 입시 홍보 및 유치
- 외국인 학생들에게 국내의 세계적인 기업과 연구소에서의 인턴십 기회 제공
- 우수한 실적의 외국인 박사후연구원에 대한 펠로우십 확대 및 독자적인 연구 기회 제공

❹ 행정시스템의 글로벌화

- 학교 차원의 이중 언어(영어, 한국어) 기반 행정시스템 간소화
- 이중 언어에 능숙하고 언어/문화적 차이를 이해하는 외국인 행정 직원 고용 증대
- 외국인 학생 alumni 관리 네트워크(예. Global KAISTIAN one-stop service)

행정서비스 구축 및 제공

- 현재 KAIST에서 진행되고 있는 다문화 교류를 위한 다양한 대내·외 행사를 소셜 미디어를 활용하여 해외에 적극 홍보
- 외국인 학생들을 대상으로 졸업 후 국내 취업 알선 및 진로 상담 프로그램을 위한 행정시스템 구축

〈국제화혁신전략 2〉 KAIST 해외 국제 캠퍼스

❶ 해외 R&D 센터 구축(USA, EU 및 ASIA)

- 세계 주요 연구거점 지역을 기반으로 KAIST 해외 R&D 센터를 구축
- KAIST 우수 학생과 연구원의 해외 파견뿐 아니라 해외 우수 연구자들과의 적극적 교류의 전진기지로 활용
- 해외 우수 연구그룹과의 첨단 연구수행 및 기술개발의 허브Hub 역할 기대

❷ 카이스트 해외 캠퍼스 최소 1곳 설립 및 운영

- 선진국 기반 KAIST 캠퍼스 설립(미국 동서부 및 유럽)을 통하여 해외 선도대학들과의 실질적인 교류발전을 위한 허브로서 역할
- 개발도상국 KAIST 캠퍼스 설립(아시아권)을 기반으로 개발도상국의 교육과 공동연구를 적극 개발, 지원하고 아시아 국가들의 폭발적인 시장 잠재력을 예상한 투자 및 이를 통한 교육/연구 및 기술사업화를 위한 선점효과 기대
- 국제 공동연구를 통한 연구 및 교육의 세계화 및 KAIST의 위상을 높이면서 미래 과학기술을 주도하는 기회 창출

- 해외 국제 캠퍼스 설립을 위한 비전 및 로드맵 수립(Residence, R&D 연구센터에서 해외캠퍼스로의 점진적 확대 및 발전)
- 해외 거점 국가/도시 선정 및 예산 확보를 위한 정밀한 전략 수립
- 해외캠퍼스의 국제화 및 경제적 효과 사전평가
- 선진국과 개발도상국 해외캠퍼스 설립을 위한 교육/연구 발전전략 수립(지자체, 정부 및 해당 국가 및 기관과 연계)

❸ 국제 융복합 연구/교육 프로그램 개발 및 활용
- KAIST 해외 R&D 센터 및 해외캠퍼스를 기반으로 첨단 국제공동연구 및 교육 프로그램의 개발과 수행을 통하여 KAIST 연구 및 교육 분야에서의 글로벌 리더십 세계화에 기여
- 이러한 해외 리딩그룹과의 연계를 기반으로 KAIST 교육/연구역량의 도약적 발전을 유도하는 새로운 융합 플랫폼 개발

❹ 국제화 기술사업화 전략혁신
- KAIST 해외 R&D 센터 및 해외캠퍼스를 기반으로 첨단 국제공동연구 및 교육 프로그램의 개발과 수행을 통하여 KAIST 연구 및 교육 분야에서의 글로벌 리더십 세계화에 기여
- KAIST 대표 연구성과 개발을 넘어 사업화로 이어지는 장으로 활용, KAIST의 위상을 높이면서 미래 과학기술을 주도하는 기회 창출

❺ KAIST Visibility 홍보전략 혁신
- K해외캠퍼스를 중심으로 KAIST의 교육/연구/기술사업화 역량을 세계

에 적극적으로 알리는 국제화 홍보전략 운영

- KAIST(IT, 소재 등)의 홍보를 넘어 첨단 연구 및 기술사업화의 글로벌 파트너로서 발전할 수 있는 시스템 구축

〈국제화혁신전략 3〉 KAIST 주도 국제연구

❶ 세계로 뻗어 나가는 국제공동연구

- Cutting Edge 연구분야 컨소시엄 주도 및 참여확대
- 인류가 직면한 난제를 해결하기 위해 도출된 거대연구를 국제사업으로 발전시켜 KAIST 주도 국제공동연구 컨소시엄 구축
- KAIST 해외 국제캠퍼스를 활용한 KAIST 우수기술 해외전파
- 환경, 표준, 지적재산권 등 기술혁신 관련 국제규범 제정에 적극 참여 유도
- 해외연구연가(교원 개인네트워크)를 활용한 효율적 국제화유도
- 글로벌 석학 중심의 멘토링 시스템 강화(교원평가 시스템과 연계, 각 단과 대학 및 학과의 EAC 멤버로 활용)

❷ KAIST로 모여드는 국제공동연구

- 해외유명 대학/연구소/민간기업 KAIST 분소(예, 미국 브로드 연구소, Google) 유치로 국제화 연구혁신 유도

  (KAIST 교원 개인네트워크 활용, 매칭연구비 지원, 교원평가시스템 연계 등)

- KAIST 국제 컨퍼런스 설립(예, KAIST Conference in Biology, in Engineering, in Physics 등 Keystone 또는 Gordon conference 벤치마킹)
- 해외 석학의 KAIST 연구연가 활성화

- 연구성과 정례 기자회견 및 소셜 미디어 활용 글로벌 홍보(예, LinkedIn), 세계최고 저널 에디터 초청 및 교류
- Asia 중심(예, 동경공업대, KAIST, 중국과기대, 홍콩과기대, 난양공대 등이 참여) 국제 저널 창간 및 발간 주도
- 연구 visibility 기여 우수 교원 및 학생/연구원에게 인센티브 제공

❸ KAIST 우수 연구의 글로벌 사업화

- 글로벌 기업투자 유치를 통한 KAIST 국제연구 기술사업화
- 기술사업화 촉진을 위한 행정 시스템 구축(예. 해외 기업, 연구소, 대학 겸 직교수 파견 장려 및 지원)
- 우수유망기술 해외 특허 지원

❹ Beyond 2031

- KAIST가 주도하는 미래 과학기술분야 선정 및 혁신적 기술개발에 과감한 투자
- 혁신적인 기술개발 및 5차 산업혁명(예, 친환경 신개념 에너지 개발, 기후조절, 200세 시대를 위한 생체조절 바이오메디컬 기술개발, 심해도시개발, 노후화된 도시재생, 우주개발 등) 연구비전 및 전략 주도
- KAIST Innovative Think Tank(ITT) 개설 및 운영(KAIST 내부의 혁신적인 아이디어 공유를 통한 미래전략 수립)
- 세계경제포럼, 일본 STS 포럼 등과 같은 글로벌 포럼 개최 및 글로벌 리더들과의 새로운 정책 교류

〈국제화혁신전략 4〉KAIST 발전모델 제3세계 확산

❶ 개도국 연구 봉사단 파견 및 외부 세계와의 소통

• 체험을 통한 자기계발의 방안으로 대학원 석·박사 과정의 소통 능력 진작

• 학/석/박사 학생의 국제화 증진 방안으로 'Learn by Doing in third country'

• KAIST 과학기술의 한류 모델 확립

❷ 개도국의 Economic Development, Science and Technology 대학원 설립 지원

• 한국경제성장모델의 백서 연구 및 교육, 개도국 고위공무원 참여 및 대학원 교육

• 개도국 공무원들의 한국 이해 증진, 한국 프렌들리 인적자원 확보

• 세계경제 성장의 새로운 철학 및 이론 정립

• 제3세계 대학원생 유치 및 수준 높은 성장형 과학기술 교육 실시

❸ ASEAN-KAIST R&D Center

• 베트남, 인도네시아 등 ASEAN과의 과학기술 협력 Center 공동설립 (예, 반둥공대)

• 현지화 된 국제 연구기관을 유치, 각종 제약회사, IT회사, 자원 관련회사 등을 공동으로 운영하여 열대자원관련 특화연구 개발(예, MIT media Lab 및 각종 제약회사의 현지 Lab)

❹ KAIST 전략 및 재능기부

• 재단설립(가칭 KAIST Spirit & Mind Foundation)을 통한 지속가능한 지원
  마련

• 아시아개발은행, ASEAN 내부기금, World Bank 기금, UNESCO, 빌게
  이츠 재단 및 각종 선진국 유관기관에서 지원금 확보

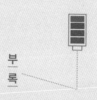

부
록

설문조사

KAIST GRAND VISION 2031

설문조사 개요

목적: KAIST 비전 2031 전략수립을 위한 구성원 의견 수렴-비전 2031이 근본 취지에 맞게 달성되기 위해서는 KAIST 구성원 모두가 적극적으로 참여하고 의견을 개진하는 소통의 절차가 필수적이다. 이를 위하여 KAIST 의 핵심 구성원을 대상으로 설문을 통해 의견을 수렴하고자 한다.

대상: 학생, 교수, 동문, 직원

기간: 2017.6.15.~7.23.

방법: 온라인 설문조사(Google form)로 4회 이메일 배포

- 국/영문 설문지 확정(6/19)

- 온라인 배포: 1차(6/19), 2차(6/29), 3차(7/10), 4차(7/17)

결과 요약: KAIST 미래 목적, 미래 모습, 당면과제, 우선과제 및 인재상에 대한 의견을 수렴하여 세계 학문의 발전에 기여하는 창의적 과학기술 연구인력 양성 필요

- KAIST가 지향해야 할 목표: 기존 산업핵심인력 양성에서 과학기술 연구인력 양성으로 미래 목적 변화

- 국민이 기대하는 KAIST의 모습: KAIST 미래상은 과학기술을 중심으로 한 대한민국의 싱크탱크 및 세계 학문의 발전을 선도하는 대학

- KAIST의 당면한 도전: 공유된 비전의 부재에 대한 위기감

- 당면 과제: 우수 교원 유치 및 재원확보를 통해 세계 Top 10위권 대학으로 발전 도약

- KAIST 인재상: 창의적 인재 양성 필요

설문조사 응답결과

설문조사 응답결과(응답률 3.5%)

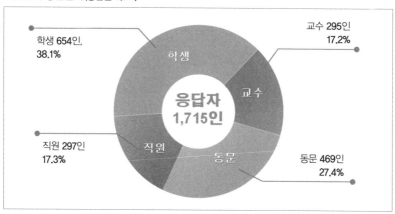

학생 654인, 38.1%

교수 295인 17.2%

응답자 1,715인

직원 297인 17.3%

동문 469인 27.4%

(단위 : 명)

구 분	재학생	교수	동문	직원	합 계
대상자수(설문배포)	11,920	1,077	34,647	1,944	49,588
응답자수	654	295	469	297	1,715
응답률	5.5%	27.4%	1.4%	15.3%	3.5%
응답자 백분위	38.1%	17.2%	27.4%	17.3%	100%

주요 응답내용

KAIST의 미래 목적: "과학기술 연구인력 양성"

1. 2031년 KAIST가 지향해야 할 목적은 무엇이라 생각하십니까?

❶ 산업핵심인력양성　❷ 과학기술연구인력양성　❸ 과학기술개발

❹ 미래리더양성　　　❺ 기타

1. 산업핵심인력양성	**12%**
2. 과학기술연구인력양성	**37%**
3. 과학기술개발	**25%**
4. 미래리더양성	**24%**

KAIST의 미래 모습: "세계 학문발전을 선도하는 대한민국 과학기술의 Think Tank"

2. 국민들이 기대하는 2031년 KAIST의 모습은 무엇이라 생각하십니까?

❶ 세계 학문의 발전을 선도하는 대학　❷ 세계 산업기술개발을 리드하는 대학

❸ 대한민국 및 세계의 리더양성기관

❹ 과학기술을 중심으로 한 대한민국의 Think Tank　❺ 기타

1. 세계 학문의 발전을 선도하는 대학	**30%**
2. 세계 산업기술개발을 리드하는 대학	**21%**
3. 대한민국 및 세계의 리더양성기관	**17%**
4. 과학기술을 중심으로 한 대한민국의 Think Tank	**31%**

KAIST의 당면 도전: "공유된 비전의 부재"

3. 현재 KAIST가 당면한 도전은 무엇이라 생각하십니까?

❶ 공유된 비전의 부재 ❷ 사명감 부족 ❸ 윤리의식 부족 ❹ 봉사정신 ❺ 기타

KAIST의 우선과제: "우수교원 유치 및 재원확보"

4. 세계 TOP 10 대학으로 발전하기 위해서 KAIST가 우선적으로 해야 할 일은 무엇이라 생각하십니까?

❶ 우수교수유치 ❷ 우수학생유치 ❸ 재원확보 ❹ 외국인 교수 및 학생 유치 ❺ 기타

KAIST의 인재상: "창의적 인재"

5. KAIST가 길러야 할 인재상은 무엇이라 생각하십니까?

❶ 창의 인재 ❷ 리더십 인재 ❸ 전인격적 인재 ❹ 기업가적 인재 ❺ 기타

- 경기과학기술진흥원, "인공지능의 현재와 미래-과학기술 및 경제사회적 접근", KAIST 문술미래전략대학원, 2016년 12월
- 과학기술처, "과학기술30년사", 1997년 6월
- 국제교육문화교류기구, "수용성 교육의 효과성 검토를 위한 연구보고서", KAIST 문술미래전략대학원, 2017년 12월
- 김상욱, "김상욱의 양자 공부", 사이언스북스, 2017년 12월
- 교육과학기술부, KISTEP, "2040년을 향한 대한민국의 꿈과 도전-과학기술미래비전", 2010년 10월
- 김기형, 김상선, 김석준, 정근모 등 16명 지음, "과학대통령 박정희와 리더십", MSD미디어, 2010년 9월
- 고토 히데키(Goto Hideki), 허태성 옮김, "천재와 괴짜들의 일본 과학사(Tensai To Isai No Nihon Kagaku Shi : Kaikoku Kara Noberusho Made, 150-Nen No Kiseki), 부키, 2016년 10월
- 고든 벨(Gorden Bell), 짐 겜멜(Jim Gemmell), 홍성준 옮김, "디지털 혁명의 미래(Total Recall)", 청림출판, 2010년 2월
- 닉 레인(Nick Lane), 양은주 옮김, "산소(OXYGEN The Molecule that made the World)", 뿌리와 이파리, 2016년 10월
- 닉 보스트롬(Nick Bostrom), 조성진 옮김, "슈퍼인텔리전스 경로, 위험, 전략(SUPERINTELLIGENCE: Paths, Dangers, Strategies)", 까치, 2017년 4월
- 닐 거센펠드(Neil Gershenfeld), 이구형 옮김, "생각하는 사물(When things Start to Think)", 나노미디어, 1999년 12월
- 돈 탭스콧(Don Tapscott), 알렉스 탭스콧(Alex Tapscott), 박지훈 옮김, "블록체인혁명(Blockchain Revolution)", 을유문화사, 2017년 1월

- 데이비드 색스(David Sax), 박상현·이승연 옮김, "아날로그의 반격(The Revenge of Analog)", 어크로스, 2017년 6월
- 레너드 믈로디노프(Leonard Mlodinow), 정영목 옮김 , "파인만에게 길을 묻다(Feynman's Rainbow)", 더숲, 2017년 3월
- 레오나르도 믈로디노프(Leonard Mlodinow), 조현욱 옮김, "호모사피엔스와 과학적 사고의 역사: 돌도끼에서 양자혁명까지(THE UPRIGHT THINKERS : The Human Journey from Living in Trees to Understanding the Cosmos)", 까치, 2017년 7월
- 레이 커즈와일(Ray Kurzweil), 김명남·장시형 옮김, "특이점이 온다(The Singularity is Near)", 김영사, 2007년 1월
- 로버트 루트번스타인(Robert Root-Berstein), 권오현 옮김, "과학자의 생각법(DISCOVERING: Inventing Solving Problems at the Frontiers of Scientific Knowledge)", 을유문화사, 2017년 7월
- 로리 윙클리스(Laurie Winkless), 이재경 옮김, "사이언스 앤 더 시티(Science and the City)", 반니, 2017년 8월
- 로저 파우츠(Roger Fouts), 스티븐 투켈 밀스(Stephen Tukel Mills), 허진 옮김, "침팬지와의 대화(Next of Kin)", 열린책들, 2017년 9월
- 뤼트허르 브레흐만(Rutger Bregman), 안기순 옮김, "리얼리스트를 위한 유토피아 플랜(Utopia for Realists)", 김영사, 2017년 10월
- 리처드 돕스(Richard Dobbs), 제임스 매니카(James Manika), 조나단 위첼(Jonathan Woetzel), 고영태 옮김, "미래의 속도(No Ordinary Disruption)", 청림출판, 2016년 11월
- 마셜 밴 앨스타인(Marshall W. Van Alstyne), 상지트 폴 초더리(Sangeet Paul Choudary), 제프리 파커(Geoffrey G. Parker), 이현경 옮김, "플랫폼 레볼루션(Platform Revolution)", 부키, 2017년 7월
- 마티아스 호르크스(Matthias Horx), 이은화 옮김, "미래, 진화의 코드를 읽어라(Future Fitness)", 넥서스 북스, 2004년 2월
- 미국국가정보위원회, "NIC미래예측보고서(Paradox of Progress)", 도서출판 예문, 2017년 2월
- 미래창조과학부 미래준비위원회, KISTEP, KAIST, "10년 후 대한민국", 지식공감, 2015년 8월
- 박영숙, "미래예측리포트", 랜덤하우스 중앙, 2004년 12월
- 베르너 하이젠베르크(Werner Heisenberg), 유영미 옮김, "부분과 전체(Der Teil und das

Ganze)", 서커스, 2016년 8월

- 베른하르트 케겔(Bernhard Kegel), 권상희 옮김, "박테리아 위대한 생명의 조력자(Die Herrscher der Welt, Wie Mikroben unser Leben bestimmen)", 다른세상, 2016년 12월
- 사단법인 미래학회, "제1회 미래학회 학술대회-새로운 미래에 도전", 2016년 6월
- (사)창조경제연구회, "4차 산업혁명 시대의 대학 혁신", KAIST, 2017년 12월
- (사)한국서비스산업연구원, "노령화사회 미래전략 연구", KAIST 미래전략대학원, 2016년 12월
- 서울대학교, "미래연구 플랫폼 구축 및 미래사회 메가트렌드 전망 학술연구 용역", KAIST 미래전략대학원, 2015년 10월
- 서울대학교 공과대학, "서울대학교 공과대학 백서-좋은 대학을 넘어 탁월한 대학으로", 2015년 6월
- 서울대학교 공과대학, "축적의 시간", 지식노마드, 2015년 9월
- 승현준(Sebastian Seung), 신상규 옮김, "커넥톰, 뇌의 지도(CONNECTOME)", 김영사, 2014년 4월
- 심재율 엮음, "국회로 간 KAIST", 심북스, 2015년 2월
- 앨러나 콜렌(Alanna Collen), 조은영 옮김, "10퍼센트 인간(10% HUMAN)", 시공사, 2016년 4월
- 에드 용(Ed Yong), 양병찬 옮김, "내 속엔 미생물이 너무도 많아(I Contain Multitudes)", 어크로스, 2017년 8월
- 에릭 드렉슬러(Eric Drexler), 임지원 옮김, "급진적 풍요(Radical Abundance)", 김영사, 2017년 9월
- 유발 하라리(Yuval Noah Harari), 김명주 옮김, "호모데우스 미래의 역사(Homo Deus)", 김영사, 2017년 5월
- 이광형, "3차원 미래예측으로 보는 미래경영", 생능, 2015년 1월
- 이강영, "스핀", 계단, 2018년 1월
- 이병령, "기술만이 살 길이다", 피카소와 뉴튼, 1999년 6월
- 이병령, "무궁화꽃을 꺾는 사람들", 도서출판 바름터, 2011년 6월
- 이정동, "축적의 길", 지식노마드, 2017년 5월
- 자크 아탈리(Jacques Attali), 양영란 옮김, "미래의 물결(Une brève histoire de l'avenir)", 위

즈덤하우스, 2007년 4월

- 장동선, 염정용 옮김, "뇌 속에 또 다른 뇌가 있다(Mein Hirn Hat Seinen Eigenen Kopf)", arte, 2017년 3월
- 전승민, "휴보, 세계 최고의 재난구조로봇", 예문당, 2017년 1월
- 정근모, "헌신", 코리아비전포럼, 2007년 8월
- 정근모, 이공래, "중간진입전략", 과학기술처, 1996년 2월
- 제임스 D. 왓슨(James Watson), 앤드루 베리(Andrew Berry), 케빈 데이비스(Kevin Davies), 이한음 옮김 "DNA 유전자혁명이야기(DNA: The Story of the Genetic Revolution, Newly Revisesd and Updated)", 까치, 2017년 12월
- 조슈아 쿠퍼 라모(Joshua Cooper Ramo), 정주연 옮김, "제7의 감각, 초연결지능(The Seventh Sense)", 미래의 창, 2017년 4월
- 조이 이토(Joichi Ito), 제프 하우(Jeff Howe), "9 더 빨라진 미래의 생존원칙(How to Survive our Faster Future)", 민음사, 2017년 7월
- 조지 프리드만(George Friedman), 손민중 옮김, "100년 후(Next 100 Years)", 김영사, 2010년 2월
- 존 브록만(John Brockman), 이영기 옮김, "위험한 생각들(What Is Your Dangerous Ideas?)", 갤리온, 2007년 12월
- 짐 알칼릴리(Jim Al-Khalili), 존조 맥패든(Johnjoe McFadden), 김정은 옮김, "생명, 경계에 서다(Life on the Edge)", 글항아리 사이언스, 2011년 11월
- 차원용, "미래기술경영 대예측", 굿모닝 미디어, 2006년 10월
- 창조경제연구회, "국가구조개혁", 2016년 12월
- 최윤식, 최현식, "2020 미래의 대이동", 김영사, 2016년 11월
- 카라 플라토니(Kara Platoni), 박지선 옮김, "감각의 미래(We Have the Technology)", 흐름출판, 2017년 8월
- 카이스트, 과학기술정책연구원, 서울대학교, "제1회 한국미래전략학술대회", 2014년 12월
- 카이스트 미래전략연구센터, "카이스트, 미래를 여는 명강의 2014", 푸른지식, 2014년 4월
- 카이스트 미래전략연구센터, "카이스트, 미래를 여는 명강의 2016", 푸른지식, 2015년 12월
- 카이스트 홍보실, "45년 KAIST의 꿈 대한민국의 미래로-창의와 도전이 만든 31개 혁신", 2016년

- 캐시 오닐(Cathy O'Neil), 김정혜 옮김, "대량살상 수학무기(Weapons of Math Destruction)", 흐름출판, 2017년 10월

- 케빈 켈리(Kevin Kelly), 이한음 옮김, "인에비터블 미래의 정체"(The Inevitable), 청림출판, 2017년 1월

- 크리스토프 갈파르(Christophe Galfard), 김승욱 옮김, "우주, 시간, 그 너머(The Universe in Your Hand)", RHK, 2017년 4월

- 토마스 말론(Thomas W. Malone), 함규진 옮김, "노동의 미래(The Future of Work)", 넥서스 Biz, 2005년 1월

- 토마스 슐츠(Thomas Schulz), 이덕임 옮김, "구글의 미래(What Google Really Wants)", 비즈니스 북스, 2016년 5월

- 폴 핼편(Paul Halpern), 김성훈 옮김, "아인슈타인의 주사위와 슈뢰딩거의 고양이(Einstein's Dice and Schrodinger's Cat)", 플루토, 2016년 10월

- 퍼트리샤 처칠랜드(Patricia Churchland), 임지원 옮김, "브레인트러스트(Braintrust)", 휴머니스트, 2017년 8월

- 포스텍 박태준미래전략연구소, "최고 가치창출대학으로-포스텍 30년의 전환점에서", 포스텍프레스, 2017년 6월

- 프란스 드 발(Frans De Waal), 최재천 옮김, "공감의 시대(The Age of Emphathy)", 김영사, 2017년 8월

- 하임 샤피라(Haim Shapira), 이재경 옮김, "n분의 1의 함정(Gladiators, Pirates and Games of Trust)", 반니, 2017년 5월

- 한국과학기술원, "한국과학기술원 20년사", 한국과학기술원, 1992년 2월

- 한국과학기술원, "KAIST 장기발전전략 (1994-2005)", 한국과학기술원, 1994년 10월

- 한국과학기술원, "장기발전계획 초록(안)", 한국과학기술원, 2001년 3월

- 한국과학기술원, "KAIST VISION 2010", 한국과학기술원, 2004년 7월

- 한국과학기술원, "KAIST발전 5개년계획(2007~2011)", 한국과학기술원, 2007년 2월

- 한국과학기술원, "KAIST 중장기 발전계획", 한국과학기술원, 2013년 10월

- 헨리 페트로스키(Henry Petroski), 박중서 옮김, "공학을 생각한다(Essential Engineer)", 반니, 2017년 5월

- KAIST, "KAIST Vision 2005", 로버트 러플린 KAIST총장, 2005년 4월
- KAIST, "World Leading KAIST Vision 2025", 2011년 5월
- KAIST 홍보실, "글로벌 가치창출 세계선도대학", 2017년
- KAIST 문술미래전략대학원 · 미래전략연구센터, "RE-BUILD 코리아", MiD, 2017년 2월
- KAIST 문술미래전략대학원 · 미래전략연구센터, "대한민국 국가미래전략 2018", 이콘, 2017년 10월
- KAIST 문술미래전략대학원, "대한민국 국가미래전략 2017", 이콘, 2016년 11월
- KAIST 미래전략연구센터, "비공개 정보의 유출 유용 실태 및 대응방안 연구", 2016년 4월
- KAIST 미래창조과학부, "광복70주년 국가미래전략 종합학술대회-미래전망", 2015년 10월
- KAIST 미래창조과학부, "광복70주년 국가미래전략 종합학술대회-경제/사회분야", 2015년 10월
- KAIST 미래창조과학부, "광복70주년 국가미래전략 종합학술대회-정치/인구분야", 2015년 11월
- Brian Tomasik, "Artificial Intelligence and Its Implications for Future Suffering", First written: 14 May 2014; last update: 21 Oct. 2017 http://bit.ly/2EpGhDz
- Guia Marie Del Prado, "18 artificial intelligence researchers reveal the profound changes coming to our lives", Oct. 26, 2015, http://read.bi/2nNaFT2
- IAN BOGOST, "When Cars Fly How driverless vehicles could change meetings, manufacturing, safety, and more", MAY 2016 ISSUE, http://theatln.tc/2DOrN3g
- Jonathan Rossiter, "Robotics, Smart Materials, and Their Future Impact for Humans", Book 2017, http://bit.ly/2oaE4lI
- Kevin Kelly, "SPECULATIONS ON THE FUTURE OF SCIENCE", 4.6.06, http://bit.ly/2DNWZeM
- Mark Z. Jacobson, "100% Clean and Renewable Wind, Water, and Sunlight All-Sector Energy Roadmaps for 139 Countries of the World", 6 September 2017, http://www.cell.com/joule/references/S2542-4351(17)30012-0
- MICHAEL M. MAY, "Safety First: The Future of Nuclear Energy Outside the United

States", January 11. 2017, http://bit.ly/2DXs17x

- New York University, https://en.wikipedia.org/wiki/New_York_University

- Murali Doraiswamy, "5 brain technologies that will shape our future", 19 Aug 2015, http://bit.ly/2DQ5jek

- Patrick Brown, "The Future of Solar Now Depends on More Than Just Technology", 11/30/2017, http://bit.ly/2E2kSCU

- PWC, "Workforce of the future", 2017, https://pwc.to/2wTPgbd

- Reenita Das, "Gene Editing With CRISPR-Cas9: The Next Step In Human Evolution Will Be Worth $25 Billion By 2030", DEC 14, 2017, http://bit.ly/2BFpfhV

- Richard Eisenberg, "Why Isn't Business Preparing More For The Future Of Aging?", MAY 9 2017, http://bit.ly/2DNTDst

- Robert Goldman, "Future Predictions for 2017-2045", Jan 06 2017, http://bit.ly/2DNgGnc

- Scientific American, "20 Big Questions about the Future of Humanity", 8/22/16, http://bit.ly/2d0CoWq

- SOLAR ENERGY TECHNOLOGIES OFFICE, "New Solar Opportunities for a New Decade", https://energy.gov/eere/solar/sunshot-2030

- The World Bank, "Trouble in the Making? The Future of Manufacturing-Led Development", September 20 2017, http://bit.ly/2xCAWYa

- UN Environment Programme, 'The United Nations Environment Programme and the 2030 Agenda: Global Action for People and the Planet', 19 October 2015, http://bit.ly/2E3ECWy

- UNESCO, "UNESCO SCIENCE REPORT Towards 2030", 2015, http://bit.ly/2DOhvMu

- Thomas Frey, "Will Artificial Intelligence Improve Democracy or Destroy It?", March 26th 2016, http://bit.ly/2noSSQt

- Thomas Frey, "The Coming Meat Wars – 17 Mind-Blowing Predictions", April 12th, 2017, http://bit.ly/2EoygPh